1919 100

zhou lingzhao

谨　以　此　书

献给　　历经沧桑、日益强盛的伟大祖国！

献给　　勇敢坚定、孜孜不倦朝着太阳奔跑的人们！

亲历中国100年

周令钊传

曾庆龙 著

中国青年出版社

岁月归来，依旧翩翩少年

（代序）

韩　美　林

男儿膝下有黄金！

我这一辈子经过的苦难不少，直到现在深夜里还常常被噩梦惊醒，但是我从来没有向想让我屈服的人下跪，哪怕是手筋被挑断，脚骨被砸碎，鞋里灌满鲜血……

2016 年的一天，当我见到白发苍苍的恩师周令钊先生时，我情不自禁地跪了下去。

这一跪，把我带回了六十年前的青葱岁月。往事并不如烟，懵懂少年的青春过往如电影般历历在目。人生几十年匆匆而过，愈到后来愈发感激年少时的领路人，犹如在一张白纸上作画，甫一落笔，基本的格局就已经初定。尽管生活中会有许多意外，人生的轨迹也不时被社会和时代所裹挟，能够支持人走下去的，唯有不改初心。

周令钊先生是我的班主任兼水墨课教师，我至今仍能记得在他的带领下，学习掌握各种艺术规律，参加各种艺术实践创作活动的场景。那时的美院名师荟萃，庞熏琹、张光宇、紫扉、郑可、常沙娜……新中国刚刚成立，以北京十大建筑为代表的各种建筑装饰活动急需各类艺术人才，美院的师生们经常出现在各个工地，贡献自己的才智，为建设新中国而奔忙。

周令钊先生当时绘制过天安门城楼巨幅毛主席像，绘制过原中国历史博物馆的巨幅壁画《世界人民大团结》，还有许多许多项目，其中关于人民大会堂的主会场穹顶的设计最令人叫绝。

人民大会堂的主会场万人大礼堂，跨度达 76 米，高度和纵深都比已经完工的政协礼堂大，穹顶吊灯的设计安装成了难题。政协礼堂是按照 800 人的规模设计的，在施工过程中吊灯因为承重的问题掉了下来，砸碎了 40 多个座椅。如果按照这个比例，人民大会堂的吊灯重量会更大，承重根本受不了。这个问题一直反馈到周恩来总理那里，在周总理的主持下，就召开了一个“诸葛亮会”。

周令钊老师带着我们学生和室内装潢系的奚小彭老师去参加了这个“诸葛亮会”。在会场等了半天，因为当时十大建筑的建设，交通很不方便，人一直没有到齐。周令钊老师就问总理：到底什么会？您告诉我们是什么问题？

周总理说：问题倒不大，就是人民大会堂的吊灯问题，因为顶高顶大，承重受不了，确实没办法，所以请“诸葛亮们”来出出主意。

当时周令钊老师正在画速写，他说：这还不容易，满天星，满天星嘛……随手用铅笔在稿纸上画出了中间是五角星，整体以满天星的环形结构向外延展的设计草图。

总理拿过来一看，就揣在兜里说：好吧！告诉他们别来了，散会！这正是今天我们看到的人民大会堂万人大礼堂穹顶的满天星的雏形。按照这个方法，不但突出了全国各族人民围绕在新政权周围的理念，而且在建筑结构上易于实现，既美观简洁又突出主题，令人拍案叫绝。随后这个创意交由奚小彭老师完成。我目睹了这一方案的诞生，对周令钊先生的才华钦佩不已！他对学生创作教学上的毫无保留，也深深影响了我日后对待学生的态度。这辈子，我也要做一个像周令钊先生那样的人，这是我一个二十几岁的小青年当时最朴素的想法，也正是这个想法，让我在日后面对生活中的种种变故时能够坚持、再坚持！

周令钊先生出身于一个文化世家，家中的兄弟姐妹在各领域也多有成就，曾经在郭沫若领导下的国民政府军事委员会政治部第三厅工作，参加漫画宣传队、抗敌演剧队，从事舞台美术设计。1948 年应徐悲鸿先生聘请任教于北平国立艺专，在美院教师队伍中，资历老、本领大，但是周令钊先生为人朴实低调，从不宣传自己。他参与了中国第二套、第三套、第四套人民币的设计，1955 年授衔八一勋章、独立自由勋章、解放勋章三大勋章的设计，国徽、团旗、少先队队旗的设计，中日友好医院院徽、中央财经大学校徽的设计等等。在这些人们耳熟能详的作品背后，大家却不知道周令钊先生作为设计者的大名。

周令钊先生即将百岁期颐，他的才华，他的品格，都值得我这深情一跪。值此曾庆龙先生新作《亲历中国 100 年——周令钊传》由中国青年出版社出版发行之际，回忆起与周令钊先生半个世纪的师生情谊，我深感作者曾庆龙先生是为国家、为民族做了一件好事，这是迄今为止关于周令钊先生的首部公开出版发行的传记作品。

作者曾庆龙是周令钊先生的湖南平江老乡、忘年交好朋友，与周先生交往三十多年，收集整理了关于周令钊先生各个方面的材料，将周令钊先生的生平与新中国的命运紧密联系了起来。

中华文化自 1919 年五四运动进入一个新的历史阶段，周令钊先生作为文化艺术的见证者、传承者和实践者，为百年文化艺术的发展做出了重要的贡献，值此《亲历中国 100 年——周令钊传》出版付梓之际，特撰此文以致敬，并祝先生静待岁月归来，依旧翩翩少年。

近读大家周令钊

（自序）

曾　庆　龙

（一）

我与周令钊先生交往已有三十多年了。

去年年底，平江方面邀我为周令钊美术馆作序。关于周令钊先生其人，我写下了这样的文字：

周令钊先生生于 1919 年 5 月 2 日，湖南省平江县爽口（现三市镇所辖）人。他波澜壮阔的人生、崇高的艺术成就后启来者，是中国近现代艺术史上的一座高峰。

他是资深的革命者。1937 年参加了湖南文化界抗敌后援会所属湖南抗敌画会，1938 年进入第二次国共合作时期的国民政府军委会政治部第三厅美术科，1942 年加入抗敌演剧五队，在硝烟弥漫的革命生涯中，以笔代枪投身抗日战争和人民解放战争，足迹遍及大半个中国及缅甸多地；他还把十多个弟弟妹妹（最小的九岁）带上抗日战场，送进孩子剧团或抗敌演剧队等宣传抗日。

他是新中国国家形象的重要设计者。绘制了开国大典悬挂于天安门城楼的毛泽东画像；参与设计了国徽、政协会徽、少先队队旗；主笔设计了共青团团旗、八一勋章、独立自由勋章、解放勋章等；担任第二、第三、第四套人民币票面的整体设计；还担任新中国成立以来 17 年北京国庆游行仪仗队、文艺大军，第二、第三、第四届全国体育运动会大型团体操背景画，中国最早的主题文化旅游公园——“深圳锦绣中华”“中国民俗文化村”等的总体艺术设计；创作了大量体现国家形象的邮票、宣传画等艺术作品。他以独具匠心的艺术表现，与同时代的同行们一起开辟了国家意志视觉化的崭新境界。

他是杰出的画家。他集水粉画、水彩画、丙烯画、中国画、油画等众多精湛的表现技艺于一身，创造出多姿多彩、温暖美好的绘画语境。他的许多作品成为传世之作，被人民大会堂、全国政协礼堂、国家博物馆、中国美术馆等展示、收藏。

他是新中国美术教育的一代名师。1948 年，他应徐悲鸿先生聘请，任教于国立北平艺术专科学校（中央美术学院前身），其后历任中央美术学院实用美术系讲师、副教授，版画系副教授，壁画系教授，民族画室主任等直至离休，为国家培养了大批优秀人才，是新中国高等美术教育的重要拓荒者和奠基者之一。

周令钊先生的众多设计艺术作品以国家名义发布，为国家代言，他在业界资深望重，但他的名字却不为公众所熟知。他淡泊名利，默默奉献，受到了国家和人民的尊重。

我是周令钊先生的小老乡，老家相距十几里地。

1981 年 7 月，我从学校毕业后被分配到平江县人事局工作。不久，见到了正在为新建的中共平江县委招待所创作大型壁画《春洒黄金堰》的周令钊先生。其时，先生是中央美术学院教授。县人事局在县委机关办公，与县委招待所一墙之隔，我一有空就去看他画画，和他聊天。后来，我写了个采访先生的稿子在一本杂志上发表了。这算是我和先生的第一次接触。

（二）

1991年3月，我被调到长沙工作。

我儿子曾灏从小喜欢画画，到小学二年级时就画了大大小小近百幅，学校的老师鼓励他在长沙办一个个人画展。筹备儿子画展阶段，我正好到北京出差，就带着儿子到地处北京红庙北里的先生家拜访。先生看过我儿子的一些画后高兴地说："我在你这个年龄的时候没有你画得好。照这样下去，你将来一定是个大画家，要超过我！"儿子听后似懂非懂的特别得意，缠着爷爷要看他的画。那天，先生拿出他珍藏的大量作品给儿子欣赏。其中有先生于抗日战争期间在广西、云南前线写生的作品。先生一边给儿子看他的画，一边讲解创作这些画时或惊心动魄或妙趣横生的背景故事，使儿子大开眼界。先生还兴致勃勃地为儿子的画展题写展标"曾灏之画"。儿子的画展在长沙开幕那天，我给先生打电话报告情况，先生特别高兴，在电话那头连说祝贺祝贺祝贺，还要我把电话交给儿子。他对我儿子说了好长一段话，具体说些什么我不太清楚，但儿子的神情告诉我他受到了莫大的鼓舞。

先生每次到长沙，都会告诉我。

先生的童年和少年时代大多是在长沙度过的，他在长沙有很多老朋友。

著名工笔画大师、原湖南省文联执行主席、湖南省美协主席陈白一先生是周令钊先生华中艺专的校友，更是他一生的好朋友。先生到长沙必到白一先生家里吃一顿饭。每到这时，白一先生家里就像过大年一样，他的几个成了家的孩子都要赶来陪"周伯伯"。先生到白一先生家里，总要我带上儿子一起去。先生请白一先生拿出好多画给儿子看，并一边看一边给儿子讲构图、线条、色彩等的运用。此时，先生就像一位幼儿美术教员，用平实而有趣的语言，把美术创作的道道儿讲得外行人都听得懂。儿子依偎着他，听得有滋有味。有了这一层关系，我便经常带儿子到白一先生家里去求教，白一先生每次总要先谈起周先生，谈到他和先生一些有意思的事情。因为周先生的关系，我和白一先生家人的关系也很亲近。白一先生的大儿子、知名画家陈明大先生主动收我儿子为学生。我儿子利用假日在他举办的美术班整整学了两年画。

儿子 13 岁生日前，先生恰好到了长沙。在我家的客厅里，先生主动提出要为我儿子画一幅速写，画完后笑呵呵地题上"曾灏小同行十三岁"，署上名，钤上印。这幅作品十分完美，是先生给我儿子最好的生日礼物。

儿子上大学了，出国了，硕士毕业了，留校了，攻读博士学位了……先生得知儿子这些好消息总是特别高兴，总要说些祝贺的话。我们每次见到先生，先生总要问儿子的一些情况。

2016 年 5 月 2 日，是先生 97 岁华诞。前两天，儿子回国休假。我们全家特地到先生家里为他祝寿。先生久久地拉着我儿子的手自言自语地说："长大啰，长大啰，大男子汉啰，好好好好……"

虽然我儿子后来没有学美术专业，但他的人生因为被艺术滋养过，被艺术大家的风范熏陶过，因此多了一份成长的润泽，多了一份优雅的情怀，多了一份值得永久珍藏的财富。

（三）

2000 年 2 月，我请先生全家到岳阳南湖过春节。

春节期间，按照预先约定，每天除吃饭睡觉、接待来访客人外，我们足不出户，两家人安安静静地听先生谈了整整七天七夜，春节后又移师长沙接着谈了三天三晚。先生两次与我们的完整交谈，共有 60 多个小时的录音留存。先生的思绪穿过茫茫的历史烟云，从他的家世、他的经历到他亲身见证的各个历史时期的重大事件、重要人物等等，娓娓道来。先生所述几乎就是一部生动、完整的中国现代史，波澜壮阔，可歌可泣，令我们震撼不已！

先生的生命从 1919 年五四运动爆发的前两天始，30 岁前，历经剧变动荡的民国、风云激荡的国内革命战争、烽火连天的抗日战争、浴血奋战的人民解放战争的洗礼。

新中国成立那一年，先生正好 30 岁。那年 3 月底，他受命为 4 月 1 日至 4 月 20 日在北京六国饭店举行的国共和平谈判布置主会场。可能是会场中他绘制的毛泽东画像形神兼备，得到周恩来等党和国家领导人的高度赞赏，因此便有了为开国大典天安门城楼绘制毛泽东画像的机缘。从那时起，先生先后参与或主笔了如前所述的国徽、政协会徽、团旗、少先队队旗、多套人民币等众多国家级重大项目的设计，成为新中国“国家形象”的重要设计者之一。

先生出身官宦之家，祖上人才辈出，他的祖父曾是清朝二品大员。当时的周家是平江的名门望族。周家在平江爽口托莲建有一个大园子，名曰“鹤垅屋”，内有东西两大湖。园子西边有两栋两层楼的西式宾馆，东边有中式大堂回廊，房子数百间，轿子几十顶，佣工者众。后家道中落，园子被毁，家人四散。

先生走上艺术道路的同时走上革命道路。不言不语，却横空屹立。

关于他的成就，“中国美术奖·终身成就奖”获得者侯一民先生给了他这样的评价：“有哪一位艺术家如他那样，涉猎了难以想象的广泛而多样的领域；有哪一位画家如他那样，完成难以数计的或为重大或为平凡的艺术项目的创造，却都能达到至精至善；有多少人能像他那样，在战争年代，在实际工作中，在神不知鬼不觉间完成了智慧和功力的积累与冶炼，成就了一代大才；有多少人能如他那样，人民需要就是他无休止探求的动力，不停地劳作是他终生的快乐；又有多少人能像他那样，获得令人羡慕的63年相偕相助、相敬相亲的美满爱情……”

（四）

那次在岳阳过春节，市里领导和有关方面请先生为岳阳画点东西，先生爽快地答应了。为了给家乡人民奉献好的作品，先生在岳阳写生、体验生活两个多月，回到北京后潜心创作。数易其稿至满意后才到岳阳现场绘制，过程历时一年多。令大家没有想到的是，先生竟然为岳阳创作了两幅作品。就是后来在岳阳南湖宾馆8号楼出现的两幅巨幅壁画：一幅画的是岳阳楼的景色，名曰《天下忧乐情满楼》；另一幅描绘的是平江盘石洲的美景，叫《春风又绿盘石洲》。在同一幢不大的楼宇里，出现先生倾心创作的两幅巨幅作品，在中国的其他地方没有过。

机缘巧合，与先生在岳阳过春节的半年后，我从长沙调到北京工作。同在一座城市，与先生的联系就更方便、更紧密了。先生把我看作他的家庭成员一样。我会经常去看他，和他谈天说地；他想念我了，会打电话叫我过去；他有什么高兴或不高兴的事情也一定会给我讲；连他家的小花园开花了，也会打电话叫我过去赏花。

有时心血来潮，我也会画几笔。记得那年，我和家人与先生全家到洞庭湖中的君山观光游览，我被眼前的景色所打动，停住脚步，在柳毅井旁写生起来。先生站在我身后专心地看我画，不停地夸我画得好。先生尤为看重我的漫画，给了我很多指教。平时，我画的一些东西也经常送给先生看，他总是那样诲人不倦。92 岁的先生和他 84 岁的夫人陈若菊教授为北京湖南大厦创作巨幅壁画《长沙——湘江北去，橘子洲头》期间，我一有空就去现场观摩。有一次，先生叫我“帮忙”，我也不客气，在享有盛誉的两位艺术大家共同创作的作品上，画了画中橘子洲头的一块草地和一棵树。先生开玩笑说：“那块地方是你画的，要署上你的名字才好。”这份情谊，弥足珍贵。

回望与先生交往 30 多年的历程，我像进了一所无形的大学，更像翻开了一部博大精深的经典。先生的光辉人生、高贵品格、崇高精神，像一个彤彤的火把，照亮在我前行的路上。

最好的时光在路上。

先生一直在路上。他与夫人陈若菊合作，84 岁时为北京人民大会堂北大厅设计浮雕壁饰《松》《竹》《梅》，91 岁时绘制彩墨长卷《汨水平江永流芳》，93 岁开始创作、94 岁完成北京地铁 6 号线朝阳门站大型陶瓷浮雕壁画《凤舞朝阳》《京东粮道》等大量艺术作品，为当代中国艺术再添新彩。

今年，先生 97 岁。他说：“来日方长。”

（注：本文发表于 2016 年 6 月 25 日《岳阳日报》副刊“名家随笔”，用于本书时，作者作了修订）

目录

上·篇

第三章 / 烽 火 战 士 /

第四章 / 硝 烟 前 线 /

第五章 / 新 中 国 成 立 前 夜 /

下 · 篇

第六章 / 国 家 形 象 /

上·篇

廢除二十一條

北京大

前页图：

《五四运动》/ 布面油画 / 155cm×236cm / 1951年 / 中国国家博物馆藏

1951 年，周令钊应邀为中央革命博物馆筹备处（现中国国家博物馆）创作革命历史主题油画《五四运动》。画中穿着学生装，在散发传单的女孩，原型是周令钊的夫人陈若菊，女孩身旁准备散发传单的男孩的原型则是周令钊自己

第一章

/

富　贵　夕　阳

/

1934年，周令钊的生母郑家一在长沙金井

五四前两天出生的长房少爷

1919年5月2日。偏安于湘东北一隅的湖南省平江县爽口（现三市镇所辖）鹤垅屋。

“家一生了！”霎时，鹤垅屋东西两院先后炸响了两挂长长的鞭炮。

“家一生了一个大胖小子！”鹤垅屋里的人奔走相告。

家一生的这个“大胖小子”就是周令钊。

鹤垅屋炸响这两挂长长鞭炮之前的1911年10月10日，革命党人在武昌发动起义，辛亥革命爆发，满清皇朝大厦轰然坍塌，统治中国2000多年的封建制度被推翻；称帝83天的袁世凯死后，拥兵自重的北洋军阀，谁也不服谁，谁也管不了谁，各自割据一方。一时间，总统、总理如走马灯般登场，中华大地烽烟四起，民不聊生。

周令钊出生两天后的5月4日，以反帝反封建和倡导科学民主精神为旗帜的五四运动在北京爆发并迅速波及全国。

两年多后的1921年7月23日，中国共产党在上海法租界所在的望志路106号（现兴业路76号）召开第一次全国代表大会。来自国内6个党的早期组织及旅日党组织的13名代表出席了会议，中国共产党宣告成立。

鹤垅屋里的人，虽然也曾感受到围墙之外的偶尔躁动，但并不知道他们生活的这个世界正在发生的深刻变化。

几树繁花如期怒放，金黄色的小鸭照样在湖面上嬉戏。

家一是周令钊的生母，郑姓，娘家在长沙县一个叫金井的地方。金井在平江的西南面，地处长沙、平江、浏阳、汨罗四县（市）交界处，有“小长沙”之称。从“小长沙”到平江县城七八十里地，县城到鹤垅屋三十多里地。金井是从长沙走西路到平江的必经之路。

郑家一出身于金井的书香门第。郑氏家族历朝历代在外当官、做生意的人很多，是金井的望族。郑家一在长沙周南女中读师范班时，加入中国社会主义青年团，是湖南早期的团员。她与后来成为毛泽东夫人的杨开慧是同乡、同班同学，徐特立是她们的老师。她喜爱美术，做过美术教员。她临摹的英国水彩风景画，画功甚好。她还精于十字布挑花，手工工艺精到，是周令钊的美术启蒙老师。

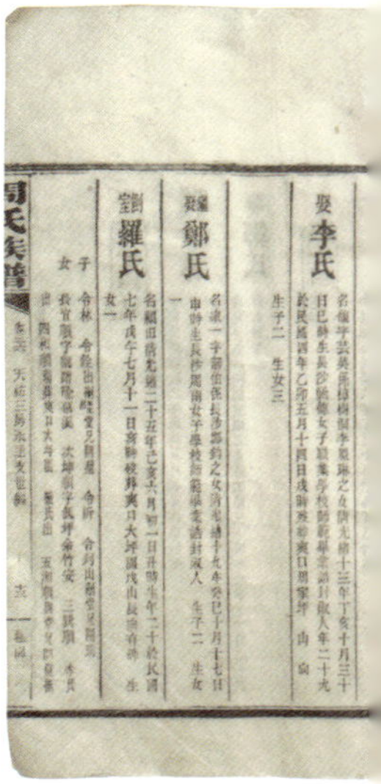

郑家一的父亲是金井有名的开明士绅，鼓励家里人顺应潮流，参与社会变革。郑家一的兄弟姐妹们大多在国内外学有所成，既有技术人才，也有革命者。她的堂妹郑杰，后来改名为刘英，是经过二万五千里长征的女红军。红军长征到达瓦窑堡后，经毛泽东介绍，刘英与张闻天结婚。1935 年 1 月的遵义会议上，张闻天接替博古负中央总的责任。堂弟刘斌，是一位身经百战的老战士，中华人民共和国成立后曾任冶金工业部副部长。弟弟郑家朴等是为中国科技进步做出贡献的高等技术人才。

周令钊的生父周开璿，生于清光绪十六年（1890）2 月 25 日，是周家的过继长子，名涛，字砚存，官至清末农工商部商务司郎中保加三品。商务司是清末农工商部所设四司之一，设郎中三人，执掌三大职权：一是管理商会、商埠、商勋、赛会、商业专利、商业保险及厘定商货运输等条例，保护商船、航业及招商事宜；二是管理工业、商业及储蓄等银行；三是管理农、工、商、矿各公司以及农、工、商等保护、倡导、奖励、调查、禁令及涉讼等事宜；四是统辖京内、外各商务学堂、公司、局、厂，管理各商政人员兼管商律馆、商报馆、公司注册局、商标局、商务官报局等。周开璿可谓

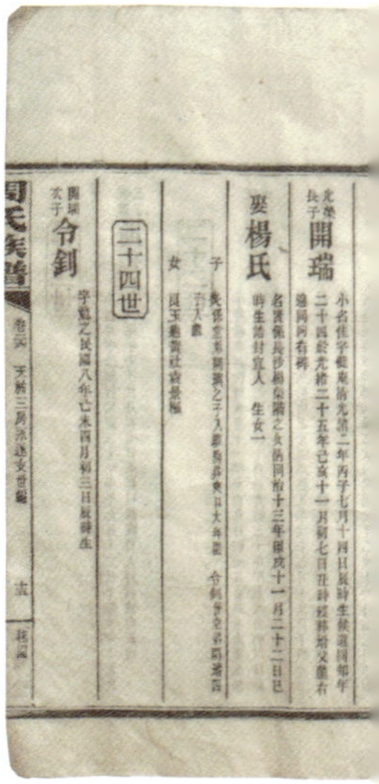

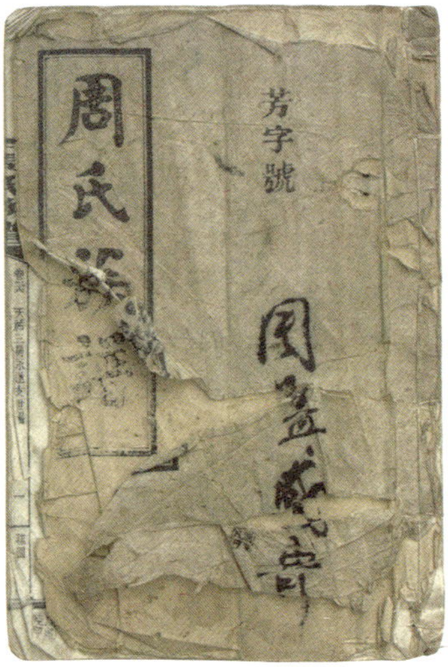

1929年版《周氏族谱》中详细记录了周令钊被过继之事

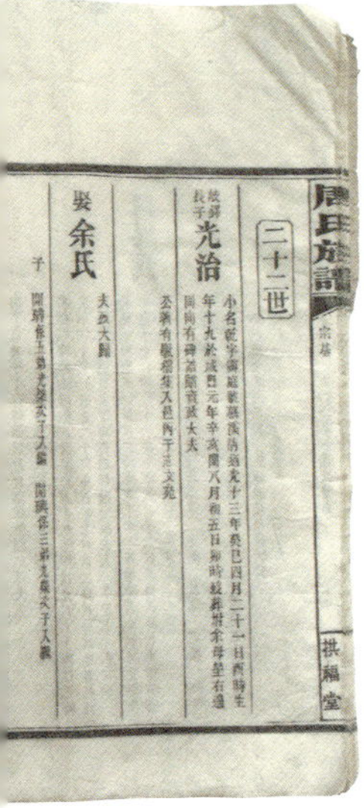

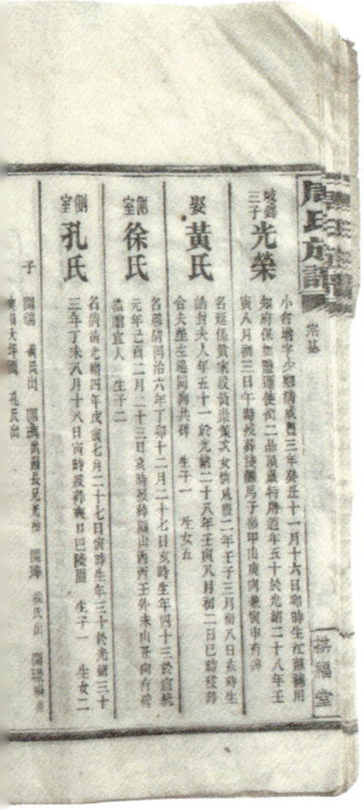

大权在握，志得意满。

周令钊的祖父周光治，在五兄弟中排行老大，膝下无子。为续香火，按照平江当地的习俗，要从兄弟的男丁中过继为子。周令钊生父周开瓚就是从五叔祖父周光棨（周令钊的亲生祖父）门下过继到周光治门下的。

周开瓚与郑家一先后生育了十二个子女，周令钊是他们的第二个儿子。周开瓚的堂兄周开瑞（周令钊三叔祖父周光荣之长子）英年早逝，夫人杨贤守寡，后来他们唯一的儿子也不幸夭折。周家商定，只要开瓚再生儿子，就过继到开瑞、杨贤门下以续后嗣。

万两易得，贵子难求。周令钊的出生，续上了周开瑞家的“香火”。周开瓚、周开瑞两兄弟家分住鹤垅屋东西院。周令钊出生后，西院的鞭炮一响起，周开瑞家用长长的竹篙挂起来的鞭炮随即被点燃。鹤垅屋沉浸在洋洋喜气之中。

金井的郑家接到喜报后，差使一队人马，坐着轿子，抬着早已准备好的给外孙的新衣、鞋帽、摇篮和米酒、鸡蛋等来到平江鹤垅屋祝贺。

第三天，周开瓚在鹤垅屋办了个隆重的“三朝宴”，庆祝这位长房少爷的出生。

周令钊满月时，周开瓚、周开瑞兄弟两家联合摆了几十桌“满月酒”。这场“满月酒”席，既是庆祝喜得贵子的家宴，也是过继儿子的宣示。“满月酒”办成了平江的上等“情席”。在平江，“情席”有共赴“情义”盛宴之意，是平江规格最高的宴席。“满月酒”当然要办成“情席”。“情席”有约定俗成的礼仪，有固定而丰盛的菜品，还有赠送每一位客人的礼品。

鹤垅屋的这场“情席”的菜单自然选择了平江自唐宋以来流行的“十大碗”：华盖炸肉（面粉加鸡蛋的油炸品上盖炒码）、金鸡抱蛋（整鸡加十个鸡蛋）、节节高（深山竹笋丝）、和美豆腐（双面煎白切豆腐）、金镶玉（蛋皮包肉）、扣山羊（整块新鲜黑山羊肉）、多福千根（绿豆粉丝）、鲤鱼跃龙门（整条鲜鱼）、黄金扣肉（带皮鲜猪肉）、青龙过海（时令青菜）。

开席时，东家极尽礼数，以文白夹杂的语句致谢各位亲朋，双手合十向大家深深鞠躬，然后高举酒杯敬第一杯酒。觥筹交错中，侍者用方形杉木托盘端上第一碗菜。第一碗菜吃完后，空碗留在桌上，再按“十大碗”排序上下一碗菜。第二、第三、第四、第五碗菜吃完后分别将空碗取走，第六、第七、第八、第九、第十碗菜的空碗则要留在席面上，使“情席”吃完之后留有六个碗，寓“六六大顺”之意。每碗菜上菜之间保持一定的时间间歇，以方便同桌者寒暄、敬酒。每桌“情席”一般安排一个“陪宾”。陪宾既是这一桌的主持人，又是“酒司令”，一般由东家长者担任。陪宾在每碗菜上桌之前向在座宾客一一敬酒。平江“十大碗”属于湘菜系列，食材考究，做工精细，品相尊贵，味道鲜美。“十大碗”的最后一道菜上来之前，东家送给每一位客人4个煮熟了的染色红鸡蛋。红鸡蛋用大红纸包着，用红棉线系着，是“满月酒”必备的礼品，鹤垅屋也不例外。

1960 年，周令钊的生父周开璿（砚存）和生母郑家一在长沙

吃完“情席”，东家将客人送到大门口。客人拍拍肚皮，向东家作揖道谢：“酒醉饭饱啊。多谢府上，胀得像面鼓一样！”东家赶忙弯腰回礼道：“没有什么好吃的，不晓得吃饱了没有？”

为了庆祝长房少爷满月，周家在鹤垅屋南门窗口向乞者发放馒头一周。馒头用的是上等面粉，二两一个。

~ ~ ~

中兴周家的刘祖婆（刘满玉）穿的这双绣花鞋至今被周家后人奉为“圣物”，已经传承240多年。在女子须裹足的森严清律下，刘祖婆却放了足（摄影：皮皮）

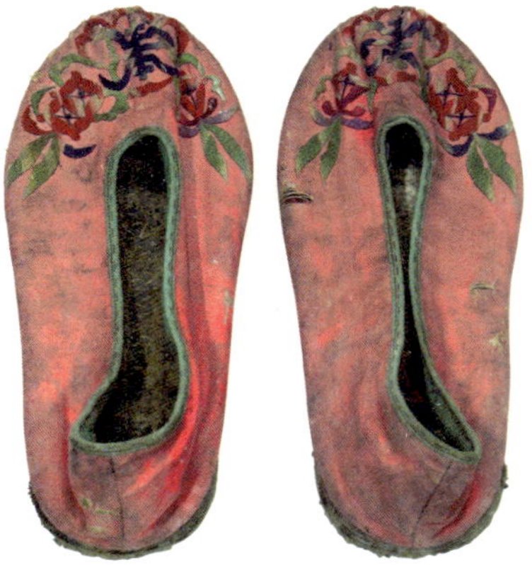

中兴周家的刘祖婆

周令钊的祖上是从江西迁徙到平江的，靠农耕辛劳度日，直到第十七代才出现重大转机。这个转机，得益于第十七代孙周兴珩和他的第五任夫人“刘祖婆”的结合。

周家始祖儒公第十七代孙周兴珩，名石，字楚白，人称兴珩公，热衷于读书博取功名，但屡试不第，便发奋经商。这位周家的商业天才经过10多年的努力，发了大财，在平江爽口托莲营建了远近闻名的周家“老三房”大屋。可是，屋大人稀，兴珩公先后娶过4位太太，均没有生育，眼看着香火难继，成天愁眉苦脸。后来，经人介绍，迎娶了本地樟树垅比自己小30多岁的美貌少女刘满玉。为躲避战乱，刘满玉随父母从广东逃到平江，在爽口樟树垅定居下来。父亲是个篾匠，客家人，凭着精湛的篾匠手艺营生。刘满玉生了两个儿子，续了兴珩公的香火。不幸的是，乾隆二十年（1755），兴珩公溘然长逝，享年62岁，那时，刘满玉不到30岁，大儿子还不满10岁。

刘满玉是世上难得的好女人。她执掌家大业大的“老三房”后，路数清晰，手脚麻利，一方面出重资在当地修路建桥，广为布施，赢得了家族和乡邻的爱戴；另一方面，精打细算，勤俭持家，悉心培养儿子，使周家人兴财旺，家风优良。

周家遗存的大钟（摄影：皮皮）

刘满玉不仅持家有道，还勇猛无比。据传，一日，一伙强盗前来勒索，她把地契、银票、金银首饰等集中在一个房间，自己手持大刀把守大门，誓言与强盗拼死到底。强盗面对这位不要命的女子，竟然不知所措，只好告退。

1928 年，周家托莲“老三房”被烧。虽历经沧桑，遗存至今的大屋一角，仍依稀可见周家当年之气派（摄影：皮皮）

乾隆四十一年（1776）刘满玉病逝，享年50岁。后人为了纪念平江爽口托莲周家历史上最受人尊敬的人物，称她为“刘祖婆”，并将她生前穿过的一双绣花大布鞋作为传家宝保存下来，每年周家举行重大活动时拿出来供人瞻仰。为了感谢刘家，周家每年还要邀请“老三房”周边所有的刘姓人免费赴宴三天，并给每个前来赴宴的刘姓人发一个红包。

周家托莲“老三房”遗存至今的大屋内景一瞥（摄影：皮皮）

一个好女人福佑着一个旺盛的家族。“刘祖婆”之后的100年间，周家逐渐进入鼎盛时期，成为平江有名的望族。

… … …

大园子鹤垅屋

周家“老三房”建成之后，周家各分支在平江县境内先后拥有20多处庄园。周令钊诞生的靠近汨罗江边的这个院落建成于嘉庆十八年（1813），名曰“鹤垅屋”。

鹤垅屋坐北朝南，后有一座浅浅的山，山上树木高大，以松树居多，常有众多白色的鸟在树冠上起起落落。这种鸟，本地人把它叫作“白佬仙”，实际上就是白鹭。白鹭颈长脚也长，走起路来袅袅娜娜，像个白衣贵族，特别好看。平江无鹤，当地人将它以“鹤”相待，敬重有加，从不去伤害它。

平江是个山区县，以山地和丘陵为主，平原不多。鹤垅屋前面是一片开阔的平原，春去秋来，花开花落，四时景色如画。

周令钊出生在汨罗江畔的鹤垅屋。汨罗江发源于湘、鄂、赣三省交界处的黄龙山（图中远处的大山），流经平江等地后注入洞庭湖。因屈原怀沙自沉汨罗江、杜甫殁于平江境内江上扁舟，汨罗江因此被赋予人格意义（摄影：皮皮）

倒在鹤垅屋原址上的石狮子，它既见证了鹤垅屋的兴衰，更见证了历史的沧桑巨变（摄影：皮皮）

不远处是清澈见底的汨罗江。汨罗江性情温顺，从平江东部的连云山发源，“三十里水不响”，故有“平江”之美誉。关于平江名字的由来，还有一种说法是，为纪念中国历史上第一位伟大爱国主义诗人屈原（约公元前 340—前 278 年）怀沙自沉汨罗江而得名。屈原，名平，字原。

汨罗江东面不远处有一座山，叫“穿眼对金钱”。山的腰部有一个洞，很大，太阳经过它背面的时候，阳光穿过这个洞，像舞台上的聚光灯一般，把一抹金辉照到鹤垅屋，鹤垅屋便显

当年的大园子鹤垅屋就建在这座浅山之下。鹤垅屋早已不复存在，图中的这口池塘是鹤垅屋曾经的见证（摄影：皮皮）

从鹤垅屋远眺，可见“穿眼对金钱”的那座山。清晨，阳光穿过那座山，像舞台上的聚光灯一样照在鹤垅屋和眼前的这片田野上（摄影：皮皮）

得生机勃勃。老人们说，鹤垅屋场是风水宝地，上上福地。于是，在当地有“穿眼对金钱，富贵万万年”的说法。

关于鹤垅屋，有一个传说在平江流传很广。传说有一天，一个乞丐要饭进了鹤垅屋，出来后风雨兼程径直跑到京城密报：平江周家触犯天条，将自己的房子盖成了与皇宫一样的九进殿堂！皇上龙颜大怒，立即派钦差策马平江察看。如果真有其事，周家将被满门抄斩并株连九族，密报人将受到重赏。周家的祖辈在朝廷为官的不少，与朝廷的关系错综复杂，相好者甚多。得知此讯，朝廷中与周家过往甚密者立即派遣密使火速赶赴平江。迢迢千里之遥，在跑死几匹良马后，密使快马加鞭硬是在钦差抵达平江前三天来到鹤垅屋，向周家通报了这一凶讯。周家立即组织当地千余青壮劳力一个晚上拆除一进房屋，第二天将地基深挖数尺，灌上水，栽上荷花，荷池与周边环境浑然天成。钦差一行来到平江，在鹤垅屋穿堂入室，详尽察看之后，对周家的长老深深一鞠躬：“实在抱歉，我等乃奉命行事，打搅之处诚望多多见谅！”回到京城，那盼着皇上重赏的乞丐因犯欺君之罪被拉到刑场一刀斩了。

鹤垅屋虽是一个大庄园，但因为周家低调内敛的传统，因此没有把它叫成“园”。

鹤垅屋坐北朝南，占地阔大。规划设计中西合璧。主体建筑雕梁画栋，飞檐斗拱。园林设计有点像苏州园林，据说是苏州工匠建造的。里边的西洋楼则是欧式风格。整个园子有高高的围墙围起，一条丈余宽的人工“河”贴着围墙从西往东流去。园子的南面有三座桥，一座主桥两座副桥，桥的栏杆均由汉白玉雕琢。中间的桥直通正门。

从正门往里走，有好几进。“进”是一排房子的意思。每一进房子的中间是大厅。每一个大厅都在一条直线上。正门进去是过厅，过厅的屏风后面是客厅，一般来客在此落座。客厅之后是轿厅，周家鼎盛时期，这里摆放的轿子有几十顶。每进房子有东、西两个门，分别通往东、西两园。东园有两处房子，其中一处是周令钊过继母亲杨贤、周令钊和保姆王嫂居住的地方，实际上是一个自成体系的四合院，四合院东面的人工湖边上是周家的中式大宴会厅，可摆四五十张八仙桌用于宴请。东园还有一些曲曲弯弯的中式回廊。西园的一大片房子是住房，大大小小近百间，周令钊的生父、二伯、四叔、五叔，率各家在此居住。西面的湖边有一幢西洋风格的宾馆，用于接待来往宾客。靠近西边院墙的地方，有一个茅草盖的两层楼高的亭子，名曰“望耕亭”，可远观鹤垅屋外自家田地里的景象。每年春耕或秋收时，周家人要在望耕亭举行祭祀活动，以期风调雨顺，五谷丰登。有时也请戏班子在这里唱地方戏，或演奏民族器乐。

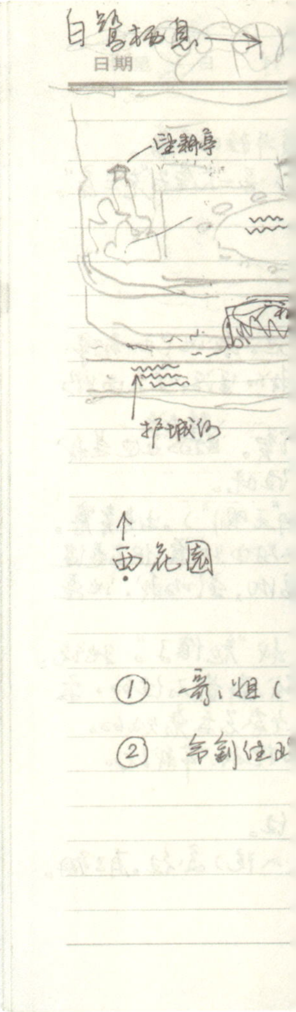

鹤垅屋的东、西两个湖里种了很多荷花。西边的湖中有一个亭子，叫“水阁凉亭”，岸边曲折的木制廊桥与它相连。一到夏天，湖里的荷花开了，保姆王嫂就抱着幼年的令钊坐在亭子里看风景。有时候，几个丫鬟划着小船在荷叶间穿梭着摘莲蓬。绿的荷叶、粉红的荷花和咿咿呀呀轻轻划动的扁舟让小令钊高兴得在王嫂怀里大呼小叫，想拼命地挣脱王嫂到船上去。可王嫂却将他抱得更紧。丫鬟们看到在岸上哭闹的周公

子，便摘了莲蓬笑咯咯地扔到亭子里。王嫂剥着莲子笑盈盈地往令钊的嘴里喂。

周家在外当官的人多。南方的梅雨季节过后，只要是晴天，鹤垅屋有一项重要的事情就是晒官服。官服实在太多，佣人们就在门前的地坪上搭起一排排架子，将一件件官服挂在架子上晒。阳光下飘动的官服，是周家人的荣耀和梦想。

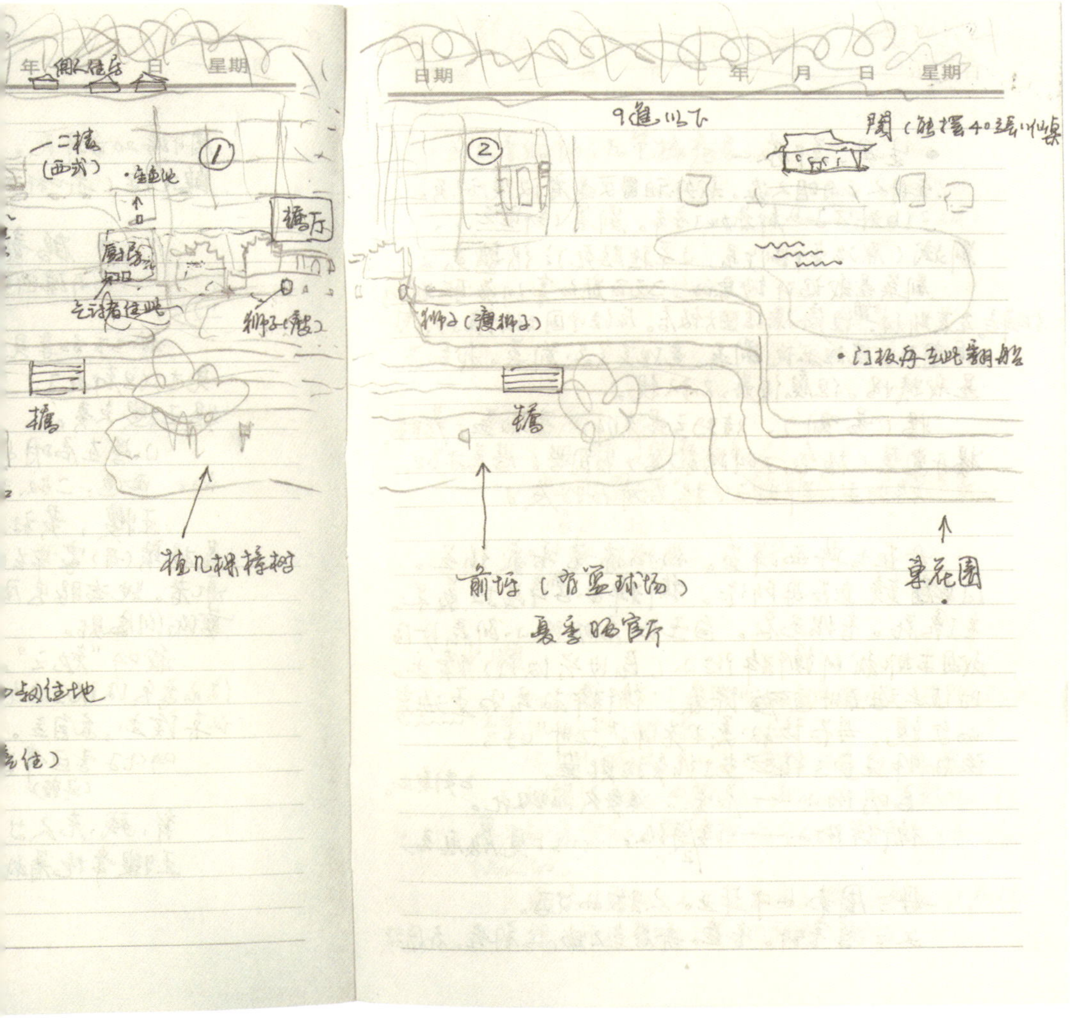

2000 年 2 月，周令钊接受访谈时画在本书作者采访本上的鹤垅屋平面布局图。图中文字为本书作者当时所注

鹤垅屋里的佣人很多，有种地的，有修剪花草树木的，有维修房屋、设备的，有养猪养鸭养鸡的，有点灯添油的，有打更的，有照顾小孩的。鹤垅屋的账房人手不少，很忙。鹤垅屋里虽然富，但周家很节俭。家里人常常拿刘祖婆来教育子女，说她从来不穿绫罗绸缎，穿的是粗布衣服，吃的是粗茶淡饭，自己还下地种田。

鹤垅屋大门的正南面有一片高地，上面有一棵大樟树，周家在樟树旁修了一个篮球场，佣工和周家青年人经常在一起打篮球。

周家有乐善好施的传统。为方便当地百姓求医问药，在鹤垅屋西边副桥进门不远处建有“广福堂”，既是个药铺，又有医生坐诊，对穷困人家，看病、抓药不收钱；药铺旁边的围墙上开有一个窗口，专门为穷人或行乞者施舍包子、馒头、粥等；“广福堂”旁边还盖有一处房子，专为无家可归的流浪者提供住宿之所；地方上的一些穷人死了，穷得没有棺材下葬，周家得知后，常常出钱买了棺材派人送过去。

鹤垅屋的这场繁华，在周家人不断奋斗中绵延百年。

~ ~ ~

保姆王嫂

周令钊有个专职保姆，姓王，平江三市保丰人，出身贫寒。鹤垅屋里的人大多叫她王嫂，周令钊却叫她王姐。王嫂是周令钊过继母亲从娘家那边带过来的，当丫鬟使，在鹤垅屋多年。周令钊出生后，就由王嫂做保姆，一直陪伴到九岁。

鹤垅屋西边住的人多，热闹。本住东边的周令钊五叔（周令钊继父周开瑞的亲弟弟）是个爱热闹的人，不久就从东边搬到西边去了。东边的院子就周令钊继母杨贤、王嫂带着周令钊住着，王嫂因此也成了东边的管家。

王嫂人聪明，手也很巧。她喜欢剪纸，一把剪刀，一张纸，经她的手一剪，牛啊、龙啊、鸟啊、花啊、草啊什么的，栩栩如生。她一边剪，还一边给周令钊讲这里边的故事，讲怎么剪才好看。周令钊一边看一边问，有时问得她扑哧哧笑出声来。剪好以后，王嫂就抱着周令钊往窗户上、门上贴，贴得到处都是。王嫂还经常带周令钊到大门口，远望福寿山、连云山的美景，看汨罗江上的点点白帆。看到高兴时，王嫂顺势给周令钊一支石笔，让他趴在青石地面上信手涂鸦。

王嫂虽是外人，因与周家的特殊关系，却深得信赖。到后来，王嫂还当了周家大房的半个管家，连周家藏品库房的钥匙也由她管着。

一天，王嫂对周令钊说："勉倌子，我带你去看你们家里的宝贝。""勉倌子"是周令钊的乳名。周令钊字勉之，"倌子"则是平江人对男人的昵称。王嫂抱着周令钊到东屋楼上开了一间屋门。这间屋子很少有人去，家里很多人甚至不知道这间屋子是做什么用的。屋里光线不太好，但看得清里面有很多箱箱篓篓，整整齐齐码放了一屋。王嫂打开了几个箱子让周令钊看，箱里竟然全是金银珠宝！她指指点点对周令钊说，这是玉镯，这是金器，这是象牙筷，这是乌木工艺品，这是玉如意，这是国外来的手表、珊瑚……周令钊对那些金银珠宝不感兴趣，却对洋手表看得眼睛发直。他找王嫂要，王嫂就给他装了一首饰盒的手表。

王嫂很从容，一个箱子一个箱子打开，把里边的东西搬出来，让周令钊过目后又小心翼翼地放回去。周令钊看到一个晶莹剔透的玉熊顶玉如意雕件，安放在一个红木座子上，那头熊被雕琢得活灵活现，十分传神。熊面带微笑，张开嘴巴，伸出舌头，身子微微欠起，双手举过头顶，托举着一个大大的如意。周令钊高兴得跳起来。

靠里面的一些箱子里放着叠得规规矩矩的衣服，衣服上面绣有白鹤、锦鸡、孔雀、云雁等图案。那是官服。周家在外当官的人很多，为了留个"眼界"，周家人习惯留上一套新衣服作纪念。日积月累，竟然足足存了几大箱。

对着窗户的那面墙上，挂着一幅西洋画像。王嫂告诉周令钊，那是他的曾祖父，名叫周光荣。周光荣是朝廷二品大员，曾任江苏巡抚兼盐务布政使。画像里的曾祖父胖胖的，笑容满面，就像真人一样。

收拾好东西，王嫂抱起周令钊，不紧不慢地说："勉倌子啊，你们家有这么多钱财，吃不愁，穿不愁，用不愁，看上去了不得。其实，这些都靠不住的。最靠得住的就是你自己。今后，你要好好读书，用功学习，要有自己的吃饭本事。你会做工也好，哪怕会做贼也好，要有真本事。将来找个好女人，成个亲，自立门户，传宗接代。你们这个家是靠不住的。你看现在，你们家里那些长工、短工，干这个干那个，伺候着你们，那是现在你们家好。好花不常开啊！"

鹤垅屋的人工湖是孩子们向往的地方。一到夏天，大一点的孩子喜欢弄块门板什么的放到湖上作船用。一次，周令钊也被哥哥们抱到“船”上，可是，“船”刚刚开动，就翻了个底朝天。落水的孩子被大人救上岸后，为首的大孩子被痛打了一顿。周令钊却被张皇失措的王嫂抱着亲着连声叫着“宝贝宝贝”。

在鹤垅屋，周令钊确实是周家的宝贝。他是长房长子。他5岁以前，饭是王嫂喂的，洗脸、洗澡、穿衣服、脱衣服也是王嫂负责的，因为怕他摔跤，怕出其他意外，在他6岁以前出门就被王嫂抱着“走”路。

鹤垅屋里有一个长工食堂，里边放了好几张餐桌。饭菜做好了，厨房里的师傅就拿一根木棍敲打挂在走廊上的竹筒，梆梆梆地响。不一会儿，在院子里干活的、在外面种地的长工们便纷至沓来。王嫂有时也抱着周令钊到长工食堂转，看长工们吃饭。长工们见到小令钊，都很喜欢，有人甚至用筷子夹着菜送到周令钊嘴边：“勉倌子，想吃吧？”王嫂脸一沉，赶紧用手挡住：“吃吃吃，你吃你的，我家勉倌子有自己的饭菜！”

鹤垅屋看上去是一大家子，但大家里有小家，各立门户。周令钊享受鹤垅屋高级别的“小厨房”待遇。小厨房的事情由王嫂一人操办，其他人不得插手。

周令钊吃的是和家里其他人不一样的饭菜。饭，是王嫂在烧开水的吊壶上放一个密封的罐子焖好的；菜，是在专用的铁锅里做好的。王嫂一勺一勺地喂给他吃，一直喂到他离开平江去长沙。

乞丐李旦，是鹤垅屋的常客。李旦每次来，总是要在鹤垅屋的门口打莲花闹。他腰上别着个用蟒蛇皮蒙好一头的竹筒鼓，竹筒很长。他左手在蟒皮上有节奏地拍着，竹筒鼓咚咚咚闷闷地响着，右手则灵巧地甩动着连在一起的几块小竹板，嗒嗒嗒，声音干脆利落，嘴里则唱着听不太分明的歌。歌一唱完，王嫂就跑到厨房盛上满满一碗白米饭，饭上还要盖上一些菜给李旦。李旦喜欢逗周令钊玩儿，王嫂也不阻止。只要李旦几天

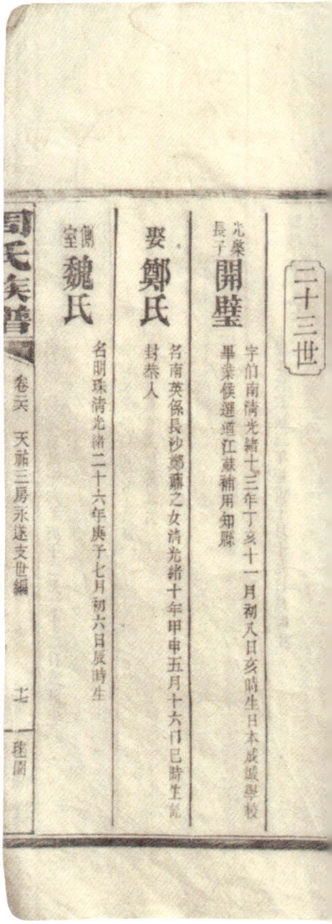

《周氏族谱》中详细记录了周令钊的亲祖父周光棨的情况

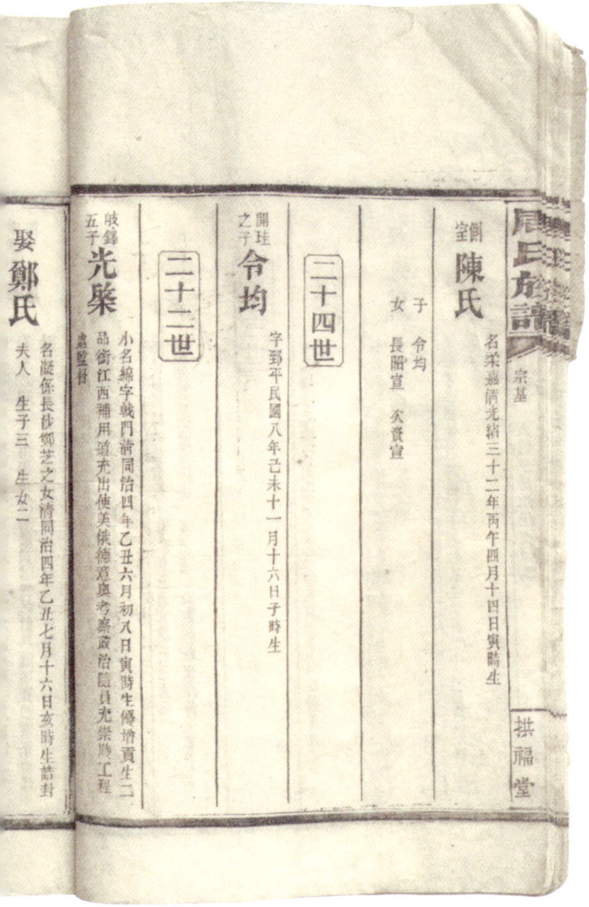
周氏族譜
宗墓
室劉 陳氏 名柔嘉清光緒三十二年丙午四月十四日寅時生
子 令均
女 長留宣 次資宣
二十四世
開珪之子 令均 字鈞平民國八年己未十一月十六日子時生
二十三世
岐鋒五子 光棨 小名綿字戟門清同治四年乙丑六月初八日寅時生優增貢生二品銜江西補用道充出使美俄德意奥考察政治随員充崇陵工程處監督
娶鄭氏 名凝保長沙鄭艺之女清同治四年乙丑七月十六日亥時生誥封夫人 生子三 生女二
拱福堂

不来，周令钊就会问王嫂李旦为什么还不来。王嫂说，李旦是个走千家串万户的客，吃腻了鹤垅屋的饭菜，要换换口味。王嫂说得真准，过了几天，李旦真的来了，周令钊高兴得像见了久别的亲人一样。

… … …

祖父“驾崩”

周令钊的亲祖父周光棨病了很长时间。快要去世的时候，祖父特意嘱咐让王嫂带着不满 7 岁的周令钊从长沙赶回鹤垅屋去见他，算是祖孙俩见最后一面。平时，因为祖父住在鹤垅屋的西边，周令钊住东边，没有见过祖父几面。

周光棨，名绵，字戟门，清同治四年（1865）六月初八生，民国十五年（1926）二月二十五日寿终正寝于鹤垅屋，享年 62 岁。周光棨是清廷优增贡生，二品衔，曾任江西补用道、崇陵工程处监督等职，后作为清朝政治随员到美、俄、德、意、奥等国家进行考察。在那个落后、封闭的国度里，出国本来就是一般人不敢想象的事情，更何况是代表朝廷出访，办理国家大事。时至今日，周家人仍以周光棨为骄傲。

周令钊跟着王嫂穿过西屋经前厅来到祖父床前。此时的祖父躺在床上有气无力，头发花白，圆圆的脸上惨白无光，高大的身上盖着一块白布。一些人围在祖父的床边，默默地看着他。他显得那样无助。祖父吃力地抬起右手，摸摸周令钊的头。他的手有些发凉。祖父断断续续、郑重其事地与周令钊说了一段话。说些什么，周令钊似懂非懂。祖父说过这段话后，王嫂就带着周令钊出来了。

祖父死了，在鹤垅屋，就像皇帝驾崩了一样。一个庞大的治丧班子立马搭建起来，管事的人很多，跑腿的人川流不息。祖父身后的鹤垅屋，大小事情由周令钊的祖母执掌，当然包括为祖父治丧。祖母身材高大，面容慈祥但透着威严，是鹤垅屋里的"慈禧太后"，说话算数，所有人都服她。祖父被装殓后安放在金丝楠木做的棺材里，被八大"金刚"隆重地抬进设在鹤垅屋正堂、早已布置好的"孝堂"中。宽大的白布、长长的黑纱和各式各样的祭幛把"孝堂"装点得气势宏大、庄严肃穆；"孝堂"正中祖父的灵柩前用一张宽大的花梨木方桌摆放着各色祭品、贡果。方桌前，整整齐齐地摆放吊唁者施礼用的深色棉垫。人数众多的哀乐队在"孝堂"的西北角吹拉弹唱。鼓乐齐鸣，盛况空前。

平江人向来把死与生看得同等重要，民间相信人的灵魂不死，死人能投胎转世还有来生。平江人认为隆重治丧是对死者的尊重，是后裔尽忠承孝的具体表现。旧时平江治丧程序繁复，要经过送终、报丧、入殓、守灵、成服、吊唁、道场、朝庙、出殡、路祭、落葬、化财、居丧等众多礼数，吊唁场所要插族旗、开路、悬幡、诵经礼忏、烧灵屋、唱夜歌、写挽联、吟祭文等等。

祖父死后，鹤垅屋里的人就按照习俗穿起了孝服，戴起了孝帽，持起了孝杖。来吊唁的人络绎不绝。各方送来的匾额、挽联、挽幛、花圈和纸做的岩山、金银山、笼、纸钱等逐渐把"孝堂"塞得满满当当。周令钊第一次看到如此盛大的场面。

吊唁的人一到大门口，就有礼生通报，"孝堂"里的锣鼓唢呐、孝堂外的鞭炮一同响起来，在灵柩旁披麻戴孝的女眷们一律跪地叩头哭将起来。有的一边哭，一边还用哭腔把祖父生前的好一一讲出来，像讲故事一样。王嫂带着周令钊也在这个哭群里。王嫂哭，周令钊也哭。王嫂不哭了，周令钊的哭也被王嫂叫停。周令钊问王嫂："那些大声哭的人，为什么没有眼泪？"

每天来来往往的人都在鹤垅屋吃"流水"席，坐满一桌就开席，随到随吃。厨房里除了做饭菜外，还负责蒸包子。任何人来了都可以到厨房里去领两个大包子，一个糖的，一个肉的。周令钊觉得有意思，吵着要王嫂带他去领包子。

“孝堂”里摆了祖宗的牌位。牌位上只写了一个“王”字，要请地方上有地位、有名望的人来在“王”字上面加一点，叫“点主”。牌位前摆一长条案，上面放了笔墨，孝子贤孙们在条案前跪成几排，周令钊也跪在那里。做法事的道士在一旁半闭半睁着双眼，口中煞有介事地哼唱着几段谁也听不明白的曲子，唱毕，来了一人，拿起笔，果断地在“王”字上面一点，“主”就出来了。点完“主”，一路人马就去县城西南边的界山庙摆神位。鹤垅屋离县城三十多里地，要走大半天。“主”牌位由孝子抱着在前面走，后面是道士、乐队、披麻戴孝的孝子贤孙、十几顶轿子和看热闹的人，浩浩荡荡。周令钊由王嫂抱着坐在轿子里。

为了亡者来世过得好，要请僧人或道士做法事念经，以超度亡灵，这种法事叫作“道场”。“道场”一般分内场与外场。内场主要是念经，在“孝堂”完成。外场则在室外行事，场面宏大，是个面子工程，主要是做给外人看的，主要节目有大渡桥、破地狱、放河灯、拜大水懺、做蒙山、穿黄河图、散九花灯、点九皇烛、去城隍庙大迎亡、大十王过案、朝庙三次、解灯等。“道场”规格高下主要按时间长短来分，做半天叫“开路”，做一天叫“朝开晚散”，还有做一天半、二天、三天四夜、七天七夜、七七四十九天的。周光桀是鹤垅屋的“皇上”，“道场”规格当然高。

鹤垅屋东边的花园里，40多张八仙桌拼摆在一起，一群扎匠为祖父扎“灵屋”。大人们说，祖父到了阴间，也要有地方住。领头的扎匠50来岁，中等身材，大家叫他戚扎匠。戚扎匠是地方上扎“灵屋”的高手，是一个了不得的工艺美术大师。他带着一批徒弟，先是将从山里砍下来的楠竹破成细细的篾条，再把篾条扎成房屋的框架，然后用红、黄、青、紫、绿、白等各色专用纸剪成各种不同的形状糊上去。几天工夫下来，一大片房子就“扎”出来了。“灵屋”是一个大大的豪华庄园，分好几进，也有东西两大院落，院内楼堂亭阁飞檐斗拱，屋宇家什一应俱全，猪狗牛羊六畜兴旺，几十顶豪华轿子整整齐齐地摆在正厅，气派非凡。

周令钊被戚扎匠扎的“灵屋”吸引着。其他小孩看看热闹就走了，周令钊却不肯走。“灵屋”的空间感和绚烂色彩在冲击着周令钊幼小的心灵。

使周令钊没有想到的是，这些漂漂亮亮的“灵屋”是要被烧掉的。烧灵屋叫“化财”。只有烧了，死者才能享受到。“化财”之前有一个瞻仰“灵屋”的仪式。瞻仰的人全是周家亲人、亲戚，由戚扎匠在前面带路，长长的队伍围绕“灵屋”缓步转一圈。周令钊看到灵屋里面的桌椅板凳、瓶瓶罐罐、床上的铺盖，像真的一样。连账房里头桌子上摆的算盘，算盘上的算盘珠子都看得清清楚楚。

祖父的道场办了七七四十九天。道场将要散场的那天晚上，“灵屋”被搬到汨罗江对面的草坪上，亲友们送的那些岩山、金银山、包财等冥用纸品也被搬了过去。道士们做了一场法事，点燃了灵屋的一角。火光中，“灵屋”渐渐化为灰烬。周令钊急得大哭起来。在王嫂的怀里，他大声哭喊着：“烧灵屋的是坏人！大坏人！”

祖父的道场散了，鹤垅屋归于平静，戚扎匠也没了踪影。

夕阳透过对面山上的“穿眼”洒在鹤垅屋上。

~ ~ ~

涧山遭劫

周光棨离世的前些年，中国社会风云激荡。

1915 年 12 月 12 日，袁世凯宣布接受帝位，推翻共和，复辟帝制，改中华民国为“中华帝国”，并下令废除民国纪元，改民国五年（1916）为“洪宪元年”，史称“洪宪帝制”。当月，平江人彭思贻、吴亚平等聚众起兵，策应蔡锷、唐继尧举兵讨袁，军称“平江护国军”。1917年4月，革命党人及平江护国军攻占平江县城，率众闯入县署，处死知事。6月，省城派兵进剿吴亚平部，其部属沿途抢劫，吴逃往岳阳。8月，护法运动开始，南北战争爆发，平江护国军被编为护法军。驻平江的南军零陵镇守使刘建藩部编为护法军右翼，进驻时骚扰不堪。

袁世凯在护国运动的强大压力下取消帝号，不久便一命呜呼。袁世凯死后，军阀混战持续10余年。各地军阀为了自身利益，小到摩擦，大到大规模血拼，混战之乱殃及平江。

1917年3月，“北兵粮子”(1)张敬尧部，从县境燕、西、北乡过境，沿途烧杀抢夺，十室九空，尸横遍野。1920年8月，张敬尧部退走，“南兵粮子”(2)零陵镇守使肖昌炽与江涎区司令刘梦龙率5000余人接踵而至。平江成了南北军阀争夺的要地。“北兵粮子”来了，“南兵粮子”离开。“南兵粮子”来了，“北兵粮子”撤走。民国政府的头头脑脑走马灯似的换个不停，扛枪杆子的各色部队也在平江转个不停。

那些年，大旱、洪水、蝗虫、冰雹、冰冻、瘟疫等特大自然灾害轮番席卷平江，加上官吏腐败，匪盗猖獗，苛捐杂税多如牛毛，老百姓苦不堪言。

世乱之时，一种新生力量悄然孕育。1922年春，平江县工会会长陈苇章、农会会长余贲民由毛泽东、何叔衡介绍在长沙清水塘加入中国共产党，并于同年在县城成立中共平江小组。1927年8月，中共湖南省委派夏明翰、李六如到平江组织“秋收暴动”。9月20日，中共平江县委组织第一次扑城。1928年3月16日，中共平江县委发动20万农军攻打县城，史称“三月扑城”。6月，方维夏、毛简青赴苏联莫斯科参加党的六大，毛简青被选为主席团成员。7月22日下午一时许，彭德怀、滕代远率国民党军独立第五师第一团的800勇士在“天岳书院”操坪宣布起义，成立中国工农红军第五军，在与湖南清乡督办署派出的国民党第二十三师朱耀华部、第三十五军教导师及独立

(1)(2)“北兵粮子”“南兵粮子”，指1920年前后，南北军阀混战时，南北方当兵吃粮的人，致使百姓苦不堪言。

第五师激战一昼夜后，撤出平江，向江西方向转移，这就是中共领导下的著名的“平江起义”。

平江社会动荡不安，一些有钱人家纷纷逃离平江。

鹤垅屋虽是富甲一方，但生活在里边的人却常常担惊受怕，加上灵魂人物周光桀逝世，鹤垅屋里的人十分沮丧。

周令钊的二伯周开璧，字伯南，是周光桀的长子，曾留学日本，毕业于日本成城学校和早稻田大学，曾经当过长沙县县长和宁乡县（今宁乡市）县长。他在长沙有一处院子，叫周公馆。二伯要周令钊一家老小搬到他那里去。

周家人决定举家迁往长沙。从鹤垅屋到长沙有两条路可走：一是从平江东乡经浏阳到长沙；二是走县城经平江西乡过金井到长沙。周开璧领着一行人坐轿子从平江东乡经浏阳安全到达长沙。因周令钊生母郑家一娘家在金井，距家鹤垅屋不过百里，周母则带着一大家子分坐五顶轿子，走县城经平江西乡过金井到长沙这条路线。

出发前，王嫂给周令钊穿上新衣服，戴上一顶漂亮的真皮帽子。周令钊则抱着装有很多洋表的盒子。想到要到大城市长沙去，一家子心里有说不出的高兴。

一路上，大家有说有笑，还不时掀开轿帘看看外面的风景。太阳快落山的时候，轿队到了金井一个叫涧山的村落。夕阳下，涧山农家的炊烟开始飘荡起来，起伏的山峦渐渐隐没在淡淡的薄暮里。突然，几个凶神恶煞的人从路边跳出来，拦住了轿队的去路，还用枪逼着所有人下轿，赶进路边一间破旧的房子，几个小孩被眼前的这一幕吓得哇哇大哭。为首的人拔出枪来，恶狠狠地说：“我告诉你们，不拿钱来，谁也别想离开！谁也不准哭，不然，老子一枪崩了你！”

母亲把周令钊搂在怀里，不停地抚摸着他的额头，贴着他的耳朵说：“遇到打劫的了。不要怕，有妈妈在。”

劫匪先是把轿子上值钱的东西都丢到一个地方，然后逼着大人们交出身上所有的钱财。当头的劫匪提着枪，叼着烟，满眼凶光，走到母亲跟前，伸出几根指头说：“明天早饭之前，弄足了这个数，就放人。弄不到，就撕票！知道吗？”

天全黑下来的时候，来了一个金井的当地人，好像认识这些劫匪，赔着笑脸劝他们放人，把钱财留下就算了。那个一脸横肉的头目不耐烦地摆摆手：“老子认钱不认人，不拿钱来，不要跟我扯这个蛋！”万般无奈的母亲只好到金井娘家去弄钱，其他人被押在这间房子里作人质。夜里，极度恐惧中的周令钊又冷又饿，眼巴巴地从门缝往外看，盼着母亲早点回来。

经过一夜的煎熬，母亲终于回来了。劫匪拿到了足够数量的钱，一甩手，走了。

重新上轿，周令钊发现装洋表的盒子不见了。

一行人在母亲娘家小住压惊后，如惊弓之鸟般地逃往长沙周公馆。

周家人后来才知道，这批劫匪本来想打周令钊二伯周开璧的主意，没想到周开璧走了另外一条路。

第二章

/

风雨少年

/

……　……　……

好景不长

1925年，6岁多的周令钊就在王嫂的陪伴下，到位于平江县城西面的启明女校小学部读一年级。

启明女校小学部是男女混合学校，中学部则只招女生。周家与启明女校的创立者凌容众、李樵松夫妇是老交情，过从甚密。启明女校董事会成立后，周家是校董之一。因为这层关系，周令钊进入启明女校小学部就读也就成了顺理成章的事情。

凌容众和李樵松同是平江人，是近代平江民主思想的启蒙者、湖南知名教育家。老家在平江县城近郊三阳乡的凌容众（1874—1929），1904年官费留学日本，习警政。1905年加入同盟会，1906年因强烈反对“取缔清国留学生规则”被驱回国。为表达不满，他曾制作过一个灯笼，上书“凌容众奉旨驱逐回国”，穿行于县城的大街小巷，当着众人的面痛斥清廷的腐败，宣传救国主张。李樵松（1872—1933）是平江东乡长庆人，凌容众留学日本的第二年，她也来到日本，入东京青山实践女校，是湖南第一批女留学生之一。她1905年加入同盟会，1907年回国，热心妇女解放，拥护男女平等主张。1907年，胸怀“教育救国”梦想的凌氏夫妇出卖自家1000余亩田产作为办学经费，创立了启明女校。该校是湖南最早开办的女子学校之一。凌容众出任启明女校经理（校董事会董事长），李樵松当校长。学校先后开办了职业部、小学部、师范部，实行免费教育，还补助学生生活费，发放奖学金。启明女校办校43年，培养学生4000多人。数十年间，平江小学教育师资基本出自该校师范部，也有一大批中国早期的革命者来自该校。

凌氏夫妇还以启明女校为掩护，与同盟会会员密谋并参与革命。1911年10月，凌被推举为平江陆军警察长。辛亥武昌首义，湖南首应，平江为各县响应之先，就有凌、李的功劳。

对好朋友兼校董的子弟周令钊，凌氏夫妇关爱有加，特意在学校教员宿舍专门为周令钊安排了一个单独宿舍和厨房，王嫂在这里为周家的这位长房少爷开"小灶"，料理生活。学校的后山上有一排木屋，是凌氏夫妇的家。这里，绿树掩映，环境清幽，时常有一些朋友到凌家商谈事情或聚会。有时，凌家来客人时，也请王嫂陪着周令钊到家里做客。凌氏夫妇总是乐呵呵地向客人介绍这是鹤垅屋的某某某，还要说到他们与周家人的亲密关系。

有一次，王嫂陪着周令钊到凌家吃饭。凌家来了很多客人，正在客厅聊天。凌容众示意周令钊和王嫂在靠里的凳子上坐下。屋里的客人既有讲平江话的，也有外地口音，周令钊一个也不认识。他们集中谈的是当前的时局，一个个表情严肃，慷慨激昂。年幼的周令钊虽然不明白其中的原委，但知道他们是在商量大事情。

1925年3月12日上午9时30分，中华民国与中国国民党的缔造者孙中山因患肝癌医治无效在北京东城铁狮子胡同5号行辕（现张自忠路23号）逝世，终年59岁。

8月20日，国民党右派在广州暗杀了国民党左派领袖廖仲恺。

同年5月30日，上海学生两千余人在租界内散发传单，发表演说，抗议日本纱厂资本家镇压工人大罢工、打死工人顾正红，声援工人，并号召收回租界，被英国巡捕逮捕100余人。下午，万余群众聚集在英租界南京路老闸巡捕房门首，要求释放被捕学生，英国巡捕竟开枪射击，当场打死13人，重伤数十人，逮捕150余人，造成震惊中外的五卅惨案。五卅惨案的消息迅速传遍全国，各大、中城市纷纷罢工、罢课，声援上海人民的反帝斗争。

6月9日，平江县城各界联合成立五卅惨案平江雪耻会，凌容众亲任会长，组织了县城的罢工、罢课、罢市。9月，平江雪耻会组织爱国群众和学生在县城大码头禁止起运英国煤油（史称“平江煤油案”），此案延续至次年2月才告一段落。

周令钊在启明女校没待多久，寄居长沙明月街的周令钊的过继母亲杨贤生病，王嫂只好带周令钊到长沙陪伴她。

农历1926年2月25日，周光棨病危，周令钊被召回鹤垅屋探视祖父，与祖父见上最后一面。

此后，社会持续动荡，周家人陆续迁往长沙。

~ ~ ~

短命的周公馆时光

到长沙后，周令钊一家在周公馆落脚。

周公馆是个精致而阔大的院子，前临营盘街，后接学恭街。高大的条石门框，厚重的朱漆大门，黄铜打造的两个锃亮的雄狮头门把手，显露着主人的不凡气度。进得大门，是一个轿厅，放了几顶装饰一新的轿子。还有一辆人力包车，包车靠前的车檐上挂了两个灯，车上铺着一条色彩明快的羊毛毯子。院子错落有致，院中有大小花园各一。房间很多。进出这里的人，除了家人就是达官贵人、有钱人。

刚到周公馆，周令钊一家的日子过得还不错。虽然遭遇劫难，但人平安，有二伯这棵大树作依靠，家里人心里还算踏实。二伯虽然很忙，每次回家，总会带一些好吃的好玩儿的。

周令钊大哥周令林在周公馆娶媳妇，给周公馆平添了一份难得的喜气。周令林早年就读于上海艺大，后来到华中美专当教员，曾由田汉[(1)]介绍成为中共地下党员。大嫂是大家闺秀。他们结婚那天，营盘街来了一支长长的迎亲队伍。抬新娘的大花轿被咧嘴坏笑着的轿夫有意上下颠着缓缓前移，一群小孩举着木头架子做的大红灯笼，笑着叫着跑着。大嫂娘家陪嫁的礼盒一箱一箱地被人抬着慢慢往前走。大嫂披着

（1）田汉（1898—1968），原名寿昌，湖南长沙人。话剧作家、戏曲作家、电影剧本作家、歌词作家、小说家、诗人、文艺批评家、社会活动家、文艺工作领导者。是中国现代戏剧的奠基人之一。早年留学日本，20世纪20年代开始戏剧活动，写过多部著名话剧，成功地改编过一些传统戏曲。代表作品有《义勇军进行曲》《名优之死》《关汉卿》等。

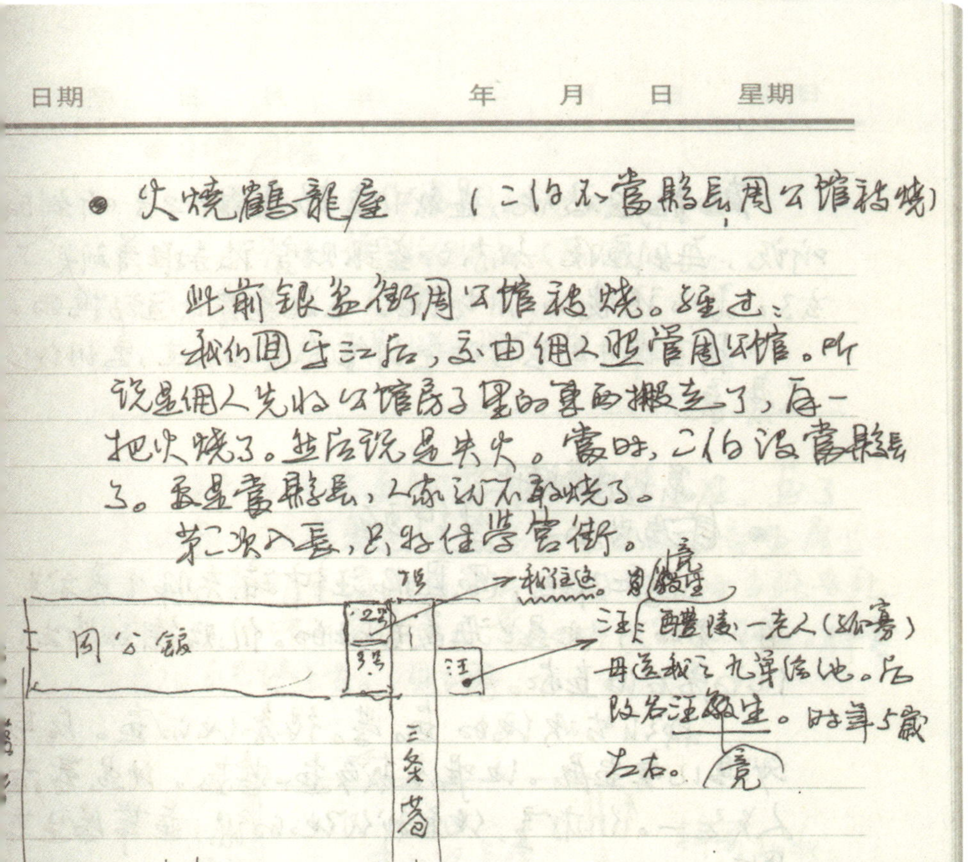
日期　　　　年　月　日　星期

• 火烧鹤龄屋（二伯不当县长，周公馆被烧）

此前银盆街周公馆被烧。经过：

我们因在江后，交由佣人照管周公馆。听说是佣人先将公馆房子里的东西搬走了，再一把火烧了。然后说是失火。当时，二伯没当县长了。要是当县长，人家就不敢烧了。

第二次入县，只好住学宫街。

• 生父：28子女

〃母：时住在江边农民协会，不敢回祖，在衡阳打工中学（驻地田中）。生活艰困。送了一子（九弟）给汪家。

2000 年2月，周令钊接受访谈时，在本书作者的采访本上所绘周公馆平面示意图。图中的文字为周令钊所书，图外的文字系本书作者当时根据周令钊口述补记凤冠霞帔走下大花轿的时候，她的美貌竟然把亲戚朋友们惊呆了，好长时间才缓过神来。她瓜子脸，大大的眼睛，身材高挑，一头秀发披到肩头，白净的皮肤透着红润，眉宇间洋溢着一般人少有的热情和灵气。亲戚们说，她比上海的电影明星胡蝶还要漂亮。这场婚礼超乎寻常的热闹，闹了整整七天洞房。

周令钊那会儿正在换牙，缺着一个门牙也跟着孩子们一起闹着。大人们说，让新娘摸一下牙，牙齿就会长得白而壮实。王嫂真的带着他让嫂子摸了一下。

周公馆里的人过着大户人家的富足生活。逢年过节必定要做新衣服，有时每人做几套。做衣服用的布料，大都是到长沙市中心八角亭的大顺绸缎店看料子，看好了就扯下来，不付现钱，记账，过年的时候由二伯总付账。布料前脚拿回来，后脚就有裁缝跟着到家里来量尺寸。衣服做好了，裁缝店派专人送过来。

周公馆之外的世界却大不一样。

一些消息不断地灌进周公馆：日本人在上海杀了一名童工，满上海的工人在罢工；山东青岛纱厂的工人也干起来了，国民党军警开枪杀了不少工人；上海数千人示威游行，抗议日本在华资本家无理枪杀工人顾正红，英国籍捕头下令向群众开枪，打死打伤很多人，发生了五卅惨案。

来自平江的消息也不好。大旱，井枯、河干，县长率数百人拜神求雨。全县大饥荒，草根树皮食尽，加上瘟疫流行，死人无数。鹤垅屋和平江周家托莲“老三房”的老宅遭洗劫，葬身于火海，据说烧了三天三夜。鹤垅屋成为一片废墟，周家家业彻底破产。

一天晚上，周令钊做了一个噩梦，梦见自己站在营盘街的门口，一个算命打卦的老头冲着他过来了，样子很恐怖。他被吓得一直往后退，退到后院厨房的煤堆旁，无路可走了。煤铺汤老板又从后院冲进来，他一直退到墙根，突然发现汤老板从煤堆里面钻出来，吓得他大叫起来。醒来后，他把这个梦境告诉了母亲，母亲只是叹了口气。面对动荡不安的世界，周令钊心里有一种无路可走的恐惧。虽然，那时他还是长沙衡粹女职附小二年级的学生。

1928 年的一天，周公馆也突然遭遇一场大火，整个院子被付之一炬。

…　…　…

教育会坪成了杀人刑场

周公馆没了，亲人们各奔前程。周令钊父母亲带着子女们挤住在周公馆后门学宫街三条巷的 2 号、3 号两套房子里。

此时，周家家境日下。王嫂被辞退回乡。

为了让周令钊继续读书，母亲费尽周折将周令钊转学到长沙自治女子职业学校附小。母亲曾在这所学校的中学部担任过美术教员。学校离家近，收费也不太高。

入校后，接连发生的许多事情使周令钊惊恐不已。

1927 年 3 月，自治女校组织师生参观长沙近郊的新河飞机场，因飞行员违章操作失事，使学生遇难死伤多人。事后，机场当局极力推卸责任，对死难学生不闻不问，政府也对此置若罔闻，受到社会舆论强烈抨击。追悼会场，长沙盲哑学校老师为吊唁罹难者书写的大幅挽联引人注目：“恨我辈不聪不明，欲哭无声，欲睹无目；岂空军亦聋亦瞽，既酿其祸，复饰其非。”这副挽联对当局进行了辛辣讽刺，一时被广为流传。

自治女校附小校门两边的白墙上，是美术老师汪仲琼画的马克思、恩格斯、列宁等的肖像。

1927年5月21日晚，驻守长沙的武汉国民党政府辖军军官许克祥率军捣毁“湖南总工会”“农民协会”“农民讲习所”等机关、团体，解除工人纠察队和农民自卫军武装，释放所有在押的土豪劣绅，共产党员、国民党“左派”及工农群众百余人被杀害。事变后，许克祥与国民党右派组织了“中国国民党湖南省救党委员会”，继续疯狂屠杀共产党人和革命群众，因21日的电报代日韵目是“马”字，史称这次事变为“马日事变”。马日事变严重地摧残了湖南的共产党组织和工农群众团体，是湖南的大革命由高潮走向低潮的转折点。此后，共产党人吸取马日事变教训，主动发起了著名的南昌起义和秋收起义。

马日事变后，校门口的几个画像被涂掉，长沙城里到处在抓人，在杀人。

一天，周令钊被一群恶狠狠的人挡在自治女校门口，前面两个背着枪、拿着大刀的人押着一个壮汉，横蛮地呵斥着路人赶快闪开。大人们低声说：“又要行刑了。他们又在杀共产党人。”壮汉被五花大绑，看上去30多岁的样子，打着赤膊，穿一条白色大布宽腿长裤，头发黝黑，嘴上一抹黑黑的胡子。街道两边站满了看热闹的人，有人突然从队伍里举起一个拳头，高呼打倒谁谁谁，一些人随即附和着叫了起来。看热闹的人有的还跟着行刑队伍的屁股后面跑。周令钊和几个同学也在人群里，一直跟到长沙教育会坪。

长沙教育会坪是长沙的教育文化中心，里边有中山纪念堂，经常有文艺演出、画展。中山纪念堂旁边有图书馆，周令钊常去看画报、小人书。

周令钊还没有进教育会坪大门，就听到一阵枪响。大门口人多，挤不进去，他和同学们就爬上教育会坪的围墙。往里一看，横七竖八地躺着一批被杀了的人，他们一律被捆绑着，有的脸朝地，有的仰面朝天，有的侧着身子，血流了一地，染红了地上的绿草。周令钊惊悚得半天说不出话来。

~ ~ ~

“俨然一画家”

在长沙自治女子职业学校附小，周令钊最喜欢上的是美术课。

比周令钊大10岁的美术老师汪仲琼[2]，衣着简朴，讲课深入浅出，幽默风趣，同学们与他很亲近，他对美术天赋很高的周令钊更是厚爱有加。美术课上，周令钊的美术作业常常被汪老师拿来作为优秀范例向全班同学展示。他还给周令钊吃“小灶”，单独讲线条、色彩、构图、人物造型、作品临摹、名作欣赏等问题，有时还带着周令钊到户外写生，为周令钊单开了一片天地。

有一天，周令钊独自背着画夹去岳麓山画爱晚亭[3]。那天天气不错，到爱晚亭游玩儿的人不少。周令钊画爱晚亭时，过路的人多驻足观看。他笔下的爱晚亭琉璃碧瓦，亭角飞翘，呈凌空跃动之势，亭棂上鎏金“爱晚亭”匾额跃然纸上。一位阿姨忍不住用长沙话赞叹：“俨然一画家！”回到家里，周令钊问母亲：“人家说我‘俨然一画家’是什么意思？”母亲笑着说：“就是说你好像一个画家！”周令钊听后很高兴。对于还是孩子的他来说，这是一种莫大的褒奖和鼓舞！

读小学五年级的时候，汪老师告诉周令钊：“全省儿童画展将在长沙举办，你要多画一些画参加展览。”汪老师是这次画展筹委会成员，为了让班上的同学多出作品，特意将美术课改为户外写生或创作。

有一次，汪老师因筹办画展的事走不开，交代周令钊带同学们去长沙义冢山写生。

义冢山在当时长沙的北郊，中华人民共和国成立后在这里建了湖南烈士公园。义冢山的东北面是浏阳河，清澈的河水像一条玉带拐了几个弯后向北流入湘江。1930年7月，彭德怀率领红三军团从浏阳河湖迹渡攻入长沙，以8000人打败有

（2） 汪仲琼（1909—1969），又名汪之俊，湖南长沙人。擅长油画、水彩画。1934年从上海美术专科学校西洋画系毕业后就到自治女职附小当了美术教员。之后，又到长沙中学附小教美术课，很巧，周令钊也转学到那里。再后来，到长沙华中美专当老师，周令钊又是这所学校的学生。

（3） 爱晚亭，位于岳麓山清风峡中，始建于1792年，取杜牧“远上寒山石径斜，白云生处有人家。停车坐爱枫林晚，霜叶红于二月花。”诗意而得名。爱晚亭与安徽滁州琅琊山的醉翁亭、杭州西湖的湖心亭、北京的陶然亭并称中国“四大名亭”。

30000 余人的敌军，攻占长沙。湖迹渡后改名为“红军渡”。

到了义冢山，同学们有的作画，有的玩耍，多数同学只画了一幅，周令钊却埋头画了多张写生。第二天，同学们的写生作业交到汪老师手里，汪老师挑出周令钊的几幅画对大家说：“周令钊学画刻苦，天赋极高，前途不可限量！”

…　…　…

被误会画作造假

汪老师紧锣密鼓筹备的“湖南省儿童画展”开幕前，要做一次预展，由画展的评审委员们做一次审查。

预展作品在长沙教育会坪的中山纪念堂挂出来了。画展评审委员会由当时长沙画界有一定名望的人组成。主任委员叫翟翊，是长沙二中的美术老师。翟翊的画在长沙卖得不错，赚了不少钱，是当时坐着私人汽车上课的老师。后来，他也到了长沙华中美专任教。

翟翊领着评委们一一观摩作品，大家七嘴八舌发表对每一幅作品的看法。周令钊混进评委中，跟着老师汪仲琼看评委们评审。几个评委在周令钊的画前停下脚步，看了又看，嘀嘀咕咕不知道在议论什么。翟翊把汪仲琼叫过去说：“汪老师，这几幅画作者有假，明明是你汪仲琼画的，却署的是周令钊的名，要不得啊！”话音未落，翟翊伸手将周令钊的画摘了下来。

二十出头、血气方刚的汪仲琼顿时被翟翊的举动激怒，大声说：“这是我们自治女校附小五年级学生周令钊画的，你凭什么说我搞假？！”翟翊的声音更大：“我们都是画画的，从这些画老道的笔墨、构图、创意来看，明明是你汪仲琼的手笔！大家看看，一个小学生能够画出这样的东西来？”评委们也觉得有假，点头称是。

气愤的汪仲琼一把将身后的周令钊拉过去，说：“这就是我的学生周令钊！”评委们看看眼前的这个小孩，再看看翟翊手中的画，摇了摇头，呵呵笑了。

情急之下的汪仲琼当着大家的面说：“令钊，你拿个画夹子，到门口写生，当面画一幅给他们看看！”周令钊正好背着画夹，便出门一屁股坐在中山纪念堂的台阶上写起生来。几个评委也跟着走出去。众目睽睽之下，周令钊气定神闲地写生。不一会儿，眼前的景色便提炼到了纸上，构图巧妙，笔墨洒脱，意蕴灵动，一气呵成。

评委们说："没假，是他画的。"

翟翊站在一旁，用赞许的眼光看着周令钊。

~ ~ ~

"跳级"进入华中美专

1931年7月，周令钊从长沙自治女校附小毕业。

此时，中国的几条主要河流如长江、珠江、黄河、淮河等正在发生特大洪水，受灾范围南到珠江流域，北至长城关外，东起江苏北部，西至四川盆地。这次水灾被广泛认为是有记录以来死亡人数最多的一次自然灾害。据史料记载，其中，长江流域泄洪区的死亡人数达14.5万人，受灾人口4000万人。

灾难中的长沙，生活物资匮乏，物价飞涨，民不聊生。家里人口多，吃穿都成问题。周令钊父母只得将学宫街的两套房子卖了，租住位于长沙稻谷仓更小的房子。供子女上学就几乎不可能了。

母亲说："令钊，你小学毕业了，读中学，爸妈实在供不起了。"

周令钊年龄虽小，主意却挺大，认准了要学画画，并提出家里没有钱，能否找十姑妈和姑父帮忙。

周令钊说的"十姑妈"是他继父周开瑞的亲妹妹，在兄弟姊妹中排行老十，在长沙工作。姑父是湖南大学农业系的教授，曾留学日本。姑父的叔叔在长沙孤儿院当院长，家里条件不错，身边无子女，姑父姑妈就住在他家里。

母亲没办法，只得应允由周令钊直接去找姑妈和姑父。

周令钊来到十姑妈家，说了自己的想法。姑妈和姑父被眼前这位小侄子的勇气和抱负所打动。他们商量后说："令钊很聪明，小小年纪，画就画得这么好，还这么有主意，不继续读书，太可惜了！想学画画，可以考虑到长沙华中美专去，我们来供你上学。"

长沙华中美专是当时很有影响的美术学校，与武昌艺专、上海美专、上海新华艺专齐名，属于高中性质，所以只招初中毕业生。周令钊小学毕业，按理讲，上不了这个学校。

有了姑妈的帮助，母亲便把周令钊送到长沙青年会补习英文，到正德学校补习古汉语。由“贵族”没落到穷人的周令钊非常懂事，学习特别用功。虽然经过了补习，母亲还是担心周令钊考不上招初中毕业生的华中美专。周令钊带着几幅画去报考，华中美专招考老师看过周令钊的作品后，欣然同意他跳过初中直接入学。

没想到，周令钊上华中美专那一年，他的小学美术老师汪仲琼也到了这所学校当老师，并教他们班的水彩课。师生相见，喜出望外。

华中美专的师资力量十分雄厚，当时省内一批在全国有影响的画家和美术教育家就是周令钊班上的老师。雷恭甫、凌敏琴、姜曼郎、戴新杰教石膏人像、静物写生，汪仲琼、陈国钊教水彩，周磊村教画竹，刘寄纵教画小鸡，王熏教画芦雁，张一尊教画马。大师云集，气象万千。

天资聪颖的周令钊如饥似渴，没日没夜地勤学苦练。一次，雷恭甫在课堂上示范国画山水，皴擦点染变化万端，笔墨表现酣畅淋漓。周令钊跟着画了一幅。正好校长周磊村经过，看到周令钊的画，以为是雷老师送的。雷老师说，这幅画是周令钊学画的。周校长听了，连连称好。

…　…　…

14岁的广告设计师

周令钊的学费虽然得到姑妈的资助，但家里的生活还是十分吃紧。

坏消息不断传来。

1931年9月18日夜，在日本关东军安排下，铁道“守备队”炸毁沈阳柳条湖附近日本修筑的南满铁路路轨，并栽赃嫁祸于中国军队。日军以此为借口，炮轰沈阳北大营。次日，日军侵占沈阳，又陆续侵占了东北三省。1932年2月，东北全境沦陷。

20 世纪 30 年代的湖南省国货陈列馆

20 世纪 30 年代长沙的沿街广告

9 月 19 日，省城长沙各界获悉日军攻占沈阳，群情激奋，第一时间走上街头示威声讨，成立“湖南青年抗日铁血救国团”赴抗日前线参战。

9 月 25 日 ，长沙各界 20 多万人举行反对日本武力侵略辽宁示威大会，声讨日本帝国主义侵华暴行，反对南京政府不抵抗政策。大会做出“团结民众力量，一致对日宣战，厉行对日经济绝交”的正义主张，迫使日资 10 余家企业陷入停顿。

为了抵制日货，位于长沙商业中心八角亭的华丰百货公司更名为中国国货公司。周令钊华中美专的高班同学谭盘在那里画国货广告，因为太忙，就找周令钊去帮忙。周令钊画功扎实，大幅小幅都能画，而且画得既快又好。谭盘是八角亭好几家商店的广告画师，要画的东西实在太多，根本忙不过来，就干脆把中国国货公司的广告全部交给周令钊来画。

画广告有月薪，家里又等着钱用，周令钊决定暂时不去华中美专上学了。

20 世纪 30 年代长沙繁华商业街八角亭

长沙八角亭，南起司门口，北到药王街口，是当时高档日常生活用品集中的地方，出入这里的大都是比较有钱的人。这条商业街，全长约 100 米，宽不足 30 米，却是当时长沙城的标志。国货公司专门在四楼为周令钊腾出一间房作画室。画室的旁边就是八角亭，楼下是一家广东酒家，有粤式早茶和餐饮，生意红火。

周令钊在国货公司广告部工作，主要负责国货公司各类广告制作。为了多赚一点钱，一有空，周令钊也承接周边店铺的一些广告和店面装修设计，还为几个服装、鞋帽品牌做形象大使。天天穿戴着人家免费送来的新衣服和鞋帽，在八角亭一带穿梭，帅气十足。没过多久，十四五岁的周令钊腰包开始鼓了起来。朋友来了，就请人家到楼下的广东酒家下馆子。

一天，华中美专同学张友慈陪着老师汪仲琼专程到八角亭找周令钊。周令钊热情地请他们到广东酒家饮茶，满以为来者会为他已经起步的事业而高兴。不料，汪老师端着茶杯，摇着头，叹着气，默默地看着周令钊。看了半天，才说：“令钊，你年纪还小，学业未成，不该辍学出来赚小钱。只盯着眼前的事，一定会耽误自己一辈子！”张友慈也建议周令钊不要在这里混了，不然就误了自己的前程。他说，可以考虑换个地方读书，武昌艺专不错。

插班就读武昌艺专

汪仲琼和张友慈的话对周令钊触动很大。周令钊回家一五一十讲了汪老师和张友慈的话。父母觉得他们讲得很有道理。经过再三考虑，周令钊处理完国货公司广告部的事，道别母亲，从长沙搭船到武汉武昌艺专考学。

当时，武昌艺专入学考试时间已过，学校同意周令钊在教务科单独补考。

考场设在一间办公室，考生就周令钊一人，桌子上摆了一摞试卷。周令钊看到坐在对面办公的教务员：长脸，小眼，头发蓬松，戴着个眼镜，很有特点，就没有按照试题顺序答卷，从中抽出一张白纸，对着教务员画了起来。周令钊画得快，构图、块面、明暗关系处理得很好，也画得很像。站在背后的一个胖乎乎的人看周令钊画完，示意可以不做其他试题了，问了他几个问题后说："可以了。"并交代在场的考官说，可以让这位考生直接插入三年级。这位胖乎乎的人就是武昌艺专校长唐义精，是著名油画家唐一禾的哥哥。

武昌艺专由蒋南圃、唐义精、徐子珩于1920年创办，是中国现代第一所私立艺术教育学堂，与北平艺专、杭州艺专一道成为中国开办最早的三所艺术专科院校之一，为现在湖北美术学院的前身。蒋南圃原为校长，唐义精、徐子珩加上闻一多等文化名流为校董。唐义精1929年当校长，一直干到1944年逝世时方止。

唐义精倡导"中西融合""对艺术无须偏见，对艺术家亦无须有门户之见"的办校理念，先后聘请了贺绿汀、关良、倪贻德等当时一批有名望的艺术家到校任教，塑造了武昌艺专"兼收并蓄"的文化品格。全国抗战爆发后，武昌艺专是武汉抗日救亡运动的重要策源地之一，成为日本特务的眼中钉。日本特务深知唐义精在文化界的影响力，千方百计利诱收买他。日本特务、汉口同仁医院院长藤田邀他赴日"考察"，遭严词拒绝。藤田又借购武昌艺专所藏名人墨迹之名，许以重金，被置之不理。1937年，日机轰炸武汉时，武昌艺专成为首要目标。

得到唐校长首肯，教务员很快帮周令钊办好了入学手续。

在武昌艺专，周令钊遇到了一批好老师。他们中，有留法的唐一禾、庄子曼，有留日的许敦谷等，他们绘画基础扎实、理论功底深厚、要求学生严格。

还有在图案、素描、手工艺等领域卓有成就、教学经验丰富的陈影梅、沈士庄等老师。沈士庄[4]是周令钊的班主任。他们的不倦教诲，使周令钊终身受益。

… … …

武汉的愤怒呐喊

日本侵略者的枪口步步进逼。人民反抗侵略的正义力量如地火般爆发。

1931年，日本侵略者发动九一八事变、出兵强占东三省后，以武力相威胁，于1935年五六月间先后迫使蒋介石政府接受“何梅协定”和“秦土协定”，把包括平津在内的河北、察哈尔两省的大部分主权拱手送给日本侵略者。

1935年8月，中国共产党发表著名的《八一宣言》，明确表示共产党和红军愿意与中国一切愿意参加抗日救国事业的各党派、各团体，包括国民党在内的一切地方军政机关进行谈判，共同筹组国防政府和抗日联军，并呼吁各党派和军队首先停止内战，以便集中一切国力去为抗日救国的神圣事业而奋斗。

1936年5月5日，中国共产党向国民党政府发出《停战议和一致抗日通电》，将“抗日反蒋”政策转变为“逼蒋抗日”政策。8月25日，中共中央致书国民党，再次呼吁停止内战，建立抗日民族统一战线。

1936年12月12日，震惊中外的西安事变爆发，中国共产党迅速确定了“和平解决”的方针，并应张学良、杨虎城的邀请，派周恩来、叶剑英等人赴西安谈判，迫使蒋介石接受停止内战、联共抗日等6项条件。

此时，蒋介石政府实行“不抵抗主义”政策，任由侵略者策动所谓华北五省“防共自治运动”，策划成立由其直接控制

（4）沈士庄（1905—1986），到解放区后改名高庄，上海宝山人。1927年毕业于上海中华艺术大学，抗战期间参加全国木刻界抗敌协会。1946年后在北平艺专陶瓷系任教，曾任华北联大鲁迅艺术学院美术系主任，尔后历任清华大学副教授、中央工艺美术学院教授。周令钊与老师沈士庄因新中国国徽设计和制作师生联袂。周令钊参与国徽设计，沈士庄负责将周令钊参与设计的国徽图案进行浮雕塑造。

的傀儡政权，在华北全面实施政治、经济、文化侵略。日本侵略者的强盗行径，激起每一个有血性的中国人的无比愤慨。

1935 年 12 月 9 日，北平学生举行大规模的抗日爱国示威游行。游行队伍经西单和东长安街时遭到军警木棍、鞭子、水龙头和大刀的攻击，百余人受伤，30 多人被捕。第二天，北平学联决定各校学生举行总罢课，积极酝酿和准备更大规模的示威游行，抗日救亡怒潮，席卷了整个北平城并扩展到全国。

10 日起，杭州、武汉、上海、广州、南京、济南、天津、青岛、南宁、长沙、厦门等地师生等纷纷集会，发表宣言、通电，举行罢课、游行，声援北平学生的爱国运动。各地爱国人士纷纷成立各界救国会，要求国民党当局停止内战，一致对外，实现全民抗日。这就是席卷全国的一二・九运动。

12 月 20 日，武汉万人抗日大游行队伍由阅马场集中，高喊着“反对华北自治”“反抗日本帝国主义”“要求保全中国领土完整”“掉头颅，洒热血，誓死不做亡国奴”等口号，穿过蛇山洞折向察院坡（今武昌民主路），浩浩荡荡奔向汉阳门江边。

周令钊跟着老师沈士庄和班上的同学们也加入了这支义愤的队伍。

游行示威队伍原计划与汉口方面的学生会师后，前往日租界请愿。可是，武汉当局早已下令封江禁渡，企图切断三镇师生在汉口会师。游行组织者派代表与轮渡管理处交涉没有结果后，怒不可遏的师生冲进轮渡主管机关建设厅，用花盆当炮弹，砸烂门窗，捣毁桌椅、橱柜，一个留东洋胡子的西装客被学生当作建设厅厅长痛打。但建设厅奉上峰指令还是不肯派轮船渡江。

饥寒交加的周令钊与游行示威的师生们在武汉长街露宿、静坐。

第二天天一亮，在“找政府要船去”的呼声中，周令钊跟着愤怒的队伍冲进湖北省政府，迫使当局口头答应派船过江。消息传到日租界，租界当即宣布戒严，铺设通电的铁丝网，筑起沙包工事，架起机关枪，一派杀气腾腾。湖北当局害怕中日冲突并带来不必要的伤亡，经与学联代表商量后决定改变游行路线。当游行队伍来到江汉关时，周令钊看到了老师唐一禾画的大幅抗日油画高高地挂在江汉关的墙上。老师的画像一把刀，深深地刻在周令钊心上。

第三章

/

烽　火　战　士

/

… … …

拜印刷印钞业大家

柳溥庆为师

武昌艺专毕业前夕，周令钊的舅舅郑家朴从上海来信，建议他到上海继续学习。一来有个照应，二来上海是大城市，回旋的余地大。周令钊向母亲报告了这件事，母亲说，娘亲舅大，听舅舅的。

郑家朴那时是上海恒大纱厂的总工程师，是个很有本事的人，一生与纺织有不解之缘，曾辗转长沙、汉口、宁波、上海等地纱厂工作，是中国早期享有盛誉的粗纱工艺研究专家。他也是一个爱国者，1938 年 10 月 25 日武汉沦陷前，曾奋力参与组织湖北官布局重要设备西迁。这些设备后来运至陕西咸阳，组建成具有一万纱锭的咸阳纺织厂。1939 年夏，他出任重庆沙市纱厂工程师，冒着枪林弹雨建起了一座一万余锭的纱厂，为生产抗战被服等军用品提供了有力保障。

1936 年，周令钊到上海后，郑家朴便介绍他到柳溥庆[1]办的华东美术印刷传习所学习制版。华东美术印刷传习所是一所好学堂，好就好在有柳溥庆这样的名师。

1933 年，柳溥庆发起组建了中国第一个印刷学会，任理事，创办了中国第一份印刷杂志《中国印刷》并任主编；1936 年创办华东美术印刷传习所，任所长兼导师；1937 年组建上海华东照相制版印刷公司，开辟了理论与实践紧密结合的新天地。柳溥庆在课堂上经常将他在工作遇到的问题提炼成一个个案例与大家分享，使同学们眼界大开，甚至脑洞大开。

柳溥庆的教学既重基础理论，又特别注重实践经验的传授。那时，他在创办《中国印刷》的同时，还出版了《美术画报》，被鲁迅先生称赞为“我国唯一印刷精美的刊物”。课堂上，他经常结合《中国印刷》《美术画报》杂志的制版、印刷等技

（1） 柳溥庆（1900—1974），江苏靖江生祠镇人，1926 年加入中国共产党。13 岁进上海图书公司当学徒，1920 年入商务印书馆印刷所工作。1924 年 4 月，与周恩来、邓小平等一起赴法勤工俭学。1927 年，奉命去莫斯科中山大学学习，并参加了在莫斯科召开的中共六大，后任苏联消息报印刷厂和莫斯科中央美术制版厂技师。1940 年，他为苏北解放区秘密刻制印刷四达银行、江淮银行的钞票，积极为新四军秘密购置、运送印钞器材。他被誉为我国现代印刷的先驱，20 世纪中国印刷、印钞业的泰斗，“印刷技术的活字典”。1956 年他被国务院确定国家二级总工程师（不设一级），这是当时印刷界最高级别的职称，全国仅授予他一人。

1936 年，武昌艺专师生画展在南京举办。前排右三为 17 岁的周令钊，右四为老师唐一禾，右二为同学张友慈，前排左一是时任武昌艺专校长的唐义精。那时，周令钊正在上海华东美术印刷传习所学习，特地从上海赶到南京参观画展，看望老师和朋友

术，进行案例教学，深入浅出地指导学生学习、掌握其中的技艺，还将他 1934 年创造的“红墨水”修版法和平凹版制版印刷新工艺传授给学生。有时，还带着学生们到制版、印刷现场进行教学。

周令钊在华东美术印刷传习所学习了一年，是班里的优等生。在印刷照相制版、修版等方面接受了柳溥庆十分严格的训练，这对他日后从事钞票、邮票、书籍、招贴等各类平面设计影响至深。

那年，周令钊 17 岁。

1937年，武昌艺专老师唐一禾为学生周令钊画的速写像

在八一三战火中离开上海

在上海华东美术印刷传习所学习了一段时间后，周令钊有一个心结一直没有解开。他想，学印刷照相制版、修版固然好，但学画更有一种莫名的吸引力。

一天，周令钊见到在上海新华艺专学习的李昌鄂，谈起自己的这个想法。李昌鄂说："要学，就学自己喜欢的。"

李昌鄂是周令钊华中美专的校友、师兄，又是平江老乡，毕业后留校任教，1937年入上海新华艺专图案系深造。抗战期间，参加湖南抗敌画会，20世纪50年代曾担任过湖南美协副主席、顾问。

李昌鄂便带周令钊去见他们的校长汪亚尘。汪校长看了周令钊的画，当面表态同意他下学期到新华美专半工半读。周令钊便在柳溥庆办的华东美术印刷传习所边学习边等待下一学期的到来。

可是，战争正在一步步逼近上海。

1937年8月9日，日军为了全面侵占上海，蓄意制造事端，派遣驻上海陆战

队第一中队长大山勇夫和一等水兵斋滕要藏乘军车闯入虹桥中国军用飞机场，遭到中国守卫士兵的阻拦后，他们竟开枪打死一名机场卫兵。中国军队进行自卫反击，当场将日军官兵二人击毙。日本侵略者以此为借口，命令大批日军陆续登陆，派飞机在沪宁、沪杭线上空盘旋侦察。

8月11日，日本驻上海总领事向上海市市长竟提出如下要求：中国方面的事件责任者谢罪并处刑；限制停战协定（地区内）内保安队员人数、装备、驻军地点；撤除该地区内所有防御工事；设立监视以上实行的日支兵团委员会、力行取缔排日抗日。日方的无理要求受到中方严词拒绝。

8月13日傍晚5时，日本海军上海特别陆战队司令官下令全军进入战斗状态，严密警戒。当晚，日本海军第三舰队司令长谷川下令："第二空袭部队对南京、广德，第三空袭部队对南昌，第十战队及第一水雷战队飞行机对虹桥机场予以突袭。"由于东海台风，日本海军对于中国各地的空袭延迟至8月14日开始。中国空军对上海日本海军第三舰队旗舰"出云"号实行了轰炸。

上海战云密布，一场大战即将降临。

周令钊上海住所的屋顶被流弹击中，所幸是一颗哑弹，击中位置的正下方是他的床头，砖瓦灰落满了他的整个床铺。远在长沙的母亲焦急万分，多次催促舅舅让周令钊赶快离开上海回长沙。

9月，周令钊简单收拾行李，来到上海火车北站。虽然局势已经白热化，但火车还在开，车站人山人海。为了逃命，人们不顾一切地往车站挤。美、日、法、俄等列强在上海设立了租界。人浪挤破靠近车站的铁丝网，一些人被挤到英租界内，被英军打得头破血流，呼天抢地。车站的上空有日军飞机扫射，死伤不计其数。

周令钊和李昌鄂好不容易挤上了火车，是一个闷罐车，车顶上爬满了逃难的人。火车开出上海并不太平，日军飞机一直在跟踪轰炸、扫射。飞机来时，火车紧急停车，车上的人跳下车各自寻找有利地形躲避日军飞机的狂轰滥炸。飞机过去，人们赶紧上车。在这条生死线上，火车走走停停，像一条被残酷追打中的长虫。

火车经过一片开阔的山野地，日军的飞机又来了。在慌乱的逃避中，周令钊被落在不远处的炸弹气浪冲倒，身上盖满泥土，一时脑袋一片空白。待缓过神来，他先伸出手，在眼前晃了晃，看到自己的双手还在，五个手指齐全，硝烟中的他不禁暗喜：幸好还有手，还可以画画！他还想，如果要炸，就炸掉自己的小手指，这样无碍画画“大局”。想着想着，便伸出小手指，向着天空画了几个圈。

周令钊冒死回到长沙时，上海早已开战。中国军队虽经英勇奋战，但处境渐渐不利。11月5日，新增日军从杭州湾登陆后，中国军队开始撤退。

11月12日，偌大一个上海沦入敌手。

……　……　……

投身湖南抗敌画会

平、津、沪、宁相继沦陷，日军继续向中国腹地推进。

1937年7月至9月，超过1500名进步知识青年和文化名人云集长沙，其中有外地名人郭沫若、茅盾、沈钧儒、闻一多、朱自清、曹禺、吴祖光、王鲁彦、王西彦、艾青、孙伏园、梁实秋、熊佛西、董每戡、阳翰笙、邹韬奋、郁达夫、徐悲鸿、冯友兰等；湘籍名人吕振羽、田汉、翦伯赞、沈从文、张天翼、廖沫沙、周立波、谢冰莹、蒋牧良、向培良、杨东莼、谭丕模等。

10月，由湖南文化界的部分中共地下党员和进步人士发起的抗敌后援会，在湖南第一师范礼堂成立，成为抗战初期湖南最活跃、影响最大的民众抗日团体。

周令钊回到长沙不久，即加入了抗敌后援会所属湖南抗敌画会。他与华中美专老师陈国钊和周令林（胞兄）、育英小学校长孙伟、明德中学美术老师罗泽林、上海新华美专学生李昌鄂等创作抗日宣传画。

当时是国共合作时期，陈国钊、周令林、孙伟三人是中共地下党员。孙伟抱着从国民党湖南省党部要来颜料、纸张、白大布，来到周令钊位于湘雅马路的“平居”家中，几个人分工合作，流水作业，有人拟作画内容，有人负责写说明文字，有人负责作画。他们的画作，都以唤起民众奋力抗日为主题，有独幅画、连环画、大幅宣传画。大家心怀国耻，个个斗志昂扬，创作时没日没夜。3 个月中，大家就画了 200 余幅。

周令钊作画不用起稿，提笔就画，又快又好。

抗敌画会每星期赶出一个画展，先后在长沙街头、水陆洲、捞刀河、靖港、平江等地举办抗敌巡回画展 10 多回，还绘制油印小画刊，四处张贴散发。为了扩大宣传效果，抗敌画会和长沙音乐、戏剧界抗日宣传组织联合，前面演出《放下你的鞭子》话剧，齐唱《义勇军进行曲》等歌曲，招来群众，后面引导群众观看有详细解说的“抗敌画展”，群众的抗日激情因此被激发，“打倒日本帝国主义！”的口号声此起彼伏。

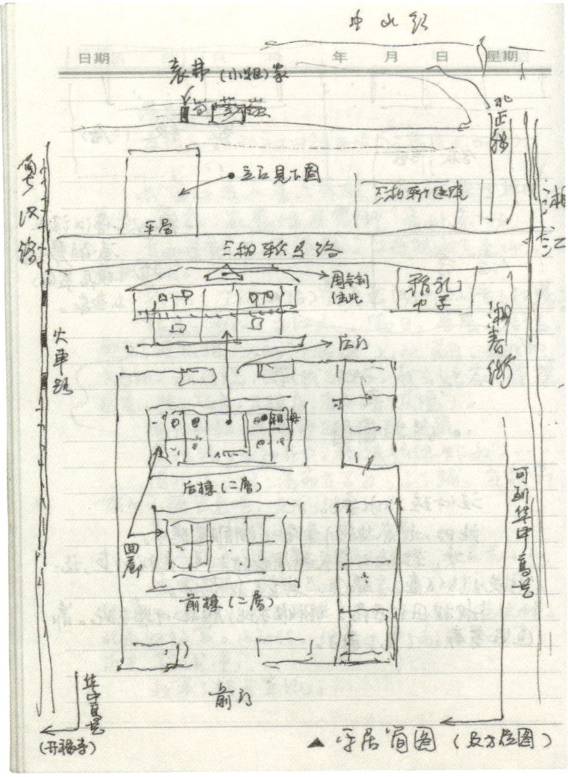

本书作者根据周令钊先生口述所绘“平居”简图

有一次，周令钊和李昌鄂准备去老家平江文庙搞抗日宣传画展，动员来自东北的赵望云、沈逸千、张仪带着东三省的抗日宣传画共同展出，他们欣然应允。这次展览，让平江人民看到了在日本鬼子铁蹄下东三省人民的深重苦难，空前轰动。

在当时中国大多数人不识字的情况下，抗敌画会的一次次展览和众多作品，具有强烈的视觉冲击和正义感召，激起了人民群众同仇敌忾、一致抗日的浪潮。

~ ~ ~

南下广州宣传抗日

抗敌画会的抗日画展吸引了过往长沙的各方人士。武汉新兴剧团团长龚一曼、编剧桂公创、导演赵一山也看了画展。在画展现场，周令钊与他们结识。过了两天，他们一起找到周令钊，邀他同去广州宣传抗日。周令钊很乐意。他们还找了一位作曲家，一同到广州。

新兴剧团到广州后，先是联合八一三歌咏队、中山大学歌咏队，组织了一场抗战歌曲千人大合唱，又组织了一次抗战话剧《后防》的演出，请周钢鸣导演、香港演员黄河主演。

周钢鸣，广西罗城人，是位作家，1932年加入“左联”，曾任《救亡日报》记者，桂林《人世间》副主编，广州《国民半月刊》主编，他作词的《救亡进行曲》曾经唱响全国。他请周令钊做舞台美术设计，并画演出海报。

不久，新兴剧团要去香港演出，邀周令钊同去。当时，周令钊在做广州“抗战歌曲千人大合唱”舞美时结识了八一三歌咏队一些朋友。该队隶属于上海抗敌后援会，上海沦陷来到广州，其成员大部分是中学生。那时，周令钊与他们年龄相仿，喜欢和他们待在一起，便留在广州进了八一三歌咏队。

广州将举行纪念八一三抗日火炬大游行。歌咏队队长蒋湘军找南洋著名华侨企业家胡文虎的公司捐来画具、白布，请周令钊创作抗日宣传画，并说越大越好。周令钊以澎湃的激情创作了《起来，不愿做奴隶的人们》和《挺起胸膛，按住创伤，前进》。两幅巨大的画，分别由两组人员抬着，走在队伍最前面，还设计两幅画作中间拖一具棺材，以表达人民坚决抗日、誓死救亡的决心。这一无声的组合，在火光的照耀下，备受瞩目。

正在筹备广州市抗日美展的郁风[2]也在火炬大游行的

（2） 郁风（1916—2007），原籍浙江富阳，出生于北京，是著名画家、美术评论家、散文家。

队伍里。她看到周令钊创作的这两幅作品，深为震撼。她到八一三歌咏队找蒋湘军，要借周令钊画的那两幅画参加市美展，蒋湘军很高兴，带周令钊拿了画送到长堤青年会。

早已蜚声美术界的黄苗子、鲁少飞、张鄂、特伟、梁永泰、林檎等已在布展现场。他们看过送来的周令钊的两幅画，连连称好。郁风提出，这两幅画应该放在长堤青年会展厅门前的两边，使观众未进展厅先被震撼，为画展营造氛围。大家采纳了她的建议。周令钊的另外几幅小画也参加了展出。

这次画展，使周令钊认识了中国美术界的一批名家，有了与他们交往、学习的许多机缘。他的艺术人生，因此而开启。

…… …… ……

为中央红军捐献

1942年，毛泽东在延安。远处就是宝塔山，后来成为延安的标志性符号（图片提供：视觉中国）

临近春节，母亲来信要周令钊回家过年。

回到长沙，周令钊与朋友一道到长沙青年会参加了一次聚会。聚会的目的，是为经历长征到达延安不久的中央红军作捐献。有人详细介绍了红军长征的情况。说，平均年龄不到30岁的中央红军从江西于都出发，犹如一条红色铁流，经过11个省，翻越无数座大山，跨过24条大河，走过荒草地，翻过雪山，行程二万五千里，直到1936年10月红军三大主力会师等等，红军的事迹，伟大而感人。

作曲家刘良模指挥大家齐唱《五月的鲜花》。《五月的鲜花》原为光未然（组诗歌词《黄河大合唱》作者）于武汉所作独幕话剧《阿银姑娘》的序曲。1936年夏，东北大学排演《阿银姑娘》时，因剧本上只有歌词，没有曲谱，该校教师阎述诗为她插上音乐的翅膀，这首歌颂抗日志士、反对卖国投降的歌，迅速飞遍大江南北，飞到了千千万万爱国青年男女的心头，在爱国学生运动和各界救亡运动中产生了很大影响。1959年作曲家瞿希贤把《五月的鲜花》选作故事片《青春之歌》的插曲。

五月的鲜花开遍了原野，
鲜花掩盖着志士的鲜血。
为了挽救这垂危的民族，
他们曾顽强地抗战不歇。
如今的东北已沦亡了四年，
我们天天在痛苦中熬煎！
失掉自由更失掉了饭碗，
屈辱地忍受那无情的皮鞭！
敌人的铁蹄已越过了长城，
中原大地依然歌舞升平；
“亲善”！“睦邻”！啊！卑污的投降！
忘掉了国家更忘掉了我们！
再也忍不住满腔的愤怒，
我们期待着这一声怒吼；
吼声惊起这不幸的一群，
被压迫者一起挥动拳头！

仿佛是污浊瘴气笼罩中一缕娇艳的阳光，《五月的鲜花》在聚会场所激起阵阵波涛。大家踊跃捐献，有人捐出金戒指，有人捐了手表，周令钊把身上的所有钱拿出来捐了。

延安，那是人心所向的地方。

为延安，应该尽其所能。周令钊想。

进入军委会政治部

第三厅

春节过后，周令钊打点好行装，准备回广州。

临行前，周令钊想去看看华中美专同学黄普苏。到黄普苏家里道别，见他也在忙着准备行李。周令钊问他去哪里，他说去武汉，说国共合作全民抗日，成立了军委会政治部第三厅，全国的许多文化名人都去了那里，群英荟萃，大熔炉啊。建议周令钊也一起去。周令钊听他说完，很是心动。

黄普苏约了田汉的弟弟田洪与周令钊见了面，商定第二天一同乘火车去武汉。

周令钊第二天上了北去的火车，田洪又给他介绍同行的田汉的表弟易绍伯、五月花剧社刘亚伟、知名化妆师辛汉文和李也非等。大家相互问候之后，便掏心掏肺起来。

汽笛声中，飞驰着一批年轻人的向往。

他们要去的“第三厅”，位于武昌昙华林。到后即办理各种手续。因田汉在管事，办得倒也快当。

1937 年 12 月 13 日南京失守后，国民政府决定迁都重庆。因武汉条件便利，在大转移中实际成为战时首都。

第三厅的上级机关全称为“国民政府军事委员会政治部”，于 1938 年年初第二次国共合作时期在武汉成立。政治部部长陈诚，副部长周恩来、黄琪翔。14 年前，周恩来任黄埔军校政治部主任时，陈诚还是个炮兵队长。政治部成立之初，组成人员除国民党各派系人物外，还有共产党领导下的进步人士参加，一时呈现出团结合作抗战的生气勃勃的景象。

在部长、副部长、秘书长之下，设第一、第二、第三厅及总务厅、秘书处、设计委员会等部门。其中，第一厅主管军队政训，第二厅主管民众组训，第三厅主管宣传，总务厅主管人事经理，秘书处主管文书，设计委员会是一个安置客卿及闲员的机构。

为了网罗国民党各方面的上层人物，还成立了一个指导委员会，其成员有陈立夫、朱家骅、王世杰、谭平山、陈布雷等，实际上也是形同虚设，谈不到对该部的所谓指导。

第三厅在中共长江局和周恩来亲自领导下，以党组织为核心，团结各方面的力量，成功地开展了各项重要工作。

第三厅是一个庞大的机构。据厅长郭沫若(3)后来回忆，第三厅在编制中正式的名额就有 300 多人。加上附属团队：孩子剧团、抗战宣传队（4 个队）、抗敌演剧队（10 个队）、漫画宣传队，还有各科处的雇员、公役、卫士等等，共 2000 人左右。此外，电影制片厂的几百人和放映队（5 个队）驻在汉口的杨森花园，还没有计算在内。

第三厅不仅规模大、经费足，更重要的是第三厅的人员都是当时赫赫有名的人物。因为全国抗战的感召，也因为国共合作的形势，第三厅集聚了当时中国一大批闻名遐迩的文化精英，被称为“名流内阁”。

田汉任处长的第六处，下设三个科：第一科担任戏剧音乐，科长洪深；第二科担任电影制放，科长郑用之；第三科担任绘画木刻，科长徐悲鸿。徐悲鸿因故未到，由倪贻德代科长。周令钊就在第三科。

第六处集中了当时中国戏剧、音乐、电影、美术方面当时已经著名，或日后名震中外的艺术大师，他们是：冼星海、史东山、应云卫、张曙、任光、叶浅予、李可染、傅抱石、周令钊、王式廓、罗工柳、王琦、力群、张乐平、廖冰兄、陆志庠、郑君里、瞿白音、徐韬、倪贻德、卢鸿基、丁正献、冯法祀、沈同衡、卢鸿基、汪仲琼、周多、张友慈、黄普苏、张文元、陶谋基、特伟、沙梅、林路、梁白波、叶伦纲、赵启海等。

第三厅大师云集。周令钊庆幸，在他踏上新的人生征程的时候，能够与当时中国一大批艺术名家生活、战斗在一起。他们的使命、道义、担当、眼光、襟怀和手笔，凤凰涅槃般地锻造着周令钊的灵魂。

（3） 郭沫若（1892—1978），四川乐山沙湾人，毕业于日本九州帝国大学，现代文学家、历史学家、新诗奠基人之一。历任中国科学院首任院长，中国科学技术大学首任校长，苏联科学院外籍院士，中国科学院哲学社会科学部主任、历史研究所第一所所长，中国人民保卫世界和平委员会主席，中日友好协会名誉会长，中国文联主席等职，当选中共第九、第十、第十一届中央委员，第二、第三、第五届全国政协副主席。

战场上的特别课堂

血淋淋的战争蔓延到中国广大地区。

1937年7月7日卢沟桥事变后，日军以重兵三路进攻华北，一路烧杀掳掠；8月，日军大举进攻上海；11月，日军占领上海，在南市放火连烧9日，军民死伤无数，上海5255家中国工厂被占，财产损失超过8亿元；12月13日，日军攻占南京，开始灭绝人性的持续40多天的大屠杀，30万生灵惨遭杀戮，2万多中国妇女遭日军强暴，1/3个南京城被日军纵火烧毁，财产损失无以数计，人类文明史上留下最黑暗的一页。

至1938年春末，仅日军华北方面军就占领了中国绥、察、晋、冀、鲁、豫、苏各省的大部或一部。

同年2月18日，日军飞机空袭武汉，苏联志愿航空队配合中国空军第四大队与日军激战。

武汉危在旦夕！

中华民族危在旦夕！

在中共长江局和周恩来、郭沫若的领导下，第三厅在武汉开展了声势浩大的"抗战扩大宣传周"。第三厅宏大的手笔和超强的组织能力点燃了千百万人的抗日救亡激情。

4月7日，"抗战扩大宣传周"启动，郭沫若在开幕式上慷慨激昂地说："我们有最大的诚意与必死的决心，我们要和前线将士抱一样必死的决心，把我们精神武装起来！我们要一声呼喊摧毁敌人的心胆！抗战必胜，建国必成！"

当晚，10万群众在长江两岸举行火炬大游行，庆祝台儿庄大捷。群情激奋，声势浩大。周令钊和第三厅的战友们乘船逆长江而上，见长江中停有英国军舰，便高喊"帝国主义滚出中国”，船上的英国兵因听不懂中文，以鼓掌回应。游行队伍抬着国旗经汉口的江汉路，路边行人和路两边楼上的群众拿出钱币、金银首饰投向国旗，慰问前方浴血将士。

4月9日，在汉口中山公园举办万人广场歌咏大会。

4月10日，各类美术、摄影展览走上街头。当晚在武昌黄鹤楼旧址前集会，举行美术、歌咏联合火炬游行。美术科的很多抗日宣传画和抗日英雄像就在这里展出。

4月11日，三镇30多家戏剧团体分别在青年会、民众教育馆及露天广场等地公演。《新华日报》《扫荡报》《武汉日报》《大公报》于前一天分别出版《戏剧特刊》。

4月12日，两个电影队驱车巡回在武汉各重要地段放映抗战影片，历时一周。汉口各影戏院也于12日放映抗战影片。

4月13日，为游行日。在这一周活动中，宣传动员群众达100万人次以上。

激情点燃着年轻的周令钊。宣传周里，周令钊创作了《一碗水，两家喝，甘和苦，大家尝》《替伤兵洗衣裳》《如此下场》等大批抗日宣传画，还创作了连环画《王老五当兵打日本》《伙夫头活捉敌军官》、组画《牛大哥一死报国》、漫画《爸爸受了伤，儿子接上去》。也在这一周里，他还为长沙儿童剧团设计了团徽。团徽图形是一只戴着钢盔的小和平鸽，寓意孩子们也要为抗战尽己所能。长沙儿童剧团是长沙市的儿童抗日救亡组织，演出过《中华儿童血》等节目。

一批人在组织活动，一批人参与其中，一批人投身其中受到锻造。

7月7日开始，第三厅组织发动了纪念卢沟桥事变一周年的七七献金活动。武汉的世界、光明、新市场等影戏院，平剧、汉剧、楚剧、蹦蹦戏等剧院均举行献金公演。因民众献金踊跃，献金活动由3天延至5天。八路军武汉办事处组成了中共献金团，周恩来亲自将他在政治部的月薪240元投入

《一碗水，两家喝，甘和苦，大家尝》/ 宣传画

（《抗战漫画》 1938 年 13 期）

1938年，周令钊为长沙儿童剧团设计的团徽——一只头戴钢盔的小和平鸽

献金台，接着董必武、秦邦宪、邓颖超等中共领导人也将 7 月份的国民参政员薪金捐献，办事处全体战士将伙食节约款 1000 元全部捐献。据资料统计，武汉三镇共计捐献法币 93 万余元、金银器 1156 件、物品 774 件。

第三厅还组织 10 个抗敌演剧队和 4 个抗敌宣传队及“孩子剧团”等，深入前线和后方进行抗日宣传；建立和领导战地文化服务处，输送大批抗日宣传品到前线；帮助文艺界成立 7 个协会组织，促进国民党统治区文艺界的团结和抗战文艺的发展；建立全国慰劳总会，在全国范围内对前方战士和伤员开展慰劳活动；购置大量药品和医疗器材，支援各战区，特别是支援八路军、新四军；进行对日宣传和国防宣传，协助日本人民反战大同盟开展对日宣传工作；领导中国电影制片厂拍摄和放映宣传抗战的新闻纪录片和艺术影片；开展了雪耻与兵役扩大宣传周和劳军公演等活动。

第三厅成为十八九岁的周令钊踏上新的人生征程的大课堂。

《王老五当兵打日本》/ 连环画（《抗战漫画》1938 年 11 期）

王老五當兵打日本

周令釗作
政治部印發

一 東村有個王老五，今年活到三十五，個種李家幾畝田，一家兩口爭安過。

二 五嫂娘家在西村，一個哥哥兩個弟，政府徵兵打日本，弟弟入伍保家門。

三 不久徵兵到東村，五嫂無知亂了心，日日會勸丈夫，不如逃避到他村。

四 老五到底心腸軟，翻轉妻子會勸，離去家鄉偷偷跑，豈知國破家也完？

五 左右鄰人得風聲，都想逃避不當兵，你向西過我向北，東村從此無壯丁。

六 西村大家一條心，天天訓練衆壯丁，摩拳擦掌準備好，只等打那東洋人。

七 果然一夜敵兵來，大家齊把陣排開，東西兩邊埋伏好，屏聲息氣等敵殺。

八 敵人不知有伏兵，一步一步向我進，大家一齊喊聲殺，打得東洋鬼子落花流水亂紛紛。

九 敵人西村吃敗仗，便調兵馬到東村，又怕東村有埋伏，先差漢奸來打聽。

十 漢奸回頭去報告，東村原是一空城，沒有壯丁沒有兵，快快命兵向前進。

十一 日本強盜如禽獸，殺人放火復姦淫，可憐東村成焦土，五嫂被姦命歸陰。

十二 老五他鄉得信音，誓去當兵殺敵人，操練三月開前線，收復東村慰鄉親。

十三 路過西村訪妻舅，一見親戚倍傷情，滿心恩愛夫妻散，「咬緊牙關痛罵東洋人」。

十四 從此逢人苦心勸，樹無枝幹那有花，人無國土那有家，人人若要把家保，快快當兵保中華。

《牛大哥一死报国》/组画(《抗战漫画》1938 年 12 期)

《伙夫头活捉敌军官》/ 连环画 / 1938 年

《皇军的宣传术》/ 漫画 / 1938 年

~ ~ ~

在敌机狂轰滥炸下
抢画抗日大壁画

敌机频繁来袭，日军日益逼近武汉。

1938 年 7 月下旬，周恩来召集郭沫若、田汉等开了个小会，说武汉迟早不保，第三厅准备撤退，走前在武昌面对长江的黄鹤楼高大的护壁上创作一幅抗日大壁画，主题是保卫武汉，全民抗战，作为“精神武器”迎击日军。会后，田汉立即向属下的第三科（美术科）代理科长倪贻德下达了绘制壁画的命令，并拨出 800 元专款购买画材。

很快，黄鹤楼下的护壁前就搭好了脚手架，几个青年人先将墙壁上的杂草、杂树清除，扫除尘土，油漆工负责为墙壁打好绘画底子。为方便晚上工作，脚手架上还安装了电灯。

这幅大壁画的创作由第三厅美术科、漫画宣传队的画家们集体完成。壁画由汪仲琼、周多起稿。画稿经过多次修改，送周恩来、郭沫若过目后，由王式廓、李可染、沈同衡、韩尚义、周令钊、段平右等多人参与绘制。

黄鹤楼护壁太高，脚手架够不到顶，只好从上方墙垛吊个木梯下来，人站在木梯上画上面的部分。画家中，数周令钊年纪最小，也没有恐高症，梯子上的作业当他莫属。他从墙垛爬到木梯上，画站在脚手架上够不着的画面，如天空、云彩、飞机等，左右摆动着木梯直到画笔够不到时再爬到墙头移动梯子。

8月中旬，主管壁画创作的倪贻德因没有按规定时间到第三厅报到，被郭沫若革职，此后壁画的监制工作由田汉全面接管。大家作画时，田汉时常坐在长江边的一块石头上，像电影导演拍片一样指挥作画。著名导演马彦祥得知一批画家在创作抗日大壁画，特地过来观看。马彦祥对田汉说："武汉太热，瞧他们个个汗流浃背，你也不慰劳一下。"田汉摇着蒲扇，说："就等你马大导演请大家吃冰棒儿解渴。"马导便说："应该应该。"话没说完，便从屁股兜里掏出一把钱，大声招呼在木梯上作画的周令钊："来来来，你年龄最小，跑个腿。"周令钊麻利地从木梯上下来，一路小跑到附近的冠生园买来一大堆刨冰和汽水。田汉哈哈哈地笑着说："马老板的钱，周令钊的腿，都好！"

大壁画几乎占据了整面护壁墙，最高处达12米，有三层楼那么高，宽约45米，画面有三四百平方米，是中国最大的一幅抗日壁画。这幅画的名字叫《全民抗战》，画面分前方和后方：前方有各兵种奋勇杀敌，中间是蒋介石骑马指挥；后方有工厂、学校、医院、民众支持。全画有一个个相对独立的画面，如"欢送战士上前线""慰问抗日战士""挖战壕""抬伤员""运弹药""捐款""宣传讲演"等，人物形象刻画生动，个性鲜明，每组人物相互呼应，场面宏大而悲壮，表现了国共合作时期军民团结、同仇敌忾、全民抗日的主题。

敌机常常来轰炸。防空警报拉响时，田汉指挥画家们撤离现场躲进防空洞。敌机过后，他们又拿起画笔继续画。除了完成天空等各景的绘制外，周令钊还应田汉的要求，在前方空隙处补画了三组抗日宣传演讲人物的图景。这是年轻的周令钊第一次与众多的著名画家合作画大画，也是他第一次在敌机轰炸、生死难保的战争环境下创作。他的创作，从此浸染着战争的华彩。

黄鹤楼大壁画完成后，画家们在武汉重要街道还画了14幅壁画。

10月25日，日军占领武汉。

日军拍下黄鹤楼这幅令他们胆战心惊的巨作后，派兵彻底毁掉了它。

1938 年，19岁的周令钊参加了

武汉黄鹤楼《全民抗战》壁画创作

中国电影制片厂在抗战期间摄制的新闻纪录片《抗战特辑》，为壁画创作现场留下了影像记录。该片曾在国内外多个城市公映，观众人数相当可观。

1939 年 6 月，三厅六处三科副科长、漫画家叶浅予在香港创办了《今日中国》（*China Today*）画报。1940 年 11 月，该刊推出抗战美术特辑，在壁画专栏中使用跨页版式刊载了黄鹤楼大壁画的现场图片，反映中国军民驻足观看的场面。由于西方记者伊斯雷尔·爱泼斯坦等人的加入，这份画刊以法、俄、英、中四种文字编排，作为中国抗战的外宣媒体，积极向外界传播中国抗战的近况。其发行对象包括：香港及东南亚各地书店、美洲和欧洲的重要书商、中国驻外使领馆、各国元首和外交机构等，根据叶浅予的回忆，在寄发杂志的元首名单中，甚至包括丘吉尔、斯大林、希特勒、墨索里尼等人。

… … …

找不到田汉批路条 没去成延安

延安原本是一座名不见经传的陕北小城，因为中共队伍的进驻，成了无数知识青年向往的革命圣地。这个圣地，养育了新中国的血脉，成为中华文明现代历史进程的重大拐点，被人称为“山那边好地方”。

1937年年初，西安事变和平解决以后，国共关系缓和，全国抗战爆发后，国共正式合作了，从这个时候开始，知识青年大批奔赴延安。到陕北，到延安，成为一种时尚。但是，进入延安并不是一件很容易的事。梁漱溟说：“车是军用大卡车，无篷。路是军用公路，一切宽度、坡度、转弯角度，均不合于公路规矩。而自西安往北，愈走愈高，缺乏桥梁涵洞，车行危险而且费事。”但梁漱溟说的难，基本上是停留在车和路的艰难上。进入延安，最主要的是要有路条，要有中共地下组织或者外围组织的口头或书面介绍。八路军在大城市设有办事处，经过初审后，才能开具介绍信。黄河以南地区，都得先到西安七贤庄，也就是八路军西安办事处，在这个地方经过政审方可前往。

周令钊也特别想去延安。

有一段时间，周令钊突然发现第三厅美术科的同事们隔几天就少几个。平时经常见到的版画家、艺术理论家王琦不见了。前几天还在黄鹤楼下一起画大壁画的画家、美术教育家王式廓，油画家罗工柳、冯法祀，也都没来上班，还有一些熟悉的面孔也见不到了。周令钊打听到，他们去了“山那边好地方”的延安。

有一天，周令钊听说作曲家、钢琴家冼星海[4]也要去延

（4） 冼星海（1905—1945），祖籍广东番禺（今广州市南沙区榄核镇），出生于澳门。1926年入北京大学音乐传习所，1928年进上海国立音专学习音乐，1929年去巴黎勤工俭学，1935年毕业回国后投入抗战歌曲创作和救亡音乐活动，创作了大量群众歌曲，还为进步电影《壮志凌云》《青年进行曲》和话剧《复活》《大雷雨》等作曲，后参加上海救亡演剧二队，并赴武汉与音乐家张曙一起负责救亡歌咏运动，是后来《黄河大合唱》《九一八大合唱》等经典作品的创作者。

安。同在三厅六处工作，同归田汉领导，周令钊与冼星海就很熟了。他赶忙找到冼星海，请他也带自己一起去延安。冼星海告诉他，你要去，就赶紧找田汉批条子，拿着田汉的条子去武汉八路军办事处办手续，不然，买不到去西安的火车票。冼星海还告诉周令钊，明天是武汉到西安的最后一班车，要赶快去办。这趟车，在日益逼近的战争中即将停运。

后来，周令钊才知道，当年冼星海是接到了延安“鲁迅艺术学院”的邀请电报，批了“路条”的。

那天天色已晚，周令钊几乎找遍了他能够找的地方，就是找不到田汉。

回住所的路上，周令钊遇见田汉的弟弟田洪。田洪说：“我也找不到他。来不及了，算了吧。想去延安，以后总有机会的。”

~ ~ ~

带着 7 个弟妹上战场

日军越来越逼近武汉。

1938 年 10 月 24 日，长江北岸的日军进占黄陂，逼近汉口；长江南岸的日军推进到距武昌仅 30 公里的葛店附近，逼近武昌。日军已对武汉形成了东、北、南三面包围的态势。大势已去，蒋介石正式下达命令放弃武汉。国民政府军事委员会在武汉举行中外记者招待会，郑重宣布“我军自动退出武汉”。汉口市长吴国桢宣称：“保卫大武汉之战，我们是尽了消耗战与持久战之能事，我们的最高战略是以空间换取时间。”

当晚，蒋介石和宋美龄乘飞机离开武昌飞往湖南衡阳。临行前，蒋下令：“将凡有可能被敌军利用之虞的设施均予以破坏！”这道“焦土抗战”的命令，使武汉整整燃烧了两天。国民政府留给日军的武汉，已是空城一座，只剩下来不及撤离的大批平民。

第三厅同时撤往湖南长沙。

此前，田洪告诉周令钊，三厅要成立抗敌演剧队、抗宣队、放映队和孩子剧团，建议周令钊赶紧回平江带出正在上学的能唱能跳的弟妹参加孩子剧团。否则，鬼子打长沙必经平江，弟妹们在家也不一定安全。

周令钊办了请假手续，从汉口出发，日夜兼程，经湖北通城回到了平江。周令钊向家人们介绍了抗日前线的紧迫情况，并告诉他们武汉即将失守，日军很可能继续南侵，与其在家等死，不如他带上周家的弟弟妹妹们加入宣传抗日救亡的孩子剧团。大多数人觉得周令钊讲得在理，但堂妹令章的爸爸——周令钊的五叔却说：“令钊，你才 19 岁，这么多小孩交给你，兵荒马乱的，我不放心。”他不同意放令章走。

一大早，周令钊带着令德、令谟、令宣、令章、令芬、令芳、令年等同胞兄弟和堂弟妹们上了路。12 岁的小丫头令章，头天晚上将行李偷偷交给周令钊，第二天借口送行，一同加入了这支队伍，到长沙后才给家里写了封信报平安。

周令钊领着 7 个“娃娃兵”沿着当年他和母亲坐轿子去长沙走过的那条路，步行了两天才到长沙。

这可能是中国历史上平均年龄最小的家族抗日队伍。除周令钊外，年龄最大的令德 17 岁，最小的令芳仅仅 9 岁。令芳走不动时，哥哥姐姐们就轮番背着她走。

周令钊带领的“娃娃兵”到了临时设在长沙水风井的第三厅驻地，第三厅戏剧科科长洪深[5]接待了他们。洪深说：“孩子剧团还没到。但不要等，你们搞个长沙儿童歌咏队先干起来再说。”在洪深的安排下，“长沙儿童歌咏队”就这样成立了。设计了队旗，还刻了个图章用于报销活动经费。

周家的“娃娃兵”们直接归洪深领导，由第三厅提供伙食。在餐厅吃饭时，每桌旁边的墙上贴有一张纸，纸上写着用餐人的名字。周令钊为“桌长”的这一桌名单上，都是“周令”什么的，而且都是小孩，别桌人总是好奇地端着饭碗围着他们笑嘻嘻地问这问那。

“长沙儿童歌咏队”的第一个任务，是到伤兵医院为伤兵服务。那时，从前线转到长沙大批伤员，各个医院都有伤兵。周令钊领着弟弟妹妹们举着队旗，为伤兵们洗绷带，洗衣服，端茶送水，还为伤兵们代写家信。

这些事忙完了，“歌咏队”临时队长周令钊便组织弟弟妹妹

（5） 洪深（1894—1955），江苏武进人，知名导演、剧作家、教育家、社会活动家。1912 年考入清华大学，1916 年考入美国俄亥俄州立大学化工系，1919 年考入哈佛大学戏剧训练班，1922 年回国后加入中国“左翼”作家联盟，1938 年 4 月任第三厅戏剧科科长，与田汉一起组建了 10 个抗敌演剧队、一个孩子剧团及其他团队深入战区宣传抗日。

们站成一排高唱抗战歌曲，嘹亮的歌声使伤兵医院顿时有了生机。9岁的妹妹令芳有时被人抱到医院中间的桌子上又唱又跳，常常引来阵阵掌声。

直到第三厅的孩子剧团从武汉到了长沙，周令钊才把5个15岁以下各有才艺的弟弟妹妹交给剧团，两个年龄稍大的妹妹也各有出路。从此，周家的这些“娃娃兵”奔赴各自的抗日战场。

… … …

冲出长沙文夕大火的机要车

1938年11月8日，日军攻入湖南北部，并轰炸了长沙和衡阳。9日、11日，湖南东北部的临湘、岳阳接连失守，中日两军对峙长沙城北的新墙河，局势十分严峻。

11日上午9时，湖南省政府主席张治中接到蒋介石的密令：“长沙如失陷，务将全城焚毁，望事前妥密准备，勿误！”旋即，张治中又接到蒋侍从室副主任林蔚的电话：“对长沙要用焦土政策。”

长沙开始全城戒严。

12日下午4点多钟，长沙城里开始大混乱，传言四起：国民党官员把一切交通工具都占用了，带着老婆孩子、箱囊杂物落荒而逃了。老百姓不明就里，四处探问情况。但前线传来的消息，日军仍停在200里外的汨罗江北岸。

13日凌晨2点左右，长沙街头出现了穿着蓝色制服、提着油桶的人，三五人一组，扛着枪，一路小跑。很快，有几处起火了，紧接着，全城火光四起。

在位于蔡锷中路徐祠巷15号八路军驻湘办事处二楼和衣而卧的周恩来，赶忙叫醒住在隔壁的叶剑英，拿起随身携带的黑皮箱，跑下楼来。但前门已被火封住，只好从后门冲出火巷，到了湘江岸边，那儿早已挤满了从火海中逃出来的、惊魂未定的人群。大家痛哭失声地说，事前一无所知，除了身上穿的和随手抓到的一点东西外，都被烧光了。为什么敌人还在200里外，自己却要放火烧掉自己的家园？！群众愤怒地高呼："枪毙放火的罪魁祸首！"

长沙城上空一片通红，带着烟焦味的热浪，一阵阵扑面吹来，还不时传来阵阵的爆炸声。

周恩来走到公路上几经交涉，才和叶剑英等坐上一辆国民党辎重兵团的卡车。卡车到达湘潭，见到也刚来的抗敌宣传一队的人，周恩来便急切地问:"郭沫若在哪里？文件车到了没有？"

此时，郭沫若已在往湘潭撤退的路上。装运军委政治部重要文件的卡车正在周令钊和汉剧团团长龚啸南的押运下刚到长沙城南的洞井铺。

大火四起时，第三厅全体人员有组织地步行撤离长沙前往湘潭。周令钊和龚啸南被安排负责押运装满军委会政治部重要文件的卡车，押运目的地为湘潭下摄司。

文件车在通往湘潭的路上艰难行驶。逃难的人扶老携幼，哭哭啼啼，许多扛了一阵再也扛不动的皮箱、衣物、家具、钢琴等被丢弃在马路两边。因路上人多，秩序混乱，文件车走走停停，傍晚掌灯时分才到军委会政治部设在湘潭下摄司的临时指挥所。

下了车，周令钊在指挥所窗外看到郭沫若、田汉、洪深正向周恩来汇报工作。

周恩来问："文件车到了没有？"郭沫若透过窗户看到了周令钊，对周恩来说："到了到了，押车的周令钊就在外面！"

文件很快被从车上卸下。

周恩来走到车边说：“这辆车赶紧折回，路上还有部里一些年老体弱的，估计走不动了，快把他们接过来，等人员到齐了，我们一起坐火车到衡山三塘。”

天亮时分，周令钊接回了满满一车人。

长沙的这场大火因所发的电报代码是“文”，大火又发生在夜里（即夕），故称“文夕大火”。

长沙“文夕大火”是1938年11月13日凌晨发生在长沙的一场人为的毁灭性火灾。因日军的进犯，国民党当局采用焦土政策，制订了焚毁长沙的计划。但在计划正式实施之前，一系列偶然因素却让这场火灾变得完全不受控制，最终导致长沙30000多人丧生，全城90%以上的房屋被烧毁，经济损失时值约10亿元，是中国抗战史上与花园口决堤、重庆防空洞惨案并称的三大惨案之一，使长沙与斯大林格勒（今伏尔加格勒）、广岛和长崎一起成为第二次世界大战中毁坏最严重的城市。图为大火后的长沙城，成为一片废墟

第四章

/

硝 烟 前 线

/

…… …… ……

“窝”在桂林行营政治部三组

周恩来领着一路人马按原定计划坐火车到了衡山三塘。

三塘位于衡阳市西郊，湘桂铁路从此穿过，离南岳大庙不远。湘桂铁路南通桂林，北达长沙。武汉沦陷后，国民政府军事委员会一度迁往南岳衡山。蒋介石曾在南岳大庙附近集贤峰侧的圣经学校先后召开过三次军事会议。

郭沫若在三塘主持开了一个短会，对人员去向作了三点安排：一是抗敌演剧队赶赴长沙救灾善后，主要任务是组织民众扑灭余火、掩埋尸体、抢救伤者、发放救济金、办收容所、维持灾后秩序等；二是孩子剧团去重庆；三是第三厅各处、科室人员分赴各战区，一批人去桂林行营政治部第三组。郭沫若要求，大敌当前，行动要快，不得有半点耽搁。

周令钊被安排去桂林行营政治部第三组。

武汉沦陷后，蒋介石当局设国民政府军事委员会委员长桂林行营。桂林行营管辖长江以南各省，等于管大半个中国，任命白崇禧为桂林行营主任，指挥顾祝同第三战区（苏、浙、赣）、张发奎第四战区（川、桂）、余汉谋第七战区（粤）、薛岳第九战区（湘、鄂）等四大战区的战事，以维护陪都重庆外围的安全。桂林行营说起来权力很大，其实只是个虚名，真正能管的只有广西。蒋介石不自信，用人疑心重，喜欢揽权，且事无巨细，经常直接过问到战区和军一级的事情。

桂林行营政治部第三组是宣传组，主要负责抗日救亡宣传事宜。三组组长是张志让[1]，他随第三厅部分工作人员经长沙、衡阳辗转来到桂林。三组的阵容与武汉时的第三厅没法比。组里有主任组员宋平，戏剧家马彦祥、刘亚伟，音乐家林路，作家王鲁彦、沈叔羊（沈钧儒之子），美术方面有沈同衡、张友慈和周令钊。

（1） 张志让（1893—1978），江苏武进人，爱国民主志士。早年曾求学于复旦公学，后留学美国哥伦比亚大学，回国后任复旦大学校务委员会主任委员，北京大学、东吴大学教授。曾为营救爱国人士沈钧儒、邹韬奋等“七君子”不屈不挠。在第三厅担任过动员工作处的科长，中华人民共和国成立后曾担任最高人民法院副院长。

初到桂林，周令钊和组里的一些人也到漓江边看看。象鼻山、凤尾竹、青青水、红帆船，小山秀景，确实很美，但想想国家危局，炮火硝烟弥漫心间，又没心思赏景。

在这里周令钊有些不适应。在武汉第三厅时，在周恩来、郭沫若领导下，来自全国各地的青年才俊济济一堂，同心同德，共赴国难，抗日救亡工作激情澎湃，热火朝天。短短几个月时间里，既见了大场面、大手笔，受到了从未有过的洗礼，还创作了大量的美术作品，特别是与各路大家一起在日军飞机的狂轰滥炸中画了从未画过的大壁画，长了不少见识。而在三组，循规蹈矩，气氛沉闷，组里要求大家每天必须签到，还必须坐班，管得死死的，也没有安排太多的事情给他们做。

虽然组长张志让有能耐，组员们也很有本事，都来自军委会政治部第三厅，但在桂林行营白崇禧的麾下，却遇到了不一样的天空。

下了班，周令钊就到桂林的大街小巷瞎逛。有时，还在书店坐到老板打烊，旁听七七八八的来客聊天。终于有一天，周令钊感到有一种说不清楚的力量正在桂林孕育，这种力量使他有些向往。

周令钊与张友慈谈到洪波涌起的桂林抗战文化，不由得感慨万千，都说“窝”在三组不带劲。周令钊说，生活是一场艰苦的奋斗，不能停歇，要不然，你一寸一尺苦苦挣来的，就可能在一刹那前功尽弃。

~ ~ ~

痛失好朋友、音乐家张曙

到桂林没几天，周令钊见到了在第三厅时的朋友、音乐家张曙[(2)]。

年仅30岁的张曙创作了200多首歌曲，歌曲大多表现中国人民反侵略、反压迫的斗争精神，音调富有浓郁的民族风

（2）张曙（1908—1938），原名张恩袭，安徽歙县人。1927年考入上海艺术大学，曾参加田汉领导的“南国社”，次年他考入上海国立音乐学院，主修声乐，兼学大提琴、钢琴、琵琶和作曲。1930年他因参加进步活动被捕入狱，出狱后不久，与聂耳、任光等组织了“左翼”音乐团体“苏联之友社”音乐小组。1933年在田汉介绍下加入中国共产党。1937年年末，他与冼星海等组织“全国歌咏协会”。1938年上半年到第三厅，12月到桂林。

格，是我国新音乐运动的奠基人之一，抗战初期红极一时。他写的《还我山河》《洪波曲》《丈夫去当兵》《日落西山》《打豺狼》等作品曾在战火中广泛传唱。

第三厅成立的10个抗敌演剧队中第九队是歌咏队，归张曙管。张曙带九队的人去广播电台演唱时，喜欢叫上周令钊。周令钊也很喜欢到张曙那里玩，爱唱张曙写的歌，还学张曙的唱法，模仿张曙的声音。有一次，周令钊在唱《日落西山》时，田汉听到了，说："张曙，你唱得真好！"走近一看，发现是周令钊在唱，站在旁边的张曙不禁哈哈大笑起来。

张曙夫人周琪，长沙人，热情、贤惠，做得一手好湘菜，特别是红烧肉做得好。在武汉时，周令钊就经常到她家吃饭。张曙的女儿达达，聪明漂亮、伶牙俐齿，上桌吃饭的第一件事就是选块大的红烧肉放到周令钊碗里。

1938年10月21日攻陷广州后，日军开始对桂林实施大规模轰炸。因空袭频繁，加上敌机从广州起飞，预警警报和紧急警报之间距离很短，躲避有时也来不及，时间长了，有的人也就索性不躲了。

12月24日午饭刚过，周琪冲进周令钊所在的三组的办公室，发疯似的哭喊着告诉大家："张曙父女俩被日本飞机炸死了！"

望着泪眼婆娑的周琪，周令钊竟然半天说不出话来。

周令钊和三组的几位同事跑到张曙家，只见张曙和他的女儿达达满身灰尘躺在地上。张曙的脑袋被炸成了一个空壳，面目全非，但双手还紧紧地抱着达达。画家叶浅予从张曙怀里将血肉模糊的达达抱起放在一侧的门板上，达达像一个散了架的布娃娃，皮开肉绽。父女俩的身上还渗着血水。周琪晕倒在地上，苏醒过来后一时精神失常，见了来人都喊"张曙"，声嘶力竭地唱着《洪波曲》。

这年，张曙才30岁，达达3岁。

张曙父女殉难的当天下午，国民政府军事委员会政治部第三厅、救亡日报社、抗敌演剧队的战友们一齐赶到文昌门张曙的家里，将张曙和达达的遗体殓入棺中。12月26日下午，在桂林中学文庙门前，郭沫若主持张曙葬礼，近千人参加。周令钊画的张曙像挂在葬礼现场中央。

郭沫若撰写挽联：

一片血模糊，辨不出哪是父亲，哪是女儿，
父女共捐躯，剩有管弦传革命；

连年战坚苦，端只为救我国家，救我民族，
国民齐努力，誓完抗建慰忠魂。

“血债要用血来还！”“用血腥的战斗作我们的回答！”抗敌演剧九队和抗宣一队打出的巨型横标格外夺目。在林路、叶浅予、常任侠和抗敌演剧九队队员的护送下，张曙父女的遗体被安葬在桂林七星岩下灵剑溪畔，郭沫若题写墓碑。

… … …

“扎进”文化抗战的桂林洪流

桂林已经变成一个人声鼎沸的大城市。

周令钊随军刚到桂林时，城区人口七八万人，随着广州、武汉的相继沦陷，桂林变成沦陷区人员疏散的主要地区之一，高峰时期，人口猛增到50万人。

1938年11月下旬，中共中央在桂林建立八路军桂林办事处。此后，周恩来、董必武、叶剑英等多次到桂指导八路军桂林办事处工作，后来成为越南民主共和国的缔造者、越南劳动党第一任主席的胡志明曾化名胡光，也在八路军桂林办事处工作过很长时间。八路军桂林办事处为中共对桂统战，筹运抗日物资，迎送中共重要过往人员，领导南方各省、沦陷区、敌占区、上海孤岛及海外南洋一带中共地下党组织的秘密活动和桂林抗战文化运动而运筹帷幄，殚精竭虑。

活跃在桂林的中国共产党人，同时也成为抗战文化运动的灵魂。桂林一时成为中共领导下的抗日救亡政治、文化中心。数十个文化团体迁往桂林。一大批充满爱国情怀的热血青年，先后在桂林创刊和复刊近200种报纸杂志，在桂林开设的书店、书局、出版社200余家，出版的文艺书籍上千种。新华日报桂林分馆、文化供应社及生活、新知、读书三家出版机构大量发行《共产党宣言》《反杜林论》《新民主主义论》等著作。郭沫若、李四光、柳亚子、茅盾、夏衍、田汉、巴金、欧阳予倩、陶行知、范长江、徐悲鸿、张曙、千家驹、薛暮桥、梁漱溟等数以万计的文学家、戏剧家、音乐家、画家、科学家、新闻工作者、学者、教授等进步人士相继抵达桂林。

巴金的散文《桂林的受难》《桂林的微雨》《先死者》，徐悲鸿的国画《漓江春雨》《鸡鸣不已》等文化艺术精品不断涌现。在桂林的文化工作者"把舞台当作炮台，把剧场作为战场"，组建文化救亡团体99个，文艺演出团体60余家，上演10多个剧种，动员民众奋起抗日。

一天，周令钊见到了刚到桂林不久的新安旅行团团长汪达之[3]。

为了支持新安旅行团的爱国行动，教育家陶行知把安葬母亲的一笔人寿保险费500元捐献出来，作为新安旅行团的筹备费用。爱国人士吴耀宗、黄炎培、吴蕴初等出钱买了一个旧电影放映机、一个小型汽油发电机。汪达之从明星、联华影片公司弄来了《一·二八淞沪抗战纪实》《民族痛史》《抵抗》等进步影片，还通过音乐家任光弄来了《义勇军进行曲》等唱片和扩音机、幻灯机，一路宣传，发动民众抗日救亡，足迹遍及上海、南京、北平、兰州、西安、武汉、桂林等大中城市和内蒙古、西北、西南等少数民族的农牧地区，历尽艰辛，行程近5万里，被誉为"中国少年儿童的一面旗帜"。

周令钊被新安旅行团的壮举所感动，便对汪达之说："汪团长，我到你们团去行不行？"

"太好了！"汪达之当即表态。

于是，周令钊便离开三组到了新安旅行团。

新安旅行团里都是青年人，有的甚至还是孩子，活动内容

(3) 汪达之（1902—1980），本是江苏淮安县河下镇私立新安小学的校长，在抗日救亡声浪四起的时候，以旅行实践老师陶行知"生活即教育，社会即学校"的新教育理念，组建新安旅行团，带着14人（最大17岁，最小12岁）从河下镇出发，开始了奔赴各地宣传抗日的"长征"。

十分丰富。周令钊加入了团里的小小合唱队，演唱抗战歌曲，画抗战宣传画，为《漫画与木刻》杂志画封面、插图。

湖南老乡、戏剧艺术家欧阳予倩（1889—1962），得知新安旅行团里的平江小伙子周令钊画画得好，便派人将周令钊请到他当馆长的广西艺术馆。欧阳予倩是浏阳人，浏阳和平江紧邻，两个地方的方言基本相同，历来有“平浏”之称。周令钊为艺术馆画了《国家至上》的演出海报后，名声大振，许多艺术团体纷纷找周令钊。

那段时间，周令钊为国防艺术社焦菊隐导演的《梁红玉》《陈园园》画了海报并为《陈园园》设计舞台布景，为乐群社电影院画苏联影片《列宁在1918》画招贴，为美国片卓别林的《大独裁者》画宣传广告，为新中国剧社的《大雷雨》作海报创作。

戏剧家孟超看了周令钊的招贴画，说：“周令钊的每一幅作品，就是一幅绝妙的绘画创作。”

周令钊像一羽被风鼓满的帆，搏击在桂林文化抗战的洪流中。

~ ~ ~

跟范长江上广西前线

汪达之通知周令钊，明天随南路前线工作队去前线采访、慰问。南路前线工作队由记者、新安旅行团、抗宣一队、国防艺术社部分人员组成，领队是范长江[4]。1938年11月，范长江到桂林，新安旅行团曾请他到团里讲过课。

范长江带领一行人到了宾阳、柳州、迁江、睦南关（今称友谊关）等地，这里有对日作战的杜聿明[5]、郑洞国[6]、徐庭瑶[7]等前线部队。

（4）范长江（1909—1970），四川内江人，著名记者、社会活动家。冒着炮火采写了大量出色的新闻报道，在国民党新闻封锁网上撕开了一个大口子，系统报道了抗日战争的真相，宣传了中共全面抗战的路线，在国际国内产生了广泛的影响。他是中国青年新闻记者协会（中国记者协会的前身）、国际新闻社总社的主要发起者和领导人之一。新中国成立后，曾担任新华社总编辑、新闻总署副署长、人民日报社社长等职。以他名字命名的“范长江新闻奖”，是中国中青年优秀新闻工作者的最高奖。该奖项于2005年与“韬奋新闻奖”合并为“长江韬奋奖”。

（5）杜聿明（1904—1981），陕西米脂人，黄埔军校一期学生，曾参加北伐战争、长城抗战、淞沪抗战。

（6）郑洞国（1903—1991），湖南石门人。

（7）徐庭瑶（1892—1974），安徽无为人。

1939 年 11 月 17 日，日军集结兵力，从广西防城、北海登陆，进占钦州，19 日，又突破小董防线，向南宁进击。杜聿明指挥桂南昆仑关对日作战，战斗整整打了 18 天，重创号称“钢军”的日军第五师团，史称“昆仑关大捷”。

郑洞国和徐庭瑶同为国民党著名军事将领，与杜聿明同守广西。到了部队，各组分头行动。范长江领着记者们去采访，周令钊这一组则为前线将士搭台唱歌、唱戏。

在迁江的一个山头，战士们正在满头大汗挖战壕。周令钊和他的战友们则在一旁唱响了《黄河大合唱》《老天爷垮了吧》《你这个坏东西》《山那边好地方》等抗战歌曲。当《黄河大合唱》歌声响起的时候，战士们也加入了合唱的队伍：

风在吼
马在叫
黄河在咆哮
黄河在咆哮
河西山冈万丈高
河东河北
高粱熟了
万山丛中
抗日英雄真不少
青纱帐里
游击健儿逞英豪
端起了土枪洋枪
挥动着大刀长矛
保卫家乡
保卫黄河
保卫华北
保卫全中国
……

激越、雄壮的歌声回荡在前线战场。

杜聿明专门为南路前线工作队准备了几箱茅台酒，晚餐现场弥漫着酒香。酒过三巡，郑洞国端着酒杯朗声招呼周令钊：“听说你也是湖南人，又是画家，能不能用一碗红烧肉换一幅你给我的画像？”在场的人也吆喝起来：“老乡见老乡，两眼泪汪汪，何况还有红烧肉，画画画！”

周令钊坐到郑洞国的对面画了起来，一批人热热闹闹地围着。酒后的郑洞国神采飞扬，戎装上的皮带在他扭动的身躯上嘎嘎作响。

从杜聿明司令部走出时已是很晚了。

周令钊有些疲劳，走夜路时跌跌撞撞。团里的漂亮女孩曾超对周令钊说：“我牵着你走吧。”那时，20 岁的周令钊还没有牵过女孩子的手，对曾超的举动有些难为情，便摸黑找了一节竹棍，曾超握那头，周令钊抓这头，在没有星光的夜幕下跟着曾超回到队部。

天还没有亮，部队里有人叫大家赶快起床：“鬼子的飞机要来了！”

战士们麻利地卸空装运军粮的卡车，让南路前线工作队的人上车。新安旅行团来的大多数都是孩子，爬不上车，战士们把他们一个个抱上车。车风忙火急开到半路，日军的飞机就俯冲下来了，先是机关枪扫射，然后是胡乱丢炸弹。汽车钻进路边的树林，大人护着小孩从车上跳下四散躲避。

等敌机走了，汽车才开回公路。一路上，看到好多走不动的伤兵和逃难的人被炸死在路上。在睦南关，周令钊看到，不知什么人的一只手，被炸飞在关楼的顶上。

在回桂林的夜车上，曾超趴在周令钊的膝上睡着了。这个本该在学校读书的女孩，却不得不随大人们一起穿梭在抗战的硝烟里。回桂林不久，曾超向周令钊辞行，说她要随新安旅行团到新四军那边去。

从此，周令钊再也没有见过曾超。几十年来，周令钊逢人便打听，却一直没有她的消息。

范长江红着双眼，说：“战争，连小女孩也不放过。”

… … …

抗日漫画宣传队里的多面手

1940年年初，周令钊参加了从上海转战到桂林的抗日漫画宣传队的工作。

上海是中国近现代漫画艺术的发祥地。1937年七七事变后，上海漫画界救亡协会在创刊《救亡漫画》的同时，组建了“上海市各界抗敌后援会宣传委员会漫画界救亡协会漫画宣传队第一队”，叶浅予为领队，张乐平为副领队。原计划还要建立二队、三队，但因缺少人手未能如愿。“漫画宣传队第一队”因此被简称为“漫宣队”。8月31日，漫宣队在上海铁路西站（今凯旋路长宁路口）登上列车，奔赴各地，打响了历时5年的抗日漫画持久战，为中国现代漫画史写下了闪光的一页。

漫宣队隶属于第三厅，活动经费和生活津贴由三厅拨发。队里的人员可穿军装也可穿便服，叶浅予和张乐平穿的是校级军官军装。

随着抗日形势的演进，漫宣队先到南京，后到武汉，再到桂林。然后兵分两路，一路由张乐平率领去浙赣，另一路由叶浅予领导留在桂林。战云密布的桂林，集中了中国当时极富实力的一大批漫画家，叶浅予、张乐平、廖冰兄、周令钊、张仃、特伟、赖少其、李桦、陆志庠、陶谋基、黄茅、叶冈、麦非、宣文杰、刘建庵等，在抗日的另一个战场上，用手中的画笔呐喊。

桂林漫宣队编辑出版了《工作与学习·漫画与木刻》，创刊于上海、夏衍主编的《救亡日报》转移到桂林,《救亡漫木》周刊、《抗战漫画》拿出大量版面发表抗日漫画。抗日的炮声到哪里，抗日漫画就出现在哪里。桂林漫宣队在广西各地举办了多次流动抗日漫画展和抗日防空常识宣传画展览。

生命一旦与崇高使命联系在一起，生命的力量将如同火山般迸发。在周令钊的信念里，用画笔动员、凝聚民众的抗日力量，是自己的崇高使命。他没日没夜地画，就像兵工厂里的工人为子弟兵赶制枪炮一样。他根据不同的创作题材，熟练地选择不同的表现方式。他创作的漫画《卢沟桥》《有钱出钱，有力出力》《从废墟中建设起来》《前方战士要寒衣》《如此东亚共荣圈》《把德意日法西斯踢出地球》等作品，在《抗战漫画》《漫画与木刻》陆续发表，油画《冲锋》《送茶水》被选送参加桂林美展，抗日宣传画也同时出现在桂林的街头巷尾。为普及抗战漫画创作，周令钊还在桂林行营举办了“漫画训练班”。

一天，田汉来找周令钊，请周令钊到长沙帮忙设计《江汉渔歌》的舞台布景。

《江汉渔歌》初名《渔父救国》，是田汉为“保卫大武汉”于 1937 年写的，讲述的是金主完颜亮发兵侵宋，江夏危急，署理汉阳太守曹彦约邀集地方义勇党仲升、赵观等共图抗金；渔民阮复成携女春花擒获金兵奸细，送至府衙；曹彦约乃用党仲升等之计，利用被擒之奸细瓦解敌军，袭击敌营，复得阮复成所率之渔民相助，大败金兵的故事，安舒元、王永泉首演于汉口大舞台，新中国成立后曾在中国京剧院演出，深得好评。

周令钊赶赴长沙，用完美的舞台美术语言，挖掘了《江汉渔歌》的另一种令人震撼的境界。田汉说:“在艺术这个行当里，周令钊路子宽，几乎无所不能，难得啊，难得! ”

披上战争华彩的周令钊，艺术已然成为他英姿勃发的生命力量。

《桂林郊外的抗日游击队队员》
/纸本炭笔水彩/31cm×21cm×7
/1940年/中国美术馆藏

~ ~ ~

战地重逢弟弟妹妹

父母收入不高，家里弟妹多，生活负担重，周令钊经常要往家里寄钱，可自己手头紧，加上战时的桂林物价飞涨，常常囊中羞涩。

因为战争挤压，桂林的人越来越多。旅馆、茶楼、饭店、百货卖场等一下子也多了起来。早些年曾在长沙做过广告设计的周令钊，发现了其中的商机。

周令钊请来湖南老乡张东岩、王励宾投资，和好朋友蒋湘军在桂林桂北路百乐门大厦内开了家广告公司，名曰“建设广告公司”。蒋湘军任经理，兼跑业务，周令钊负责设计事务。那时，桂林报刊业发达，报刊社平面广告设计外包业务很多。蒋湘军脑子灵活，人缘也好，揽来了好几家报纸的广告设计的活。

周令钊设计东西，出手快，有新意，雅俗共赏，对客户的胃口。公司一开张，生意就不错。后来，“建设广告公司”的业务拓展到公共汽车车身广告、店铺商业广告、房地产广告设计和招牌制作、土特产包装设计等，短短几个月，公司便红红火火，赚了不少钱。

身处异地的周令钊，念念不忘远在长沙的父母。攒了钱，就寄给家里。

周令钊像一台高速运转的机器，除了公司的事，还负责桂林乐群影院电影海报设计、桂林绥署国防艺术社焦菊隐导演的《明末遗恨》舞台美术设计。

日军飞机隔三岔五侵入桂林，或投弹，或侦察，人们生活在动荡和恐惧之中。

1941 年 8 月 4 日，桂林又一次遭受重大劫难。

上午，日军侦察机从湖南方向飞到桂林上空盘旋侦察。12 时许，21 架敌机入侵桂林市上空，从南向北狂轰滥炸，投的大多是燃烧弹，南门火车站、汽车站、桃花江两岸、榕杉湖两岸、独秀峰、伏波山、老人山、叠彩山、北门外，烈火冲天，浓烟翻滚。桂林助产护士学校、省参议会、乐群社、中华圣公会、新妇女运动会以及许多民房、商店被炸毁，中山北路、桂东路、水东街成了一片火海，太和塘也被火焰吞没。

战火并没有使周令钊却步。“建设广告公司”照常在运转，抗日宣传继续在硝烟中进行。

1941年10月，“新中国剧社”在桂林成立时，周令钊为该社设计了社徽。这个以民间职业剧团面目出现的剧社，是中共南方局领导的话剧团体，由田汉、瞿白音、杜宣等直接领导。剧社在成立当月首演陈白尘的《大地回春》，尔后成功地演出了杜宣的《英雄的插曲》和组曲《南山之什》、公演了田汉的《秋声赋》、沈浮的《重庆24小时》、俄国 A.H.奥斯特洛夫斯基的《大雷雨》等剧目。1942年3月剧社上演田汉、洪深、夏衍的《再会吧，香港》时，被国民党当局强令禁演。此间，周令钊还为剧社画了《复活》《大雷雨》的演出海报，并任桂林美术专科学校兼课教师，教画抗日宣传画。

战火中，令谦、令琼、令豪和适一（十一妹）从家乡来到桂林找周令钊，也想进抗敌演剧队。但他们年龄小，又缺乏唱跳表演条件，进不了演剧队，周令钊就把他们送进了当地的保育院。保育院战时伙食差，吃不饱，孩子们常去后山摘野果子吃，适一不幸得了斑疹伤寒。周令钊急得团团转，找到一家医院求救。医生说，院里没有对症的药，得托人去买药。周令钊找了家酒店宴请号称能够买到对症药的人，饭还没吃完，医院通知“适一已死”。在医院，周令钊看到适一眼睛睁得大大的，小小而僵硬的身体上满是紫色斑纹。

周令钊还见到了他3年前从平江带出来，送进抗敌演剧队孩子剧团的妹妹令宣、弟弟令谟。三兄妹同在四战区，甚至有时同在桂林，因为战争，他们连见面都难。

令宣告诉周令钊，她随演剧四队去四战区宾阳时，在墙上写抗日标语，遇到敌机轰炸，往百姓家跑，被弹片追上了，钻进了她的膝盖，当时经医治取出了大的弹片，但有小碎片没有取干净，常常疼痛难忍，尤其是阴雨天。

令谟长高了，黑黑瘦瘦的，一见面，就抱着哥哥放声大哭。他说，在沿漓江边的房屋墙上写抗日标语时，他差点被敌机丢下的炸弹炸死。

周令钊说：“好了，见了面，知道你们还在，就高兴了。为了赶走日本鬼子，为了我们的爹娘和亲人，一定要好好活着！”

周令钊接出在保育院里的弟弟妹妹，和令宣、令谟一起吃了顿饭，大家有说有笑，不知道有多高兴。

历经战争洗礼的这些年幼生命，像狂风暴雨中的劲草，宁弯不屈，勇敢生长。

《收复后的城市》（南宁）/纸本炭笔

/31.5cm×21.5cm/1941年

《收复南宁后的南宁汽车站》（南宁）/纸本炭笔/1941年

与张光宇、丁聪、徐迟密谈国事

1941年12月8日凌晨，日军偷袭珍珠港当天，入侵香港。25日，香港总督杨慕琦宣布投降，香港沦陷，开始了长达三年零八个月的日寇统治，往日灯火辉煌的“不夜城”变成了血雨腥风的世界。

香港160万同胞尤其是旅港的文化界人士和民主人士顿时陷入困境，后者随时有被日军逮捕、杀害的危险。日本特务机关“大东亚共荣圈事务所”在报上刊出“请邹韬奋、茅盾先生参加大东亚共荣圈建设”的启事；文化特务和久田幸助还在各个戏院打出幻灯：“请梅兰芳、蔡楚生、司徒慧敏等先生到九龙半岛酒店会晤”。内地来港人士大多不通粤语，社会关系少，处境十分凶险。

中共中央及中共南方局立即做出紧急部署，全力营救滞港文化人士和民主人士及其家属。宋庆龄在日军轰炸启德机场前6小时，乘最后一班飞机离开香港赴重庆。

中共领导的这场秘密大营救历时近200天，与日军、伪军、土匪等斗智斗勇，出奇制胜地营救出了宋庆龄、何香凝、柳亚子、梁漱溟、茅盾、夏衍、胡绳、范长江、邹韬奋等超过1100人，创造了整个过程没有一人伤亡的奇迹，被茅盾称为“抗战以来（简直可以说是有史以来）最伟大的抢救工作”。夏衍说：“大营救表明党中央、南方局对知识分子的关怀，这是真正的肝胆相照！”

艺术家张光宇(8)，画家丁聪(9)，作家、诗人徐迟(10)和张大羽（张光宇的儿子）从香港来到桂林，住在一家不起眼的

(8) 张光宇（1900—1965），出生于江苏无锡中医世家，漫画家、装饰画家、工艺美术教育家。曾先后任中央美术学院、中央工艺美术学院教授，创立了对现代美术影响深远的“装饰”派艺术，具有多方面的艺术成就。

(9) 丁聪（1916—2009），1916年生于上海，漫画家、舞台美术家。中华人民共和国成立后当过《人民画报》副总编辑。

(10) 徐迟（1914—1996），浙江吴兴（今湖州）人，诗人、散文家和评论家。中华人民共和国成立后当过湖北省文联副主席。

旅馆。周令钊见到他们时，已是晚上。

张光宇比周令钊大 19 岁，此时的他看上去比实际年龄要大得多，胡子拉碴，满脸倦意，他说：“总算逃出来了！死里逃生，难得。”丁聪、徐迟洗了把脸，便来到张光宇的房间，张大羽困得实在扛不住了，拎着行李回自己的房间睡觉去了。

张光宇叹着气，说：“中国的主要战略城市已经沦陷，真是山穷水尽了啊，出海口全被日军占领，海空军也全部拼光，陆军损失惨重。内无强兵，外无强援。这亡国奴啊，还要当到什么时候？！”

丁聪拿出一张报纸，说：“日本偷袭珍珠港的第二天，美国总统罗斯福就签署了对日宣战书，其他 20 多个国家也跟着宣战，民国政府也正式对日宣战了，形势正在发生改变。”“民国政府对日宣战看来也只是喊喊而已，蒋介石是否真心抗日，看看几个月前发生的皖南事变就知道了。”张光宇摇摇头。

张光宇所说的皖南事变，是指 1941 年 1 月发生在安徽南部的震惊中外的国民党反共事变。1 月 4 日，皖南新四军军部直属部队等 9000 余人，在叶挺、项英率领下开始北移。1 月 6 日，当部队到达皖南泾县茂林地区时，遭到国民党 7 个师约 8 万人的突然袭击。新四军英勇抗击，激战 7 昼夜，终因众寡悬殊，弹尽粮绝，除傅秋涛率 2000 余人分散突围外，少数被俘，大部壮烈牺牲。军长叶挺被俘，副军长项英、参谋长周子昆突围后遇难，政治部主任袁国平牺牲。

徐迟突然站起来，大声说：“天底下没有永恒的黑暗！依我看，中国的希望不在重庆，而在延安！”

“香港的这次营救行动，就足以使我们看清方向。”丁聪有些激动。

徐迟接着说：“在香港，我读过毛泽东的一些著作，毛的思想比蒋要高明得多，而且有人格魅力，具有强大的力量。我也知道了来自延安的许多情况，中共特别能够让人看到希望！”

周令钊说：“在三厅时，我就想，国共联手抗战，大家拧成一股绳，中国人一定能够战胜入侵者。但后来，心就慢慢凉下来了。蒋的‘攘外必先安内’，是开给自己的一服毒药，自己害自己啊！”

“蒋就像一个愚蠢的木匠，不去砍树，而拿着斧头卸下自己的胳膊！”张光宇说。

4个人谈兴正浓时，丁聪突然打住，低声说："门外好像有人。"

徐迟冲到门口，猛地打开门。

两个人影转身就跑。

周令钊说："桂林现在情况复杂，你们真要多个心眼，提防特务！"

第二天，张光宇邀周令钊一起去漓江边写生。

周令钊到桂林已有时日，对桂林比较熟悉，自然担起向导的职责。张光宇是艺术名家，有机会与他一起写生桂林，周令钊很是兴奋。

漓江依然很美。漓江的水清得能看见河底的水草，远处几头水牛潜到河里吃草，各色的水鸟不时被惊飞。漓江的水牛才是真正的水牛，靠扎着猛子吃水草长大；一座座青山，连绵起伏，薄雾犹如一层透明的纱巾，挂在半山腰，倒映在江面；山脚下，绿树葱茏，修竹摇曳，袅袅炊烟偶尔从低矮的茅草屋顶飘出。要不是江边随处可见的断垣残壁，谁知道这一切笼罩在战争的阴霾之下。

张光宇博古通今，守正求变，是中国"装饰学派"的创始人，他的作品洋溢着一种唯美的"装饰风"，写生也是如此。周令钊用心看他作画，从他的写生中，学到了大胆夸张和装饰的表现手法。按照学到的方法，现场运用，画了几张。张光宇看后，说："令钊天赋好，又好学，前程无量啊！"

~ ~ ~

转战抗敌演剧第五队

1942年7月，桂林已进入酷暑。

一天，田汉来到"建设广告公司"。周令钊和蒋湘军请他在桂林有名的"维他命餐馆"吃饭。田汉不停地摇着大蒲扇，紧绷着脸，说："前方吃紧，后方紧吃。有志青年应该到前线抗战报国。生活要讨，但更要以抗战救国的大局为重，要把才能发挥在最需要的地方。”田汉建议周令钊放下广告公司的工作，到柳州抗敌演剧第五队去。

周令钊二话没说，第二天就拎着行李去了柳州。

抗敌演剧队是中共领导的以演剧方式进行抗日宣传的文艺团体，建制为28人，正、副队长由上级任命，队务委员民主产生，队内实行民主管理，大多数抗敌演剧队建立了中共地下支部，建队初期由中共第三厅特支领导。此后各个阶段的活动都是在周恩来和中共南方局领导下进行的。

抗敌演剧队全称为国民政府军事委员会政治部抗敌演剧队，1938年8月组建于武昌昙花林，共有10个抗敌演剧队、4个抗敌宣传队和1个孩子剧团。其中，抗敌演剧队由郭沫若、田汉、洪深主持训练1个月后分派各战区抗日前线工作。

在抗战前期，一队在广东，二队在江西、湖南，三队在山西，四队在湖北，五队在安徽、江西，六队在安徽、山东，七队在浙江，八队在湖南，九队在广西，十队在河南。随着抗日宣传向纵深发展，根据中共南方局的安排，各队活动区域有所调整。

五队在柳州郊区大龙潭时，建在山坡上的几排木板屋就是队员们的宿舍，食宿条件与桂林相去甚远。队里的人都是当时中国有名望的人，如队长徐桑楚[11]、队副丁波（演剧五队中共地下党支部书记）、导演齐闻韶（笔名来追）、音乐指挥刘式昆、演员李幻、雷梅青等。周令钊干的还是老行当：舞台美术和演出海报设计。

五队每天排戏、练歌、开会。

周令钊为队里在柳州、桂林、滇西、楚雄等地上演的根据美国进步剧作家G.奥达茨的剧作《自由万岁》改编的反法西斯七场话剧《人兽之间》和曹禺的《丁大夫》（又名《蜕变》）等作舞台美术与演出海报设计。

（11） 徐桑楚（1916—2011），生于浙江鄞县，电影事业家，在第三厅干过。1949年起从影，历任长江电影制片厂厂长、海燕电影制片厂副厂长、上海电影制片厂厂长等职，任制片人的影片有《林则徐》《老兵新传》《城南旧事》《高山下的花环》等200多部。

《人兽之间》原来描写的是德国共产党的斗争业绩，改编后，意指反法西斯是一场人性与兽性的斗争，由齐闻韶、吴淞、杨绍乔组成导演团，齐闻韶执导。

周令钊为《人兽之间》设计的布景景片，借用队员们的灰色军毯绷制而成，在效果厚重的灰色军毯上挂一副窗帘意指民居，挂上一块铁栅栏指敌监牢。军毯做的布景景片，靠灯光变色营造出契合剧情的氛围，并趁中场换场黑灯时，预先安排好的演员就近抬着景片、道具安置在下一场的位置，灯亮时景片已迅速换好。下一场上演时，只是把军毯景片换个位置摆放，强化了全戏的整体效果。这样，换景便利，时间短，还节约了制作成本，合乎战时轻装上阵巡回演出，从简而不简陋。

周令钊的这一巧妙的舞台布景设计，被许多行家赞誉为："熔写实主义与构成主义于一炉，有令人耳目一新的表现主义风格，是中国话剧运动史上具有开拓性的创举。"

这个话剧在桂林大华影院演出时，场场爆满。

周令钊还参加队里《黄河大合唱》等许多解放区歌曲的演唱，也当演员，演被关在集中营里的法国老教授，自己用嚼过的口香糖塑造法国人的高鼻子，妆化得惟妙惟肖。队里的人说，周令钊是天才化妆师，演员们纷纷找他化妆。

《人兽之间》的演出海报也标新立异。周令钊用红黑二色的石版印刷，对比强烈，视觉冲击力强，印出一大批，四处张贴，宣传效果好。

那一年，周令钊 23 岁。

… … …

跑回老家救母亲

夏天，突然接到弟弟令豪从平江的来信，信是写在包中药的纸上的，说平江现在疟疾流行，特效药"奎宁"都集中在奸商手上，屯着赚大钱，老百姓花钱买不到药，乡下已有人死亡，大姐、大嫂死了，母亲也在病危中。

疟疾是由疟原虫所致的虫媒传染病，通过蚊子叮咬吸血时传播。据世界卫生组织（WHO）估计，疟疾流行于 102 个国家和地区，有 20 亿人居住在流行区，特别是在非洲、东南亚和中、南美洲的一些国家，恶性疟死亡率极高。20世纪三四十年代，疟疾几乎遍及中国。疟疾病患严重者剧烈头痛、精神错乱、抽搐、昏迷、大小便失禁甚至危及生命。

奎宁是当时最重要的一种治疗疟疾的救命药。

队长徐桑楚看到周令钊手中的这封信后，马上让医务室装了一墨水瓶“奎宁”，批了周令钊的假，让他赶快回家救人。

周令钊拿着药，从柳州坐火车到了长沙。其时，为阻止日军进犯，湖南的大多数公路已被挖断，从长沙到平江早已不通汽车。焦急万分的周令钊昼夜步行，3天才赶到平江，满脚血泡。

周令钊见到病危中的母亲，又黑又瘦，发着烧，声音细小，虚弱地躺在床上。周令钊拉着母亲的手，母亲断断续续地说：“一直盼着你回来……你再不回来……真不知道还能不能见到你……”

母亲吃了“奎宁”，病情开始缓和，逐渐能够吃点东西，果真从死亡线上挣扎过来了。

母亲告诉周令钊，这几年来，平江内忧外患，灾难深重。

据平江县大事记记载：

1939年

3月15日，日本侵略军犯湘，岳阳沦陷，日机轰炸县城。县政府组织民众破坏长武公路和平修公路，阻滞日军的运输。

6月12日下午3时，二十七集团军总司令杨森奉命派兵袭击新四军驻平江通讯处。杀害涂正坤、罗梓铭、曾金声、吴渊、吴贺全、赵禄吟等，制造了震惊全国的“平江惨案”。8月1日，延安各界举行平江惨案诸烈士追悼大会。毛泽东发表《必须制裁反动派》的演说。其后，国民党反动派继续秘密捕杀共产党员，先后被害的有李淑陶、冯杏娥、沣济民、余本健等一批共产党员。

9月23日，日军一部5万余人强渡新墙河；26日占领汨罗；

28日攻陷平江；29日日军主力进入长沙。由平江南下的日军第三十三师团，被阻击在加义、献钟地区，迫使日军北辙。日军所到之处，奸淫烧杀，备极残酷。

1940年

3月15日，日本飞机18架轰炸县城，投弹百余枚，死40余人。

3月，平江县划为对敌封锁区，由九战区设立封锁站，负责查办敌货。

1941年

10月6日，“第二次长沙会战”开始，日本侵略军第二次侵占平江城，10月20日离开，县境7个乡镇遭受灾祸。

11月20日，日本侵略军第三次侵占县城，12月24日抗日军收复县城。

12月28日，日军第三次进攻长沙，进至平江浯口，被中国抗日军三十七军六十师汾阳部队董煜部李道泰团阻击在乌石尖、鸦鹊尖，激战7天，迫使日军溃退。

1942—1943年

第二十七集团军在县城南郊天岳山建二十军抗日阵亡将士公墓，安葬阵亡将士1800余人，并建纪念碑一座。在此之前还在南江上塔市、露江山及天岳关分别修建抗日阵亡将士公墓，安葬抗日阵亡将士3000余人。

平江物价飞涨，食盐每斤时价8元。

……

母亲病情缓解后，周令钊决定带她到长沙做康复治疗。

没有汽车，周令钊叫了辆木制独轮车给母亲坐。从平江到长沙的这条路，周令钊不知走过多少回。如今，走在这条路上，周令钊看到的是一个失色的世界，路两边的很多民房被日本兵炸了，公路也被炸得坑坑洼洼，村落里人烟稀少，死一样的沉寂，路上见不到几个行人，只是偶尔听到一两声狗叫。坐在独轮车上的母亲被颠得像散了架一样。好不容易，他们苦行了三天才到长沙。

母亲说，日本鬼子欺侮中国人已是无以复加，你们兄妹虽然年龄还小，但一定要明白你们应该做什么。

母亲病后需康复。周令钊决定暂时留在长沙赚点钱为母亲治病。

周令钊与当时在九战区政治部的老同学张友慈一起商量，办了一家名叫“中国美术社”的广告公司，周令钊为公司设计了一头“红狮”作为社标。由张友慈当经理，他的夫人沈锐管财务，周令钊负责美术设计、绘制，远在重庆的弟弟周令谟被叫回来做总务，康复中的母亲则帮沈锐照看小孩。

那时，长沙正好在紧张筹办湖南省手工业展览，展览中心有纺织、鸭绒、烟酒、茶叶、手工业产品等各类展示摊位，场面不小，需要设计制作展位并做广告宣传。

周令钊设计制作了一块“双手万能”的中国美术社形象广告牌，立在展览中心的醒目位置，很扎眼。按照广告牌上提供的联系方式，很多人来找他们，加上张友慈的运作，中国美术社承揽了多家厂商的设计及布展生意。为了赚到钱给母亲治病，周令钊不辞辛劳。中国美术社的活不但做得快，还做得好，客户特别满意，好口碑被很快传了出去。

长沙市市长带领一批人慕名前来考察，现场拍板，将全市的路牌广告交给中国美术社来做。中国美术社一时成为长沙的金字招牌，生意兴隆。

有了钱，母亲得到及时治疗，不久就康复了。

~ ~ ~

奔赴云南前线

1943年6月6日，国民政府军委会政治部下达命令，将周令钊所在的演剧五队配给中国远征军长官司令部。

正当周令钊准备归队时，演剧五队也来信催促周令钊归队，说五队准备开赴云南、缅甸慰问中国远征军。接信后，周令钊当即找到张友慈，说明去意，把中国美术社的事交给他一人打理；去抗敌演剧九队交涉，将妹妹令辉留在那里；立即打点行装，带着母亲和弟弟令谟、令豪踏上了开往柳州的火车。

到了柳州，周令钊请求队长徐桑楚将令豪收编五队，得到批准。兄弟二人一同参加了五队进发滇缅前的紧张准备工作，整天排戏、练歌。母亲则帮队员们洗衣、打杂。

五队从柳州出发，经贵阳到遵义时，母亲说："令钊，你们要上前线，总不能老拖家带口的，我不能再给队里添麻烦了。"便带着令谟去重庆投靠在汽修厂工作的令钊的哥哥令沂。

五队一路艰辛向云南进发。

1940 年 9 月，日军占领越南北部，进逼滇越边境，云南开始成为抗日战争的前沿阵地；太平洋战争爆发后，云南成为中国抗日战场和太平洋战场的战略结合部；1942 年 5 月，日军占领缅北和滇西怒江以西的中国领土，云南成为中国抗战的最前线。

11 月，五队抵达云南昆明。

一天，五队副队长丁波将正在参与练歌的周令钊拉到一边对他说："请你为云南省主席龙云[12]画个像，现在就去。"

丁波是演剧五队中共地下党的支部书记。他郑重其事地交代周令钊："一定要画好哦！"龙云是中共地下党的重要统战对象。

周令钊到时，龙云已在他官邸等候。寒暄过后，周令钊就画了起来。像很快画好了，龙云站在自己的画像前看了很久，笑眯眯地说："画得好！画得好啊！"

龙云的画像被挂到位于五华山的云南省府礼堂。

五队从昆明出发经大理一路往西，所到之处，都搞大型抗日歌曲演唱会或演出戏剧。周令钊除了设计舞台美术并制作道具及布景景片外，也参加大合唱，或在剧中跑龙套。演员生病或其他情况缺人时，他也上去顶个角色。

(12) 龙云（1884—1962），彝族，云南昭通人，国民革命军陆军二级上将，云南省国民政府主席。从 1927 年发动政变、逼唐继尧下台起，独掌云南军政大权 18 年，被称为"云南王"。1949 年 8 月 13 日，龙云等 44 人在香港发表《我们对于现阶段中国革命的认识与主张》的声明，表示拥护中国共产党的领导，与蒋介石彻底决裂，正式宣布起义。中华人民共和国成立后历任中央人民政府委员、国防委员会副主席等职。

《独臂西施》连环画手稿节选

在滇缅边境，战乱给百姓带来深重灾难。漂亮女孩经常被日军掳走，一个女孩因抗拒日军被砍掉一条胳膊，但她仍坚强面对生活，大家称她为“独臂西施”。周令钊据此创作《独臂西施》连环画

一次，导演叫周令钊饰演话剧《梁红玉》中的一个探子，也不是什么重要角色，整个戏中，探子只有几句台词。彩排时，探子跑到台中高声报告："敌人离此饿十里！"周令钊跟着父母幼时离开平江后在长沙生活多年。在长沙话里，"2"和"饿"同音。本是"20里"，周令钊说成了"饿十里"。

导演在台下急了："多少里？"

为避开这个发不准的"2"，周令钊回应："三十里！"

导演说："太远了，剧情松了！"

周令钊干脆说："15里！"

导演急得跳了起来："太近了，把戏都搞乱了！你还是好好画画去吧！"

到了保山，五队在这里驻扎下来。

孩子剧团到重庆后被迫解散，周令钊在那里的妹妹周令芬被送进重庆国立歌剧学校，并在旅英回国的舞蹈家戴爱莲执教的芭蕾舞班学习。令芬学成后，到保山抗敌演剧五队驻地舞蹈演出，她以红旗披身独舞的《义勇军进行曲》把大家看得入了神，舞蹈跳完了，许多人还坐着不起身。随团的12岁的弟弟周令豪由五队副队长丁波出钱，上了保山中学，课余参演队里日夜赶排的话剧《丁大夫》中的角色。

队里安排周令钊和冯法祀、特伟一起去芒市前线的滇缅边境遮放、畹町画战地速写。到后，他们分头找景。周令钊正专心写生一处残垣，忽然听到不远处有人在叽里呱啦讲日语，心想：糟糕，遇到日本鬼子了。但在丛林深处，只听到声音不见人，不明具体情况。周令钊没有枪，不敢硬碰，只得绕道离开。

这里是战事不久的收复之地，地形复杂，多竹木、山石、废弃木楼，常有小股残存、迷失或别有用意的鬼子在此活动。

每每回想起这件事，周令钊总有一种置身战地直接参战的亲历感。

第一次在前线实地看打仗

1944 年冬天，周令钊和冯法祀、特伟受邀到滇缅边境前线的芒市战场作战阵地写生。

一行人翻山越岭骑马来到前线指挥所，二十一集团军军长杨杰[13]和一批军官热情地接待了他们。这个地方，两天前还是日本鬼子的阵地，鬼子败撤后，成为二十一集团军的驻地。杨杰亲自安排周令钊一行住在军部附近的小木屋。晚上，一阵阵尸臭味扑进木屋。

杨杰叫一团长领着周令钊他们到山顶参观战壕。

周令钊嫌沿着山路上山路途远，就钻进树林直接往山上爬。爬到半山，遇到一个高坎，想抓着一把草爬上去，突然手一滑，没有抓住。定神一看，他抓的原来是一具死尸的头发，再看看周围，满是死人。好不容易爬到山顶，团长告诉他："那是日本鬼子留下的尸体。"

山顶挖有长长的战壕，壕壁上挖了很多分别仅够一人睡觉的洞。周令钊走到战壕的中段，发现洞壁上伸出一只死人的手，手上还挂了个手榴弹，伸过头一看，是个日本兵。冯法祀看看满脸狐疑的特伟，说："这可是实实在在的中日战场实景啊！"

战壕有一小段没有挖通。人到了那儿，就要跳出战壕，快速跑几步跳进另一段战壕。团长提醒大家，一定要加倍小心，山下可能还有残存的鬼子放冷枪。说来也巧，次日，周令钊听说那位团长因为跳战壕受伤进了野战医院。

第二天，总攻即将打响。山顶上摆了一排座位，军长杨

(13) 杨杰（1889—1949），白族，云南大理人，民国时期著名军学泰斗。他出身于滇军，后舍弃中将军衔进日本陆军大学深造，毕业后成为蒋介石的参谋长。1949 年因倾向革命，放言无忌，被蒋介石亲自下令暗杀。

杰、炮兵司令邵百昌等都在座。两人都在不停地用望远镜朝着缅甸方向观察，看了一会儿，杨杰对邵百昌说：“可以了！”

杨杰把望远镜递给周令钊：“赶紧看，敌人正向缅甸方向撤退，我们的军队在后面追！”周令钊接过望远镜看了一会儿，看到远方的树丛好像被很多人碰到了，一些树在晃动，但看不清树里的人。

杨杰向盟军美军空军基地打了个电话后，对邵百昌说：“邵司令，你来吧！”邵百昌站在山头，双手叉腰，大声高喊：“各就各位，开炮！”

顿时，炮声惊天动地，震得周令钊的耳朵一下子好像聋了一样。炮轰不久，美军战斗机群从昆明飞来助战，敌军阵地被猛烈的炮火包围，硝烟腾起千米高。

日军很快就被强大的炮火打哑了，杨杰下令步兵向前推进。可炮兵还没转过神来，继续开炮，结果误伤了自己人。

前方来电责问，邵司令暴跳如雷，高喊着要现场枪毙开炮的那个士兵。杨杰作保说是误伤，应该记过，但不必枪毙，救了那人一命。

~ ~ ~

惊天大消息

回到保山，五队奉命赴缅甸慰问中国远征军。

中国远征军是抗战期间中国入缅对日作战部队，亦称“中国赴缅远征军”“中国援缅远征军”，是中国在抗日战争中唯一一次境外军事行动。1941 年 12 月根据《中英共同防御滇缅路协定》，由第 5、第 6、第 66 军编成，共 9 个师 10 万余人。远征军受盟军中国战区参谋长史迪威中将和罗卓英司令长官指挥。1942 年 3 月，远征军入缅发起滇缅路作战，失

《抗战时的云南芒市》/纸本水彩
/ 25.3cm×35.2cm / 1944 年

抗敌演剧五队安排周令钊和冯法祀、特伟一起去云南芒市前线的滇缅边境遮放、畹町作战地写生。这是周令钊当时战地写生的作品之一

利后大部分退回云南。1943 年 4 月，重建远征军司令长官部，后称滇西远征军，一部撤至印度，称中国驻印军。1943 年 10 月至 1944 年 5 月中国驻印军和滇西远征军先后发起缅北滇西作战，歼灭日军 3 万余人。1945 年 1 月 27 日，两军在中国畹町会师。3 月，打通滇缅公路后撤回国内，1945 年 4 月撤销。

赴缅甸的行期已定，队副丁波在一天早会上宣布，队委会考虑到出国后将要同更多的外国兵打交道，为保证安全，特别是女同志的安全，决定大家佩戴军衔、领章和臂章。

那时，军衔、领章，是可以在大街上买到的。但在五队，谁戴“少校”军衔，谁戴“上尉”或“中尉”军衔，必须按队委会公布的名单统一购买。

臂章则买不到。队里决定由周令钊设计臂章，队员们自己制作。

周令钊设计的臂章图案是一个“V”字，加上一副面具。“V”字是双关词，既是英文“胜利”的第一个大写字母，又是罗马字的“五”字（表明抗敌演剧五队祝愿中国远征军大获全胜）；面具则是半边“喜”半边“悲”的戏剧脸谱，象征“演剧”，以此作为演剧五队的标志。

经过如此这般的一番打扮，演剧五队全体变成了看起来令人生畏的“军官”。

五队经龙陵、遮放过畹町桥便到了缅甸。怒江急水，两岸绝壁，景色奇险。隔江远望在亚热带植物簇拥中的缅甸建筑，也还宜人，而近看八莫、腊成到密支那，一路战争残景，红墙绿瓦东倒西歪，尖顶缅寺被炸成废墟，贝叶经洒落满地。

1942 年 1 月，日本入侵缅甸，企图借重对缅甸的占领，侵夺美国取道缅甸的大批援华战略物资，直接切断中国唯一的海外交通补给线——滇缅公路，全面封锁中国，同时扬言将与纳粹会师中东。

远征军和驻印军经一年多的英勇奋战，收复滇西失地 8.3 万平方公里，缅甸领土 8 万余平方公里，缅北大小城镇 50 余座，伤亡 14.1 万余人，毙伤日军 6.9 万余人，恢复了海外交通补给线——滇缅公路，大批物资顺利输入国内，为抗日战争的胜利做出了积极贡献。

五队深入远征军驻地，为将士们演唱，与他们联欢。在境外见到来自祖国的慰问团队，远征军将士深受鼓舞，精神振奋。

在缅甸慰问期间，周令钊为多幕话剧《金玉满堂》（沈浮编剧，控诉日军残酷野蛮的侵华罪行）设计舞美，参加《黄河大合唱》等歌曲的演唱，在活报剧《希特勒完蛋了》里饰演法西斯头子希特勒，还到盟军美军医院为美军医生、护士和伤员画速写像，感谢他们支援中国抗战。

1944 年 9 月 7 日，中国远征军攻克松山主峰，创造了中国抗战史上聚歼守敌 3000 余人而无一人漏网的辉煌战例。11 月 3 日收复龙陵，继而攻克芒市、遮放、畹町，12 月 1 日尽克遮放。

1945 年 1 月 27 日中国远征军与驻印军攻缅北的部队在畹町附近的芒友会师。

1945 年 2 月，周令钊为抗敌演剧五队赴缅甸慰问中国远征军设计的臂章

《排练场小憩》/纸本竹笔/19.5cm×32.2cm/1944年

《滇缅途中赵侯、来追（原名齐闻韶）、胡茂林、胡宝儿等在排练场》/纸本炭笔/18.9cm×32.4cm/1944年/中国美术馆藏

8月15日正午，周令钊在缅甸北部克钦邦首府密支那得到一个惊天大消息：日本天皇向全日本广播，接受波茨坦公告，实行无条件投降，结束战争。

在场的人高兴得手舞足蹈，泪流满面！

这是一个天大的好消息！

8月21日，日本洽降谈判代表、侵华日军副总参谋长今井武夫飞抵湖南芷江进行洽降。

9月2日上午9时，标志着第二次世界大战结束的日本投降签字仪式，在停泊于东京湾的“密苏里号”主甲板上举行。日本新任外相重光葵代表日本天皇和政府、陆军参谋长梅津美治郎，代表帝国大本营在投降书上签字。

9月9日上午，中国战区受降仪式在南京举行。

《日本鬼子败走后的云南龙陵》（云南）

/ 纸本水彩 / 29.2cm×19.3cm

/ 1944 年 / 中国美术馆藏

《日寇炮击后炸断的凤尾竹》/ 纸本水彩

/ 29.2cm×19.3cm / 1944 年

《马》（云南芒市）/ 纸本铅笔水彩

/ 24.5cm×37.2cm / 1944 年

《缅甸战后残垣》/ 纸本水彩

/ 29.2cm×19.3cm / 1945 年

在罪恶中疯狂的人，必将在疯狂中灭亡。

中国人民经过长达 14 年艰苦卓绝的斗争，取得了中国人民抗日战争的伟大胜利，宣告了世界反法西斯战争的完全胜利，和平的阳光再次普照大地。

在那场惨烈的战争中，中国伤亡人数超过 3500 万人！

按照 1937 年的比价，抗战期间，中国直接经济损失 1000 亿美元，间接经济损失 5000 亿美元。据公开资料显示，1937 年，中国工业总产值仅 13.6 亿美元。当时，中国工业占国民经济总产值的 10%，简单推算，1937 年中国国民经济总产值仅为 136 亿美元。

日本侵略者反人类的罪恶，使中国生灵涂炭，民族受辱，人民流离失所，国家支离破碎。

好在，这一页，终于变成了历史！

1945 年 3 月 15 日，缅甸腊戌西格立夫医院。周令钊（前右一）与章泯、冯法祀、特伟、周令豪（后左一）及缅甸护士在一起

第五章

新中国成立前夜

…　…　…

阳宗海的闲云野鹤

日本天皇宣布无条件投降的第13天，1945年8月28日，为寻求国共两党合作的和平新中国成立方略，在蒋介石再三电邀下，中国共产党谈判代表毛泽东、周恩来、王若飞在美国驻华大使赫尔利、国民政府代表张治中的陪同下，从中共中央驻地延安乘专机飞赴重庆，开始了为期43天的重庆谈判。

一心想消灭对手的蒋介石本以为毛泽东不敢来重庆，不来，就可以将内战的责任推给共产党。

毛泽东坚定的到来，为国共谈判创造了友好的气氛。国共双方协商达成的《政府与中共代表会谈纪要》（即“双十协定”），给中国人民带来了和平、民主、团结的希望和曙光。

10月7日，潇潇洒洒的湖南人毛泽东将一首《沁园春·雪》与一封信托人交予柳亚子，柳亚子读过后欣喜不已：

北国风光，
千里冰封，
万里雪飘。
望长城内外，
惟余莽莽；
大河上下，
顿失滔滔。
山舞银蛇，
原驰蜡象，
欲与天公试比高。
须晴日，
看红装素裹，
分外妖娆。

江山如此多娇，
引无数英雄竞折腰。
惜秦皇汉武，
略输文采；
唐宗宋祖，
稍逊风骚。
一代天骄，
成吉思汗，
只识弯弓射大雕。
俱往矣，
数风流人物，
还看今朝。

蒋介石对他的秘书陈布雷说:“毛泽东此人不可轻视。他嗜烟如命，手执一缕，绵绵不断。但他知道我不吸烟后，在同我谈话期间，竟绝不抽一支。对他的决心和精神，不可小视。”

1945 年 8 月 14 日、20 日、23 日，蒋介石三次致电延安，邀请毛泽东速到重庆“共商大计”。中共中央决定由周恩来、王若飞陪同毛泽东赴渝谈判。图为毛泽东起草的回复蒋介石电文的手迹

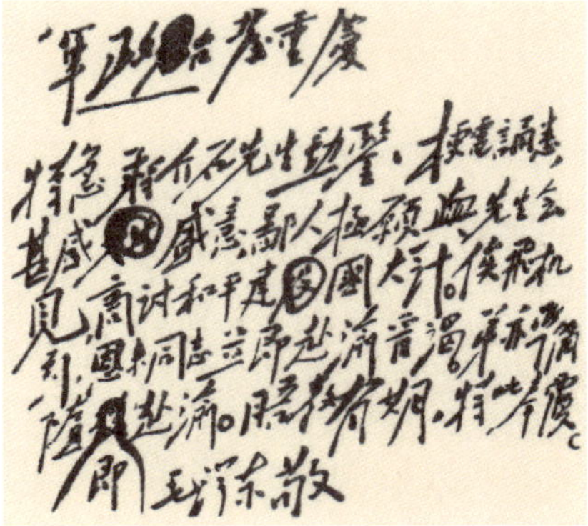

一次，中国平民教育家和乡村建设家晏阳初在与蒋介石会面时说：“我们人民遭受了二十一年的内战，他们流尽了鲜血。现在该是为农村的大众干一些事情的时候了。”蒋说：“你是个学者，我是个战士，等消灭了对手之后再说吧。” 蒋介石所说的“对手”是中共和毛泽东。“如果你只看到军队的力量，而看不到人民的力量，那么你会失去中国。”晏说。

而此时，沉浸在抗战胜利喜悦中的周令钊，正带着妹妹令芬、弟弟令豪从缅甸密支那乘坐美军运输机离开五队回昆明，准备找份新的工作。

一天，周令钊在街上闲逛，遇到原长沙育英抗敌剧团团长老赵。老赵邀他一同上昆明南屏影院看电影。到早了，电影还没开映，两人便先在前厅看电影样片。老赵买了包炒熟的松子放在自己的大衣口袋里，周令钊边看边从他口袋里掏松子吃。老赵上洗手间去了，一个穿大衣的正好站在周令钊旁边。周令钊根本没有在意，照样一边看样片一边继续从旁边的大衣口袋里掏松子，翻来翻去，感到只有零钱，心想“松子没了，算了”，可手却抽不出来，抬头一看，一位大姐紧紧地抓着他的手霎时大呼小叫起来：“抓小偷啊，快来抓小偷啊！”周

令钊无论怎么解释她也不放手。警察来了，围着看热闹的人越来越多，周令钊满脸通红。正当警察要将当事双方带去警察所时，老赵回来了，才解了围。

走出电影院，见到在五队时认识的美军白上校。白上校得知周令钊正在找工作，便介绍他去阳宗海中国盟军美军休养营画画。

阳宗海是昆明的风景区，位于昆明西郊，离城不远。四面青山，中间是湖，湖边桃柳环绕，山上松竹成林，湖的北面有汤池温泉，历来有“明湖澄碧”之誉。湖边一排排青砖洋房，有游泳池、娱乐室、舞厅、放映厅、图书馆、西餐厅等，吃的、用的、住的，基本上是美国品牌。这是美军将校军官轮换疗养的场所。走进这里，如入世外桃源，闻不到前线的硝烟味。

周令钊和弟弟令豪一起去了阳宗海。他们的任务就是为在这里休养的美军将士们画像。

每天上午，周令钊画四张速写像，令豪画两张。兄弟俩一同到美军休养营仓库领取进口水彩纸、狗牌水彩颜料、维纳斯铅笔等画具，这些东西，当时在国内很难买到，可仓库里应有尽有。下午，是兄弟俩的自由活动时间，休养营给他们一条橡皮船。他们划着船，走遍了海子四周的村寨，边走边作水彩写生。山后村庄别有一番风味。每到周六，兄弟俩干脆付点钱，吃住在农户家里，专心到村里写生。那段时间，周令钊画了不少精妙的水彩画。

美景闲情，舒适的生活，使周令钊兄弟俩似乎变成了一对翱翔在阳宗海山水之间的野鹤。

离开阳宗海时，担心路上丢失画作，周令钊特将兄弟俩的画寄存在休养营图书馆管理员兼翻译俞维德处，俞是原西南联大的学生。

新中国成立初期，在上海工作的俞很守信，打听到周令钊在北京的中央美术学院工作，便给周令钊写了一封信，说要把画还给他。周令钊当时忙，没及时联系，那批画也就没有了下落。

~ ~ ~

艰难的战后生活

《母亲》/纸本炭精条
/ 27.3cm×21cm / 1946 年

抗战胜利后，满身征尘的周令钊从昆明来到广州，并接母亲和哥哥、弟妹们到广州相聚。1946 年 5 月 14 日，周令钊为母亲画了这幅素描

因为战争，周令钊一家人散落各地。现在，抗战胜利了，也该是团聚到时候了。

周令钊和弟弟令豪别了阳宗海休养所来到广州，便与母亲和弟妹们联系，招呼大家到广州相聚。

不久，妹妹令琼陪着母亲从贵阳到了广州。哥哥令沂原是重庆汽车厂的工人，后到贵阳修车、开柴油破车，因心脏病发作，和弟弟令谟一道来到广州看病。妹妹令章在重庆与音乐学院的广州人王义平成了家，也一同回到了广州。

经令章张罗，周令钊一家人租住了连新路三层小洋房二层的前半部，油画家杨秋人租住后半部。美术家、艺术教育家阳太阳租住一层，他们两人都是桂林人，也都在广州工作。

家里人口多，母亲年纪大，哥哥又有病，周令钊必须马上找工作养家糊口。

周令钊先在广州“中国影院”画广告，后来经诗人韩伯屏介绍，他和弟弟令豪一起去了香港大中华电影厂搞电影舞美，忙忙碌碌干了一大堆事，可到月底，大中华的朱总只发周令钊一份工资，说令豪帮的是哥哥的忙，公司不管。一气之下，他便辞职离开了香港。

战后的广州不好找工作。

日军从 1937 年 8 月 31 日首次空袭广州起至 1938 年 10 月 21 日广州沦陷，共对广州市进行了长达 14 个月的狂轰滥炸，其轰炸密度仅次于当时的陪都重庆。空

1946 年，周令钊（左三）和妹妹周令芳（左二）及抗敌演剧六队的战友们在汉口

袭广州的日机共有近百批 900 多架次，共炸死居民 6000 多人，炸伤近 8000 人，毁坏房屋 4000 多间，毁坏船只近百艘，广州成为瓦砾与尸骸相互堆积的破烂城市。日军进入广州后，铁蹄所至，财物成灰烬，村庄成废墟，人尽变鬼魂。1937 年 11 月 24 日广州公布的人口共有 121.6 万人，到 1943 年 9 月 15 日，全市只剩 64.3 万人，人口减少了将近一半。

后来回到了长沙，也一时没有找到工作。没有工作，家里那么多张嘴吃什么？更何况，哥哥要治病，没钱也不行，还要付房租、水电等七七八八的费用。生活的压力像一块巨石，死死地压在周令钊心头。

从报上知道演剧六队在武汉演出，周令钊和令谟连忙赶到武汉，找到六队。不久，令芳也来到汉口。六队正在上演田汉编剧的多幕剧《丽人行》，该剧将三个女性的命运有机交织在一起，借此揭示“惨胜”之后的社会现实。

周令钊的到来，使剧组的人喜出望外。

周令钊先是为《丽人行》设计布景，画演出海报，令芳在剧中饰演了一个角色。接着，为六队即将演出的俄罗斯作家高尔基的名作《夜店》设计舞美，画演出海报，为话剧《草莽英雄》演员画速写，为刘斐章导演的多幕历史剧《海国英雄》做舞台美术设计。

六队也困难，给队员的津贴不高。周令钊就和令谟在武汉开了“大羽广告公司”，令芳也来帮忙，承接香烟、成药、布匹广告和铁路沿线户外广告。开张顺利，一家人的生活总算出现了曙光。

可是不久，卧病广州的哥哥令沂因为缺钱少医走了，年仅 28 岁。悲痛过度的母亲想离开这个伤心之地，由令琼陪着回到了平江，一度靠令琼在敦睦学校教书的微薄收入度日。

母亲不在广州了，令豪也就赶到汉口和周令钊一起画广告。

1947 年 8 月，周令钊（右二）在自己设计的《丽人行》话剧（田汉编剧）广告前留影

… … …

经田汉介绍去了上海育才学校

抗日战争全面爆发以来，国民政府在日军正面进攻下从华东撤到西南，军队也节节败退，主力偏处于后方。至日本投降前，长江以北、平汉路以东几乎没有国民党正规军存在，在长江以南、粤汉路以东仅有第三战区的部队。而中国共产党则凭借在游击战和农村工作上的强大活力，在日本占领的农村地区组织抗日运动。到重庆谈判前夕，中共控制了华北大部分农村地区，根据地总人口约9550万人，并建立起一支可以与国民党抗衡的军队。

日本投降后，武汉成为国民党军从大后方进军华东、华北和东北的战略枢纽。为了抢夺抗战胜利果实和部署进行内战的兵力，蒋介石调集了20多个师，加紧包围和蚕食中原解放区，并先后占领鄂中、襄西、鄂东、鄂南、豫中、豫西等地，企图消灭中原军区的中共部队，打通国民党军向华东、华北和东北进军的通道。

1946年6月26日，蒋介石悍然撕毁《停战协定》和《政协协议》，以约30万人的军队大举围攻中原解放区，新的全面内战爆发，全国解放战争拉开序幕。

1947年夏天，北平演剧二队队长赵浔来到武汉，想找六队管灯光的宋密去二队。听说北平来了人，周令钊眼前一亮。虽然前几年在武汉因为找不到田汉批路条，而没有去成延安，但在他的心里，“山那边好地方”是他的向往。早就埋下的这个愿望，已经生根发芽。他想找一个离“山那边好地方”近而方便的地方，到那里去。周令钊想，北平就是那个“近而方便”的所在。

历经战争洗礼的周令钊坚定地相信："山那边好地方"是中国的希望！

他找到赵浔，说自己想跟他一起去北平。赵浔说，去北平可以，二队现在正好缺你这样的人，但他们还要去上海办事，只能从上海到北平。周令钊说："那我与你们一道去上海，再去北平。"便与赵浔、宋密一同乘车去了上海。

到了上海，周令钊听说田汉也在上海，就去看他。

田汉打着哈哈说："好啊，令钊，你来得正好！育才学校美术组的王琦[1]要走了，你去接他最合适了。"并告诉周令钊，育才学校是陶行知创办的学校，如何如何好。周令钊早就听说过陶行知了，对他的育才学校也颇有耳闻。心想，先去那里干干也好。

田汉简直是周令钊生命中挥之不去的影子！他把育才学校的教务主任方与严叫过来，带着周令钊就去了位于上海郊外大场余庆桥的育才学校。上海育才学校设有社会组、自然组、文学组、戏剧组、音乐组、舞蹈组、美术组，办学宗旨是：生活即教育，社会即学校。抗战时期，育才学校大量招收社会上有才能但家庭经济困难的儿童入学。

周令钊接了王琦的班。因为周令钊的随和，同学们不叫周令钊为"老师"，而叫他"周大哥"。"周大哥"那年28岁。

在育才学校，"周大哥"的教学别具一格，丰富多彩。教学中，他坚持贯彻陶行知先生倡导的教育理念。把同学们带到附近农村，一边写生、创作，一边和农民交朋友；领着大家到江苏常熟、浙江杭州参加声势浩大的"反饥饿反内战"宣传，为反内战演出设计布景；也带学生去看进步电影。同学们真心喜欢这位"大哥"。他教过的一部分学生，先后去了解放区。

课余，"周大哥"也闲不住。

1947年，为纪念"千古奇丐"武训[2]诞生109周年，上海民间举办了一些活动。周令钊为此参与了集体创作的组画

（1） 王琦（1918—2016），重庆人，比周令钊大1岁，在第三厅干过。擅长版画、美术理论，被誉为"中国版画艺术奠基人之一""最后一位中国新兴木刻运动参与者"。后来在中央美术学院与周令钊是同事。当过中国版画家协会主席，中国美术家协会副主席、党组书记、顾问。

（2） 武训（1838—1896），山东堂邑（今冠县柳林镇）武庄人，原无名，其名"训"是清廷嘉奖他行乞兴学时所赐。武训是中国近代群众办学的先驱者，是享誉中外的贫民教育家、慈善家。行乞38年，建起3处义学，培育了无数穷家子弟，是中国历史上以乞丐身份被载入正史的唯一一人。

《周令钊在上海育才学校的自画像》
/纸本水彩/35cm×27.4cm
/1947年/中国美术馆藏

《张大宇、潘云侨在杭州游西湖》/纸本铅笔
/23cm×27cm/1947年

《武训传》。原新中国剧社的张友良、蒋柯夫在上海北四川路虹光电影院任职，邀周令钊去画电影新片广告。周令钊每周六下午去虹光，一直画到周日，每月赚些零花钱。

一天，妹妹令纯的丈夫陈光荣带着令辉到育才学校找周令钊，说："现在内战全面爆发，国家命运难以预料，我们一家子准备去台湾，之后到美国，你和令辉跟我们一起走，你去画画，令辉可以去学提琴，马上走。"

周令钊说："虽然现在乱，但我已经看到了曙光，我就不去台湾了。"

令辉说："哥哥不走，我也不走。我跟哥哥！"

后来，令纯和丈夫陈光荣就飞走了。

43年后的1991年，周令钊工作访问美国时，在洛杉矶见到了妹妹和妹夫。令纯握着哥哥的手，无限感慨地说："我们离开大陆的那个时候，谁也没有想到，中国竟然能够发展成今天这个样子，这么好！祖国强大了，我们这些在美国的华人也可以昂首挺胸了！"

被徐悲鸿

“挖”到国立北平艺专

1948年9月，冯法祀专程从北平来到上海育才学校。冯法祀告诉周令钊：“徐先生特别希望你到国立北平艺专去任教，特别希望！”并从包里掏出了徐悲鸿[3]写给周令钊的聘书。徐悲鸿是北平国立艺专的校长。周令钊说：“我高兴去，但艺专要派位高才生来接替我的工作。不然，我走不开。”

冯法祀向徐悲鸿做了报告，徐悲鸿立即表态：“没问题！”

很快，徐悲鸿派来了艺专的马三和来接替周令钊。周令钊才放心去了北平。

徐悲鸿在他的办公室见了周令钊。

徐悲鸿看上去有些疲惫，但神采飞扬：“你的画，我们看过。你的工作经历，我们都了解。特别欢迎你！”

周令钊请求从“助教”一步步做起，但徐悲鸿说：“不，你应该直接做讲师，就这么定了。”

国立北平艺术专科学校（简称“国立北平艺专”）的前身是国立北京美术学校，1918年由教育家蔡元培倡导成立。1949年11月，经中央人民政府批准，国立北平艺术专科学校和华北大学三部美术系（前身是成立于1938年的延安鲁迅艺术学院美术系）合并，成立国立美术学院。1950年1月，经中央人民政府政务院批准，正式定名为中央美术学院，毛泽东主席题写院名。

国立北平艺专最早有国画、油画、雕塑和音乐系。后来，音乐系迁出，建了专门的音乐学院。周令钊到艺专时，增加了实用美术系，分染织、陶瓷、印刷三个科，系主任是叶浅予。

（3）徐悲鸿（1895—1953），江苏宜兴屺亭镇人，中国现代画家、美术教育家，被称为中国现代美术教育的奠基者。曾留学法国学西画，归国后长期从事美术教育，先后任教于国立中央大学艺术系、北平大学艺术学院和北平艺专。1949年后任中央美术学院院长。擅长人物、走兽、花鸟，所作国画彩墨浑成，尤以奔马享名于世。主张立足中国现代写实主义美术，提出了近代国画之颓废背景下的“中国画改良论”，强调国画改革融入西画技法，作画主张光线、造型，讲求对象的解剖结构、骨骼的准确把握，并强调作品的思想内涵，对当时中国画坛影响甚大。

周令钊在印刷科教素描、水彩、插图、招贴。

刚到北平时，周令钊住在东单五老胡同中央美院宿舍。那里住有冯法祀、艾中信、夏同光、常任侠、李桦、宗其香、孙宗慰等几家人。

周令钊住的房子木地板开了很宽的缝，担心铅笔等小东西掉进去，又怕老鼠钻出来，就到市场上买来芦苇地席铺上，添置的一些老式家具便宜又好看。房子经过周令钊的精心布置，成了一个极具民族风格的艺术空间。周令钊的学生特别喜欢到这个房子里来玩，欣赏这件别具一格的装置艺术作品。一次，后来成为他夫人的学生陈若菊和几个同学也来了，刚刚坐到床上，床就被坐垮了，藏在被罩下的脏衣服撒了一地。同学们私底下咯咯咯地笑着说："为艺术而艺术的东西，值得警惕！"

… … …

迎接解放军入城

1948 年 9 月至 1949 年 1 月，毛泽东在太行山东麓河北石家庄平山西柏坡一个小小的山村院落里，指挥了震惊中外的辽沈、淮海、平津三大战役。

辽沈战役从 1948 年 9 月 12 日打响，同年 11 月 2 日结束；淮海战役自 1948 年 11 月 6 日开始，至 1949 年 1 月 10 日结束；平津战役于 1948 年 11 月 29 日引爆，至 1949 年 1 月 31 日结束。4 个多月内，人民解放军共消灭敌军 154 万多人，国民党主力基本被歼灭，大大加速了人民解放战争在全国的胜利，为新中国的诞生奠定了坚实基础。

天津解放后，90 万人民解放军兵临北平城下，孤守北平的国民党军傅作义部 25 万人已陷入绝境。北平城已被人民解放军

1948年，为了迎接解放，在北平国立艺专地下党组织的领导下，艺术家们创作了大量宣传品。这是周令钊所创作的木刻画传单四幅，这些作品被大量印发到民众中

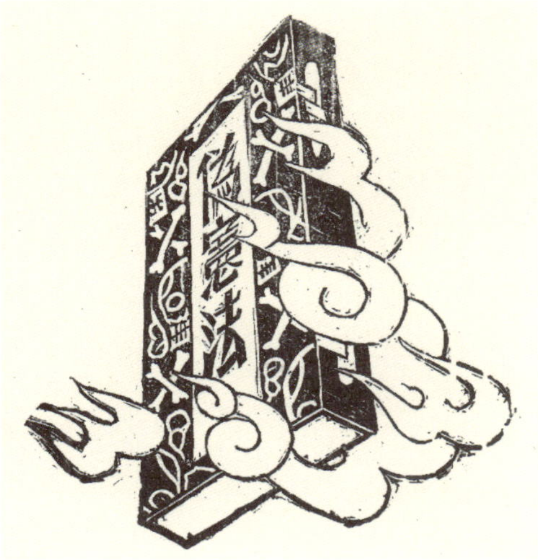

围困，听得见城外的枪炮声。城内有国民党的大刀队，在街头巷尾检查行人。

学校地下党支部安排周令钊等人画迎接解放军进城的木刻画传单，这在当时是个危险的工作。周令钊将画好的稿子藏在地席下面，同学王育中来取，由他送到刻木刻的老师那里去木刻、印刷，然后散发。王育中身上有参加迎接解放军进城木刻传单设计与制作的工作人员名单、地址。他走到苏州胡同口，突然看到对面有大刀队，王育中知道，如果他身上的这份名单被大刀队搜出来，将会出大事。他立即蹲下，装作看自行车的轮胎，趁机将名单嚼碎吞进肚里。望着王育中远去的身影，周令钊充满了感动和敬意。

为使北平这座驰名世界的文化古城免于战火，中共中央决定力争以和平方式解放北平。经过多方努力，国民党华北“剿总”总司令傅作义接受了人民解放军提出的和平条件。

1949 年 1 月 21 日，傅作义在华北“剿总”机关及军以上人员会上，宣布北平城内国民党守军接受和平改编，发出《关于全部守城部队开出城外听候改编的通告》。22 日，傅作义在《关于北平和平解决问题的协议书》上签字，并发表广播讲话，还将《关于北平和平解决问题的协议书》诸点经国民党中央社北平分社向全国发布。即时起，城内国民党守军开始移到城外指定地点听候改编，31 日全部移动完毕。

1 月 31 日，人民解放军入城接管防务。至此，北平宣告和平解放。

军管会文管会接管了国立艺专，徐悲鸿仍任校长，解放区来的江丰任党委书记。艾青、莫朴、王朝闻、蔡仪、金浪，华北大学三部李琦、冯真、邓澍、顾群、洪波先后来到艺专开展工作。

国立艺专师生怀着极大的热情，创作了多幅庆祝胜利的大画摆放在天安门城楼前，以迎接人民解放军的到来。

《从北大出发迎接解放军进城的国立北平艺专师生们》
/纸本铅笔/20.2cm×26.5cm/1949年

一天，侯一民邀周令钊到国会街的新华社去画领袖像。周令钊画毛主席像，他画朱德总司令的像。侯一民说，画好的领袖像将安装在欢迎队伍的卡车上，出城迎接解放军。此时此刻，迎接北平解放的无限欣喜澎湃在周令钊的心中。他无法用语言来形容，这种澎湃是一种什么样的状态！

毛泽东在党的七届二中全会上说："北平入城式是两年半战争的总结；北平解放是全国打出来的，入城式是全部解放军的入城式。"

毛泽东还交代，人民解放军一定要从东交民巷经过。

在新中国成立之前，东交民巷是列强、洋人的天地，中国的军警不得进入。而今，北平解放了，中国人民解放军要从这里昂首阔步通过，宣告那段耻辱的历史结束！

1949年2月3日，是农历正月初六。这一天，人民解放军解放北平入城仪式盛大举行。入城部队兵分两路，一路从南苑出发，从永定门入城，经永定门大街、前门大街，过前门进入东交民巷，再经崇文门内大街、东单、东四、北新桥、太平仓，与另一路从西直门入城的部队会合后，再折向南行，经西四、西单、西长安街、和平门、骡马市大街，由广安门出城。另一路则由西北面的西直门入城，会合后向南走，由西长安街转和平门，向西出广安门。

周令钊就站在天安门广场南面的欢迎队伍里，挥舞着手中的鲜花，朝着人民解放军喊啊，唱啊，跳啊，眼泪模糊了他的双眼，喉咙也有些嘶哑起来。历尽动荡和苦难的他，终于迎来了这一天，他怎能不喊、不唱、不跳呢！

解放军进城后，部队派车接艺专师生去铁狮子胡同联欢，大家齐唱解放区的歌。一群小孩围着解放军蹦蹦跳跳，高兴得不知说什么才好。

北平入城式在全世界引起了强烈反响。一家外国通讯社当天从北平发出的电文稿称："中国人民解放军入城，规模空前，士气高涨，装备异常精良，实为一支强大的有战斗力的部队。"

南京当局大势已去。

~ ~ ~

设计布置北平国共谈判会场

三大战役后，国民党政权在长江以北的力量全线崩溃。为了挽回败局，阻止人民解放军向江南进军，争取军事上的喘息时间，以重整旗鼓，伺机反攻，蒋介石再打"和平谈判"牌。

1949 年元旦，蒋介石发表了"求和"文告，提出要以保留国民政府现行宪法、法统及国军等 5 项内容作为和谈条件。

1 月 5 日，毛泽东为新华社写了《评战犯求和》的评论，揭露蒋介石的所谓"求和"阴谋。14 日，发表《关于时局的声明》，指出蒋介石提出的条件"是继续战争的条件，不是和平的条件"，"但是，为迅速结束战争，实现真正的和平，减少人民的痛苦，中国共产党愿意和南京国民党政府及其他任何国民党地方政府以及军事集团进行和平谈判"，并提出了惩办战争罪犯等 8 项条件。

1 月 21 日，内外交困的蒋介石宣布"下野"（1950 年 3 月 1 日再起），退居幕后，由李宗仁代理总统，出面同中国共产党“和谈”。

谈判会场设在北平六国饭店。

六国饭店位于今天北京正义路南口路东的东交民巷御河桥路东。八国联军攻占北平后，将东交民巷划分为使馆区。在这里，除使馆外，还建有各国的兵营、医院、银行、洋行，当然也包括六国饭店。饭店主要有各国公使、官员及上层人士在此住宿、餐饮、娱乐。在清末和民国，这里一直是高官、名流出入的场所。中国近现代史上诸多重大事件，或多或少都在此发生。

中央将设计布置谈判会场的任务交给国立北平艺专。艺专领导派周令钊带领实用美术系的学生去布置会场。周令钊在现场听取谈判筹备组关于会场布置的总体要求后开始了紧张的工作。

筹备组要求，会议主席座后墙上要悬挂毛主席画像。筹备组领导拿了好几幅毛主席在延安时期的照片让周令钊挑选。周令钊选中了毛主席头戴八角帽、衣领自然敞开、面带微笑、目视前方的那一幅，据说是摄影家郑景康在延安时为毛主席拍的。在谈到为什么要选这幅照片时，周令钊认为，毛主席既是一个伟大的领袖，又是一个不同凡响的革命浪漫主义诗人，目光高远，胸襟博大，雄才伟略，气度非凡，充满魅力。这幅照片展示出来的风采，是人民领袖的真实写照，毛主席的微笑是胜利者的微笑。周令钊的观点得到大家的一致赞同。筹备组将初选的用于画像的照片报给周恩来，周恩来表示赞同。

周令钊精心绘制了毛主席的画像，红色底，黑白画像，别具一格。挂到墙上，灯光一照，毛主席容颜焕发，满堂生辉。

会场里有八个柱头，周令钊在上面设计了八块红色的牌子，用庄重的字体分别书写毛主席提出的国共谈判 8 项条件：

一、惩办战争罪犯；

二、废除伪宪法；

三、废除伪法统；

四、依据民主原则改编一切反动军队；

五、没收官僚资本；

六、改革土地制度；

七、废除卖国条约；

八、召开没有反动分子参加的政治协商会议，成立民主联合政府，接收南京国民党反动政府及其所属各级政府的一切权力。

牌子上的字是黑色的，与红底交相辉映，端庄厚重；牌子的上部是一只精心雕琢的展翅飞翔的白色和平鸽，表意清晰明确，会场的色彩气氛生动和谐。

周令钊还领着大家对会场的桌椅、灯光、音响等进行了细致的调整，使谈判会场大气、庄严、正义。

事后，周令钊听说，中央领导同志对谈判会场的设计布置很满意，特别是对他绘制的毛主席画像给予了很高评价。

3 月 26 日，中共中央通知南京政府，以毛泽东八项条件为基础，于 4 月 1 日在北平举行和谈。4 月 1 日，南京政府派出由张治中（首席代表）、邵力子、刘斐、章士钊、黄绍竑、李蒸组成的和谈代表团抵平。中共方面首席代表为周恩来，代表是：林伯渠、叶剑英、林彪、李维汉，后来又加派聂荣臻为代表。

中国共产党代表团与国民党代表团（代表南京政府）在六国饭店进行了多场停火谈判。集中谈判，在周令钊他们设计的会场进行。

为了充分交换意见，4 月 2 日至 12 日，双方代表先进行了个别商谈。13 日至 15 日，双方代表团进行了实质性磋商，拟定《国内和平协定（最后修正案）》，并商定于 20 日签字。远在南京的代总统李宗仁接到《国内和平协定》后，立即向蒋介石请示，蒋介石闻之大怒，大骂“文白（张治中）无能，丧权辱国”，拒绝签字，和平谈判宣告破裂。

20日当夜，毛泽东和朱德发出《向全国进军的命令》，人民解放军在东起江苏江阴，西迄江西湖口的千里长江上，百万雄师强渡长江，先后解放了杭州、武汉、上海。4月23日晚，东路陈毅指挥的第三野战军占领南京，南京政府垮台。人民解放军共歼灭国民党军43万余人。

和谈失败后，国民党政府决定派飞机接他们的代表团回南京复命。在中共方面的诚意挽留下，以张治中为首的南京政府和谈代表团全体成员决定留在北平。

…… …… ……

在徐悲鸿家举办婚礼

1949年，30岁的周令钊已是大龄青年。

端庄秀美、聪慧勤奋的陈若菊，是周令钊任教的国立北平艺专实用美术系三年级学生，也是学生代表，祖籍河北安新白洋淀，出身于书香门第，祖父是秀才，父亲陈兆年是北京师范学院中文系教授，古汉语研究专家。

周令钊到艺专后，领衔完成过中央、学校交办的系列任务，包括迎接解放军入城宣传准备、六国饭店国共谈判会场设计布置，其中都有陈若菊的身影；陈若菊也喜欢与同学到周令钊布置考究的宿舍去玩儿。一种相互爱慕的力量悄然融入他们的血脉，师生之情逐步演变成师生恋情，最终走到了一起。

虽然周令钊比陈若菊大8岁，但老师和同学们都觉得这是郎才女貌的一对儿。

陈若菊领着周令钊见了父母，双亲很高兴，背地里夸周令钊是个好小伙。

但周令钊一直有个心结没有解开。

周令钊在长沙住稻谷仓的时候，由于长沙气候湿热，生活艰辛，缺医少药，加上当时医疗技术不过关，“痨病”（肺结核）在此常常夺人性命，而且传染性极高，得此病者会咯血而死，他的左右邻舍中就有三人因“痨病”死去。因为是熟人，他都去看望过他们。据说得“痨病”的人死时，细菌四散，极易感染。他在华中美专的同学、好友李纯先也得了“痨病”，他们曾同住一个宿舍，弥留之际还特地叫周令钊去医院检查一下，免得后悔。周令钊一直担心自己已被感染，但不敢去医院检查，害怕万一真的检查出“痨病”来，就要与若菊分手了。想到已经与若菊这么好了，如果结了婚，传染给她，那就是大罪过了。于是，鼓足勇气去医院照了个 X 片，医生说，没事。对于周令钊，这简直是一大喜事。

水到渠成的时候，双方都觉得该办婚事了，要挑个最好的日子。周令钊说，那就七一吧，7 月 1 日，是党的生日。陈若菊向父母一说，父母也觉得这个日子特别好。

徐悲鸿夫人廖静文[4]知道周令钊是被徐悲鸿“挖”过来的，加上与周令钊又是湖南老乡，就经常招呼周令钊到她家吃饭，用长沙方言聊天；徐悲鸿有时也跟廖静文讲讲艺专的事，当讲到周令钊时有些扬扬自得，说自己看人没看走眼；因为这层关系，周令钊也时常去徐悲鸿家里走动。徐悲鸿夫妇就像对待家人一样对待周令钊和陈若菊，亲近而充满信任。

有一次，周令钊在徐悲鸿家里吃饭，有人送来中南海的一个大信封，是机密件。徐悲鸿当着周令钊的面打开一看，是毛主席为新组建的中央美术学院题写的校名手迹。这是周令钊第一次看到毛主席书法的真迹，一种幸福感顿时涌上心头。徐悲鸿当即交给周令钊，叫他赶紧送到美院教具组戴泽老师那里制作校牌，并嘱咐他转告戴泽和韦其美，要赶紧做好，等着用。

得知周令钊和陈若菊要办婚礼了，徐悲鸿、廖静文夫妇就找到周令钊，说：“令钊和若菊的婚礼，就到我们家里办。”

（4） 廖静文（1923—2015），湖南长沙人，1945 年与徐悲鸿结婚，协助徐悲鸿工作并照顾其生活，直到 1953 年 9 月 26 日徐悲鸿突发脑溢血逝世。徐悲鸿逝世后，廖静文将徐悲鸿留下的 1200 余幅作品及徐悲鸿收藏的唐、宋、元、明、清和近代著名书画 1000 余幅，以及图书、图片、碑拓、美术资料等万余件全部捐赠给国家，并捐出了北京的一套寓所以建立徐悲鸿纪念馆。1957 年任徐悲鸿纪念馆馆长、研究馆员、徐悲鸿画室主任，中华全国妇女联合会常委，全国政协第七届委员、第八届常务委员，著有《徐悲鸿一生》（传记）。

1949 年 6 月 20 日，周令钊与陈若菊到照相馆拍了这张订婚照。两个多月后，他和助手并夫人陈若菊画了开国大典悬挂于天安门城楼上的毛主席像

廖静文和她的姐姐廖学文带着陈若菊去南城的大栅栏买了些布料做了结婚时穿的新衣，周令钊也添置了一身。周令钊和陈若菊将宿舍布置成新房，准备完其他该准备的事情，就到了婚礼的前夜。

徐悲鸿派出自己的小车去接新娘。陈若菊的父母、亲人都来了，周令钊家里没有来人，太远。

1949 年 7 月 1 日，一场简朴而庄重的婚礼在徐悲鸿家的院子里举行。徐悲鸿主持婚礼兼作证婚人并发表热情洋溢的讲话，当场将他创作好的一幅《双马齐奔图》送给这对新人。

廖静文忙这忙那，吴作人的夫人萧淑芳笑呵呵地老说新娘真漂亮。江丰、艾青、王朝闻等联名送了新人一本列宁的《论马克思恩格斯及马克思主义》精装读本。周令钊的学生、陈若菊的同学做伴娘，艺专来参加婚礼的老师、学生为新人送来了热情的祝福。周令钊在法式面包房订制了一个三层大蛋糕，很大。

徐悲鸿家这个精致的院子里，喜气洋洋。

徐悲鸿说："今天令钊、若菊的这场婚礼，本来还会有更多的人要来，但他们现在正在先农坛听毛主席的七一讲话。那就让他们回来后去闹洞房吧！"

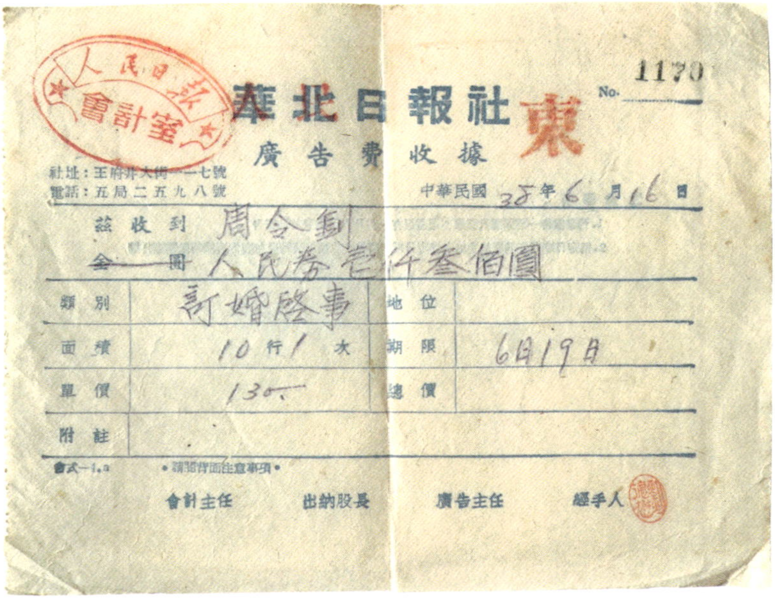
華北日報社
廣告費收據
No. 1170
人民日報 會計室
東
社址：王府井大街一一七號
電話：五局二五九八號
中華民國 38年6月16日
茲收到 周令釗
金圓 人民券壹仟叁佰圓

類別	訂婚啓事	地位	
面積	10行1次	期限	6月19日
單價	130.	總價	
附註			

會計主任 出納股長 廣告主任 經手人

1949 年6月19日，在《人民日报》（原《华北日报》）发布周令钊、陈若菊《订婚启事》的广告费收据。6月16日周令钊去报社办的手续

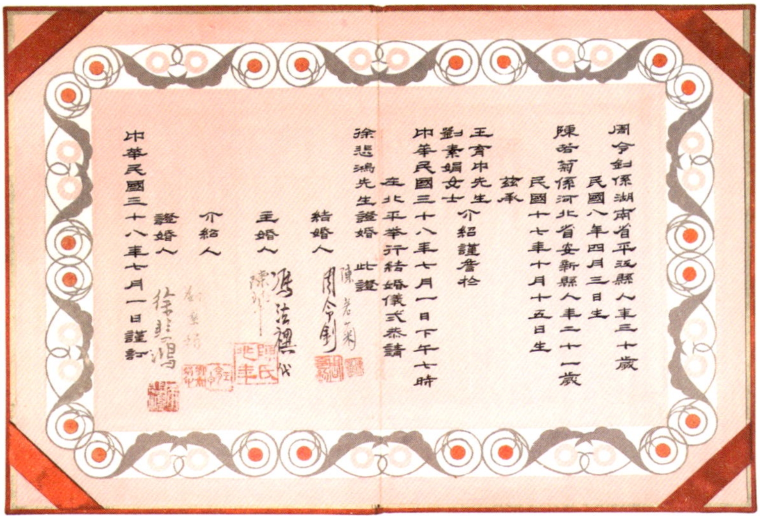
周令釗係湖南省平江縣人年三十歲
民國八年四月三日生
陳若菊係河北省安新縣人年二十一歲
民國十七年十月十五日生
茲承
王育中先生
劉素娟女士介紹謹詹於
中華民國三十八年七月一日下午七時
在北平舉行結婚儀式恭請
徐悲鴻先生證婚 此證
結婚人 周令釗 陳若菊
主婚人 馮法禩 陳兆年
介紹人 劉素娟
證婚人 徐悲鴻
中華民國三十八年七月一日謹訂

周令钊和陈若菊设计、绘制的结婚证书内页。主婚人冯法祀、陈兆年，介绍人刘素娟，证婚人徐悲鸿，结婚人陈若菊、周令钊在结婚证书上一一签名盖章

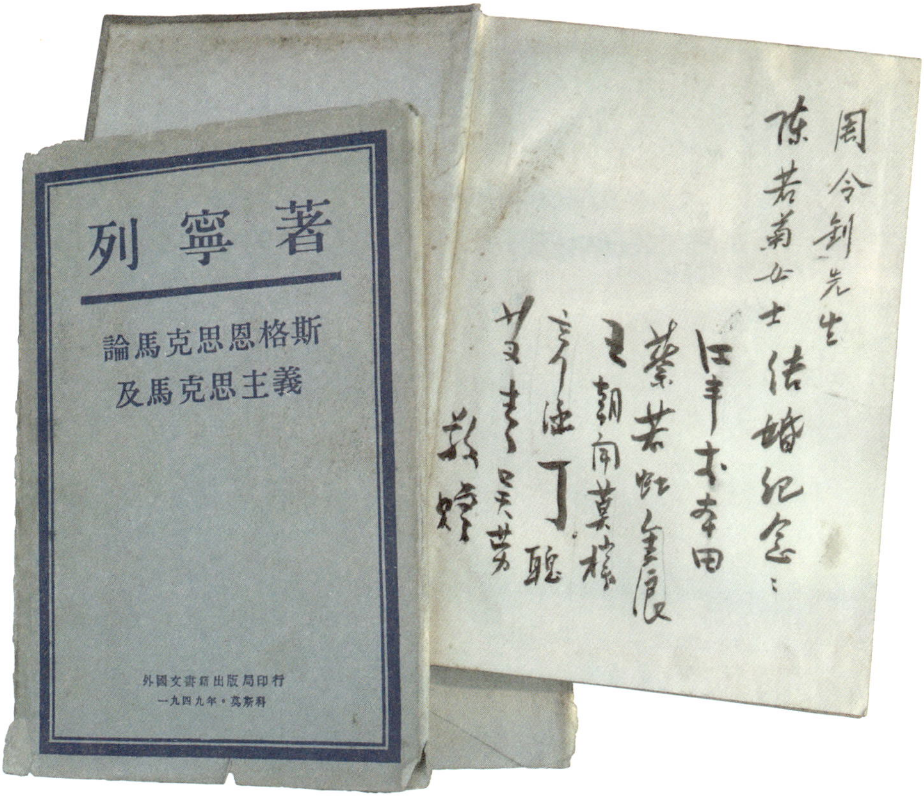

1949 年7月，江丰等十位同志赠送给周令钊和陈若菊列宁的著作《论马克思恩格斯及马克思主义》，作为结婚纪念

下·篇

开国大典 天安门上画毛主席像
1949年周令钊年三十 陈若菊年二十一 敬画
2008年周令钊年八十九 回忆作画现场

爲人民服務

前页图：
《1949年开国大典天安门城楼毛主席画像作画现场》/纸本水粉/46cm×72cm/2008年

1949 年9月，30岁的周令钊与21岁的陈若菊合作绘制开国大典悬挂于天安门城楼的毛主席画像时，自己没有相机，也没有其他人来拍摄影像资料，但此情此景却刻进了周令钊的记忆深处。近60年后的2008年冬，周令钊回忆创作了这幅画。画面中，站在脚手架上的是陈若菊，在画像前拿着毛主席照片比对绘制效果的是周令钊自己

第六章

/

国 家 形 象

/

…　…　…

绘制开国大典天安门城楼毛主席像

1949年9月的一天，国立北平艺专党委书记江丰[1]找到周令钊，说："新政协会议筹备会决定，10月1日在北平天安门广场举行开国大典。开国大典筹备处把绘制天安门城楼毛主席像的任务交给我们学校。我和徐校长商量后，决定请你来画。"江丰还说："中央领导同志对你画的六国饭店国共谈判会场的毛主席像很满意，相信你能够完成好这个光荣的任务。"

开国大典在天安门城楼上悬挂毛主席像，是中国共产党人28年艰苦卓绝奋斗成就的重要宣示。

从踏上武汉征程的那一天起，在血与火的战争中，周令钊向往毛主席领导的"山那边好地方"，深切地感受到了毛主席的伟大力量和魅力。今天，他要为这位伟大领袖绘制开国大典用的画像，崭新而令人激动的使命充盈在他的心头！周令钊十分高兴地接受了这个光荣而艰巨的任务。

绘制领袖画像的工作立即紧张开展起来。

9月上旬，蜜月过后不久的周令钊和陈若菊先是到天安门城楼看现场，量了尺寸，规划了画像的大小，在开国大典筹委会提供的一组备选照片里挑选了一幅毛主席的照片作为绘画参考。他挑的还是郑景康拍摄的毛主席头戴八角帽、敞开衣领、微笑望远的那一幅。按照领导的要求，像的下半部还要放上毛主席的手书"为人民服务"五个字。

绘制工作面临三个难题：一是画幅大，6.2m×4.8m，有两层楼那么高，但没有画画用的专业升降机；二是如果画在

（1）江丰（1910—1982），祖籍上海，擅长版画、美术理论、美术教育。1931年参加上海左翼美术活动，筹建上海一八艺社研究所，继而参加鲁迅举办的木刻讲习所。1938年赴延安，负责编辑《前线画报》，后任鲁迅艺术学院美术部主任。1949年当选中华全国美术工作者协会副主席，1951年任中央美术学院副院长。1957年被错划为右派，1979年冤案得以平反，出任中央美术学院院长，当选中国美术家协会主席。

油画布上，如此大的画像可能被风鼓动，被雨雪侵蚀，既影响观瞻，也不利于长期悬挂保存；三是筹委会提供的毛主席相片小，需要精准放大，但没有专业的放大设备。

难题很快被周令钊破解。他在抗战年代就有过大壁画放大经验，有过舞台美术和室外大广告牌的设计与放大的丰富经历。周令钊请筹委会帮忙找人在天安门城楼大殿东侧的露天台上搭了个脚手架。用马口铁皮钉在结实的木框上代替画布，用油画颜料直接画；没有放大机，就用打格放大法，先在照片上面打格，放大一个稍大一些的中稿，然后在这个稿子上再打格放大到马口铁制画面上。尺子不够长，就用裁缝师傅的办法用粉线袋弹线打格。为了深入刻画领袖的风采，周令钊需要从脚手架上爬上爬下，比对、观察。

在为开国大典绘制毛主席像的 10 多天里，周令钊夫妇每天自备馒头和咸菜，拎着暖水瓶就上了天安门，一画就是一整天，直到太阳下山。

9 月 30 日晚，开国大典筹委会副主任、北京市市长聂荣臻特意到天安门城楼察看画像绘制情况。站在即将被起吊到城楼上安装的画像前，仔细看了很久，发觉主席画像的领口是敞开的，便说："画得不错，也很像，神情也好，但明天是开国大典，主席的风纪扣还是扣上比较好，领子扣起来与开国大典的庄重时刻更相宜。"

周令钊立即动手修改，用画笔很快就将毛主席像上的风纪扣"扣"上了。此时，满城华灯初上。他和陈若菊便放心地回到位于五老胡同的家中休息，准备参加第二天的开国大典。

可刚躺下不久，就听到有人敲门，说："毛主席画像已经挂到了天安门城楼上，中央首长看过了，认为像上还是不写字的好。"

原来，周恩来总理来到天安门广场视察开国大典筹备工作，看见挂到城楼上的毛主席画像下沿有一行字，总理提出：主席像上还是不要写字为好，广场那么大，字在衣服上很小，远处看不清，也不协调，破坏了毛主席像的完整性。

周令钊赶到天安门时，几个聚光灯把画像照得通亮，用三个木梯绑接起来的长梯也靠在毛主席像下方了。周令钊拿着画具爬上去，梯子一晃一晃的，脚下是黑黑的门洞，站在下面看的人都觉得心里很不踏实，生怕周令钊掉下来，好在他没有恐高症。画像有 4 米多宽，在晃晃悠悠的梯子上画完一边，下梯，挪动梯子再上梯画另一边。几上几下，直到看不出改动的痕迹才离开，那时，天已露出曙色。

1949年，新生的人民共和国开国大典前夕，周令钊与夫人陈若菊合作绘制的《开国大典天安门城楼毛主席画像》。10月1日下午，毛主席就站在天安门城楼这幅巨幅画像的上方庄严宣告中华人民共和国的成立

10月1日，周令钊和陈若菊赶到学校和艺专的师生们集体前往天安门广场参加开国大典，艺专的队伍就在广场东侧（现国家博物馆附近）。这是一个永远令中国人刻骨铭心的日子。这一天，北京30万军民聚集在天安门广场，人群和旗帜、彩绸、鲜花、灯饰，汇成了喜庆的海洋。

下午3时，在国歌《义勇军进行曲》的乐曲声中，中央人民政府主席、副主席和委员就位。

人民领袖毛泽东庄严宣布："中华人民共和国中央人民政府成立了！"

毛泽东亲手按动电钮，第一面五星红旗在天安门广场冉冉升起。与此同时，代表着参加中国人民政治协商会议第一届全体会议的54个民族的54门礼炮齐鸣28响，它标志着中国共产党领导中国人民英勇奋斗28年，终于取得了中国新民主主义革命的最后胜利。

升旗之后，毛泽东宣读《中华人民共和国中央人民政府公告》，紧接着举行了规模浩大的阅兵式和群众游行，庆祝活动持续到晚上9点多钟才结束。人们为新

万众欢腾的开国大典（摄影：孟昭瑞 / 图片提供：视觉中国）

《参加在北京灯市口贝满女中校园内举办的“中国共产党党员培训班”》/ 纸本钢笔 / 1949 年

中国的诞生而欢呼，为中华民族的新纪元而欢呼！

在欢腾的人海中，望着自己绘制的毛主席画像，周令钊和陈若菊抑制不住内心的兴奋和激动。

遗憾的是，几十年后，周令钊和陈若菊满腔心血绘制的开国大典的毛主席画像已下落不明，只有当年拍摄的一些黑白影像资料还时不时出现在影视屏幕上。

但难忘，已刻进他们的血脉。

~ ~ ~

未能与新中国同时诞生的国徽

1949年10月1日开国大典时，华南的广东、广西、海南，华东福建的一部分，西南全部（包括四川、西康、贵州、云南、西藏）均未解放，新疆虽已宣布和平起义，但解放军尚未到达迪化（乌鲁木齐），更不要说还有台湾。

开国大典上，毛主席宣读《中华人民共和国中央人民政府公告》后，朱德总司令检阅了海陆空军，并宣布《中国人民解放军总部命令》，命令“中国人民解放军全体指战员、工作员，坚决执行中央人民政府和伟大的人民领袖毛主席的一切命令，迅速肃清国民党反动军队的残余，解放一切尚未解放的国土，同时肃清土匪和其他一切反革命匪徒，镇压他们的一切反抗和捣乱行为。”

到1950年6月，残存在华东、华南、西南、西北战场上的国民党军被歼灭，仅有少量逃往台湾。1951年西藏和平解放。至此，解放军完成了解放全国大陆和近海岛屿的任务，统一了中国大陆。

开国大典之前，国徽图案与国旗图案、国歌词谱的征稿同时进行。

1949年6月，新政协筹备会指定以马叙伦为组长，叶剑英、沈雁冰为副组长，张奚若、田汉、沈雁冰、马寅初、郑振铎、郭沫若、翦伯赞、钱三强、蔡畅、李立三、张澜、陈嘉庚、欧阳予倩、廖承志等为成员的筹备会第六小组负责拟定国旗、国徽、国歌方案。

7月4日，第六小组第一次会议决定：登报公开征求国旗、国徽图案和国歌词谱，设立国旗国徽评选委员会和国歌评选委员会。

7月12日，新政协筹备会制定了《征求国旗国徽图案及国歌词谱条例》。

从7月15日至26日，经毛泽东、周恩来修改审定的《新政治协商会议筹备会为征求国旗国徽图案及国歌词谱启事》，分别在《人民日报》《北平解放报》《新民报》《大众日报》《光明日报》《进步日报》《天津日报》等各大报纸连续刊登。国内各报和香港及海外华侨报纸也纷纷转载，在全国人民和海外华侨中引起热烈反响。

启事发出短短一个多月时间内，共收到来自海内外，包括当时尚未解放的国民党统治区的应征国旗图案2992幅，国歌歌谱632件，歌词694首，国徽图案900幅。

8月5日，第六小组第二次全体会议决定，聘请徐悲鸿、梁思成和艾青参加国旗国徽评选委员会，聘请马思聪、贺绿汀、吕骥和姚锦新参加国歌评选委员会。

8月16日至20日，政协筹备委员会在北京饭店413会客室特设临时选阅室，将所有应征设计稿集中陈列、展示。在国旗的讨论中，经过反复比较筛选，政协国歌国旗国徽评选委员会从2992幅国旗图案中精选出38幅印刷成册，发给出席新政协会议的每一位代表。

9月23日，新政协全体代表662人分为11个小组，对国旗、国徽、国歌、纪年、国都等进行了认真的讨论。

在充分讨论的基础上，9月25日，毛泽东、周恩来在中南海丰泽园召开国旗、国徽、国歌、纪年、国都等协商座谈会。郭沫若、沈雁冰、黄炎培、陈嘉庚、张奚若、马叙伦、田汉、徐悲鸿、李立三、洪深、艾青、马寅初、梁思成、马思聪、吕骥、贺绿汀等出席座谈会。毛泽东首先谈了对国旗的意见。他拿起由曾联松设计的五星红旗的方案说：“这个图案表现了我国革命人民的大团结。现在要大团结，将来也要大团结。现在也好，将来也好，又是团结又是革命。”毛泽东讲完，与会者一致鼓掌同意。

9月27日，新政协第一届全体会议通过了《中国人民政治协商会议组织法》和《中华人民共和国中央人民政府组织法》。同时，全体一致通过了关于国旗、国歌、国都、纪年的四个决议案。

国徽稿件和图案虽各具特色，但都有不足之处，故都未被采纳。

… … …

参 与 国 徽 设 计

在《新政治协商会议筹备会为征求国旗国徽图案及国歌词谱启事》中，明确提出了对国徽设计的要求：

（甲）中国特征；

（乙）政权特征；

（丙）形式须庄严富丽。

据1949年8月5日下午3时半，在北京饭店六楼大厅召开的政协第六小组（任务是拟定国旗、国徽、国歌方案）第二次全体会议记录，当时已经收到的国徽设计稿因不符合上述三条原则而被否定。这次会议决定聘请徐悲鸿、梁思成、艾青为国旗、国徽初选委员会顾问，并在周恩来的指示下成立了两个设计小组。

一个是中央美术学院组，由实用美术系主任张仃[(2)]担任组长，成员有张光宇、周令钊、钟灵等。另一个是清华大学组，由营建系主任梁思成[(3)]担任组长，成员有林徽因、李宗津、莫宗江、朱畅中、高庄、汪国瑜、胡允敬、张昌龄，以及研究中国古建筑的学者罗哲文等。

为了赶在1950年的国庆节挂上新国徽，两个设计组的专家和学者们，对各种构思和设想认真推敲，反复研究。据说，梁思成、林徽因夫妇还抱病参加设计工作。

大家怀着极其兴奋的心情，决心拿出最美好的设计，为祖国增光。

在造型上，两个设计组在设计过程中还参考了各国国徽图案，并对我国古代的铜镜、玉璧、玉瑗等礼仪文物的装饰纹样及工艺效果进行了研究和借鉴。

当两组方案放在一起比较时，风格大相径庭。

中央美术学院组，周令钊看了张仃、张光宇的设计方案

（2） 张仃（1917—2010），辽宁黑山人，国画家、漫画家、壁画家、书法家、工艺美术家、美术教育家、美术理论家。历任中国文联委员、中国美术家协会常务理事、中国美术家协会全国壁画工作委员会主任委员、中国工艺美术家协会副理事长、中国画研究院院务委员、黄宾虹研究会会长、中央工艺美术学院教授、院长等职。

（3） 梁思成（1901—1972），籍贯广东新会，生于日本东京，时任清华大学营建系主任，是建筑历史学家、建筑教育家和建筑师。梁思成的父亲梁启超（1873—1929），清朝光绪年间举人，中国近代思想家、政治家、教育家、史学家、文学家，戊戌变法（百日维新）领袖之一，中国近代维新派、新法家代表人物。

后，提出天安门上方一颗五角星的表现太像越南国徽。他建议将一颗五角星改为五颗五角星。当时新中国的五星红旗已在1949年10月1日开国大典公之于众，他认为新中国国徽采用新国旗图案最准确。因为五颗五角星象征共产党领导下的全国各民族各阶层人民团结在党的周围。他画了一幅“五星红旗下的天安门”的设计草图交给中央美院国徽设计组组长张仃。张仃将此方案一并上报。

中华人民共和国国徽

张仃在《国徽应征图案设计含义》中阐述道：

一、红色齿轮，金色嘉禾，象征工农联盟。齿轮上方，置五角金星，象征工人阶级政党——中国共产党的领导；

二、齿轮嘉禾下方结以红带，象征全国人民大团结，国家富强康乐；

三、天安门——富有革命历史意义的代表性建筑物，是我五千年文化，伟大，坚强，英雄祖国的象征。

梁思成小组设计的国徽方案，核心内容是一块玉璧，设计理念为：玉璧有国器的象征，也含指祖国统一，完璧归赵。文人气息浓郁。与此同时，林徽因诚恳地列举了她参考的其他国家的国徽为例，认为一个国家的国徽不应该放进去建筑物，尤其有帝王之气的天安门。

1950年6月20日晚，全国政协国徽审查组最后一次讨论了国徽方案，周恩来主持了这次讨论。那天晚上，清华大学设计组和中央美院设计组的方案摆放在会场。周恩来认真听取审查小组全体成员的汇报后，采纳了李四光、张奚若、邵力子等绝大多数委员的意见，决定在中央美院组设计方案的基础上深入刻画和成型制作。同时，周恩来对稻穗造型提出具体的意见。周恩来话音刚落，全场响起热烈的掌声。

“张仃同志作为中央美院设计组组长参加了这次会议，回来后，告诉我们这一令人振奋的消息，我们非常兴奋。能为祖国尽一份力，无上光荣！”周令钊说。

6月21日，国徽审查小组的马叙伦、沈雁冰向政协全体大会提出了审查报告。

6月23日，政协全体大会一致通过了国徽方案。6月28日，中央人民政府通过了政协关于国徽图案的建议。

国徽方案最终确定后，交由清华大学组的成员们对平面设计图做了精准地刻画后，由清华大学教师、设计艺术家高庄进行定型设计，塑造成浮雕模型。

高庄就是周令钊在武昌艺专时的班主任，原名沈士庄。没想到，10多年后他们竟然成为新中国国徽设计的师生搭档。这对于他们来说，是一件多么值得骄傲和荣耀的事情！

1950年9月20日，中央人民政府主席毛泽东签署命令，向全国公布国徽图案及说明：

> 国徽的内容为国旗、天安门、齿轮和麦稻穗，象征中国人民自五四运动以来的新民主主义革命斗争和工人阶级领导的以工农联盟为基础的人民民主专政的新中国的诞生。

这是一件凝聚了集体智慧和人民向往的完美杰作。四颗小五角星环绕一颗大五角星，象征着中国共产党领导下的全国人民的大团结；齿轮和麦稻穗象征着工人阶级领导下的工农联盟；天安门则体现了中国人民的革命传统和民族精神，同时也是首都北京的象征。国徽在颜色上用正红色和金黄色互为衬托对比，体现了中华民族特有的吉寿喜庆的民族色彩和传统。

从此，新生的人民共和国庄严而富丽的国徽诞生了！

1953年11月26日，周令钊加入中国美术家协会

《中国美术家协会章程》称，协会是中国共产党领导的由中国各民族美术家组成的人民团体，是党和政府联系美术界的桥梁和纽带，是中国文学艺术界联合会的团体会员，是繁荣社会主义美术事业、建设社会主义文化强国的重要力量

为新中国
设计新版人民币

新生的人民共和国为重建战后经济，改变旧的经济结构，建立新的经济体系，制定了一系列方针政策。与此同时，新的货币制度改革大幕也正式开启。

1950 年 4 月的一天，中国人民银行印刷局副局长王显周和北京造币厂厂长贺晓初来到中央美术学院党委副书记罗工柳的家。他们告诉罗工柳，中央决定设计新的人民币，这套人民币是中国人民银行将要发行的第二套，请他来负责主持设计工作，当设计组组长，组织优秀专家设计，但必须严格保密。罗工柳愉快地接受了任务，但他说，自己是搞绘画的，人民币设计属于平面设计，平面设计不是他的专长。他向王显周和贺晓初推荐了周令钊。

罗工柳所说的平面设计与绘画虽然同属造型艺术，却是两门不同的专业，二者虽有所关联，但在功能上有本质的区别。绘画是通过笔、颜料等材料在纸、布、墙面等表面上绘出图像，它可以是画家的纯个人行为，用形与色的表现自主传播作者的所感、所悟。平面设计涵盖钞票、邮票、招贴、包装、书籍等设计门类，既需要有绘画造型的表现能力，更需要按照明确的传达目的及使用功能，通过版面设计将图像、色彩、文字三种视觉传达要素有机得当地组织在一起，有效成功地进行视觉信息传播。

平面设计是一个多限制性艺术造型工作，而绘画是一个多自由性艺术造型行为。罗工柳认为，周令钊有十多年设计实践，并师从印刷、印钞业专家柳溥庆。设计思路清晰，功力深厚，画过开国大典天安门城楼毛主席像，参与了国徽设计，既能画又能搞设计，而且还很年轻，干劲足。他建议由周令钊来担任人民币票面的总体设计，如有需要，由他来点兵，组成专家组合作完成。

关于为什么要设计新版人民币，王显周与罗工柳还谈了很多。1948 年，随着人民解放战争的顺利进行，分散的各解放区迅速连成一片，军民交往、物资交流、贸易往来日益频繁，这就要求各解放区统一财经政策与货币，急需一种统一的货币替代原来种类庞杂、决算不便的各解放区货币。12 月 1 日，经中央批准，中国人民银行在石家庄市中华北大街原 11 号（现 55 号）的小灰楼宣告成立，华北人民政府主席董必武等发布《华北人民政府布告——［金字］第四号》，宣告“华北银行、北海银行、西北农民银行合并为中国人民银行”；“于本年 12 月 1 日起发行中国人民银行钞票”。这种钞票就是第一套人民币。但第一套人民币是国家仍然处于战争环境下发行的货币，面额过大，设计、印刷比较粗糙。而且，币种繁多，币别复杂，有 12 种面额，62 种版别，其中 1 元券 2 种，5 元券 4 种，10 元券 4 种，20 元券 7 种，50 元券 7 种，100 元券 10 种，200 元券 5 种，500 元券 6 种，1000 元券 6 种，5000 元券 5 种，10000 元券 4 种，50000 元券 2 种。最大面额为 50000 元，单位价值较低，在流通计算时，以万元为单位，不利于商品流通和经济发展，给人民生活带来很大不方便。中央领导明确指示，新中国应有高质量的统一货币，应由美术专家来设计。

王显周接着说，人民币代表着国家财富，是国家主权的象征。按照中央的要求，这套人民币要体现出新中国社会主义建设的新风貌，表现中国共产党革命的战斗历程和各族人民大团结的主题思想，要好看、好认、好算、好使，图案完整精致、让全国各族人民印象深刻。

王显周临走前，反复叮嘱罗工柳说：“设计人民币的工作属于国家保密任务，不能告诉任何人，即使是你的家人，你也不能说。”

参与人民币设计人员名单经过严格审查获得批准后，罗工柳特地代表组织正式找周令钊夫人陈若菊谈过一次话。罗工柳的话不多：“经组织决定，令钊要完成一项国家重要任务，保密要求很高，有时要住在外面，请不要打听他去干什么。当然，到时候你会知道的，但现在不能告诉你。希望能够得到你的理解和支持。”

陈若菊点点头，也没有多说什么。直到 1959 年，第三套人民币设计工作启动，陈若菊也被调入人民币设计专家组，才知道周令钊 8 年来从事的是一件什么样的“国家重要任务”。

“组织”“国家”是神圣的，更是至高无上的。接到任务后，周令钊立即住进了地处北京白纸坊的“五四一厂”（现北京西城区白纸坊街 23 号）。这是一个国家一级保密单位，戒备森严，直到 20 世纪 70 年代末才被解密，挂上了“北京印钞厂”的牌子。

北京印钞厂（现北京印钞有限公司前身）始建于 1908 年，是中国历史上第一家采用雕刻钢版凹印工艺印制纸币的官办印钞企业，也是中国最早印制邮票的企业。新中国成立后，奉命先后参与了新中国第一至第五套人民币和中银港钞、澳钞的设计与印制，为10多个国家和地区印制了货币，还设计、印制了人民币第一张塑料钞票——迎接新世纪纪念钞，以及印制了第29届奥运会人民币纪念钞、澳门币纪念钞。

周令钊拎着包出门时，陈若菊问他去干什么，周令钊说：“有事。”

“啥事？”陈若菊笑着问。

周令钊还是说：“有事。”

心领神会的陈若菊便爽快地说：“有事就有事，去吧。”

北京印钞厂在一座专家楼中为长住在此的周令钊安排了单独的卧室、专门的办公室，还配备了专门的“助手”。

周令钊先是翻阅了古今中外关于货币方面的大量文献资料，进而研究世界各国钞票票面设计，然后对中国历史文化和新中国成立方针进行了深入研究，寻找新版人民币设计的灵感触发点。

最初的讨论在罗工柳与周令钊之间进行。

为了拿出可供讨论的“靶子”，周令钊不断地将思考的过程画下来。他画的每一页纸，哪怕是一个小纸片，只要那片纸上有笔画过的痕迹，哪怕是一个不成形的图案，一根线条，都不能随便乱丢，不能丢进垃圾桶，更不能带出门，必须由现场“助手”编号、登记，装订成册，然后交印钞厂保密管理部门存档。

为了尽可能减少废纸存档的数量，周令钊打草稿时在一张纸上尽量多画一点，画足它。

周令钊进出印钞厂大门是要登记的，何时进，何时出，都有详细的登记。周令钊多次到北京故宫、颐和园、五塔寺等临摹古石雕、石刻和铜器上的花纹和图案，先后画满了一大摞速写本。他还专门到山西大同云冈、甘肃敦煌石窟等地写生、临摹。

灿烂的中国古代艺术将自然界的植物、浮云通过变形，演化成各种装饰纹样，运用到器皿、织物、家具以及建筑物上的做法给了周令钊以穿越时空的灵感，他打破在钞票布局上传统的四框结构，把这些极富民族风格的纹饰用在票面装饰上，产生了耳目一新的艺术效果。

人民币的设计牵动了毛泽东、周恩来、邓小平、陈云、李先念等中央领导。周恩来亲自审核设计、印刷方案及每一个票版的画稿，提出了许多具体的修改意见，使第二套人民币设计主题思想明确，主辅币结构合理，设计庄重美观，图案颜色新颖，印制技术先进，防伪工艺独到。

设计之初，罗工柳和周令钊商量确定，综合世界各国货币的特点，在2角、1元、5元钞票主图设计上安排有毛主席像，如：2角票面主图的火车头上挂了毛主席像，1元票面主图的天安门城楼上也挂了毛主席像，5元票面主图的各族人民抬有一幅毛主席像。

设计方案出来以后，人民银行行长南汉宸将设计稿送给周恩来看，再由周恩来交给毛主席审查时，没想到主席不同意。毛主席说："不能用我的像，要表现人民群众。"

周令钊按照领袖的要求，将设计稿上的毛主席像擦掉。在5元票面主图的素描稿上，清晰地留着被擦掉的毛主席像的痕迹。因为设计中毛主席像被取消了，成为"文化大革命"中周令钊的一大罪状："为什么不在人民币上设计毛主席像?！"

因为设计工作量大，一切靠手工，任务十分繁重。在请示罗工柳后，周令钊请王式廓[(4)]按照整体设计方案要求绘制了10元票面中表现工农联盟的素描主图。

按照中央批准的设计方案，人民币分主币和辅币两种，主币单位为元，辅币单位为角、分，共设置16种版本、11种面额：

主币：1元、2元、3元、5元、10元。

辅币：1角、2角、5角；1分、2分、5分。

第二套人民币主币1元、2元、3元券采用北京天安门、延安宝塔山、井冈山龙源口三个革命圣地图景；5元、10元券采用民族大团结和工农联盟图景，表现了中国革命的历程和全国各族人民的大团结。

辅币主景采用汽车、飞机、轮船、拖拉机、火车、水电站等生产和交通运输工具以及能源设施，体现了新中国社会主义建设的崭新风貌。

票面规格按面额大小辅币与主币分档，券别与券别递增；主色调券别配置，票种间有明显区别；在印刷技术上也有所区别，3种分币采用胶版印刷，角币、元币采用胶凹套印，10元券运用当时先进的接线技术。

钞票式样消除了第一套人民币特有的战时货币痕迹，打破了原有的固定的

周令钊绘制的第二套人民币5元票面中心铅笔素描稿——各民族人民大团结，画稿上可见毛主席像的修改痕迹

四边框形式，采用了左右花纹对称的新规格；整个图案、花边、花纹线条鲜明，精密、美观、活泼，具有浓厚的中华民族文化风格。

人民币首次采用了藏族、蒙古族、维吾尔族三种少数民族文字的“中国人民银行”和各种面额字样。为保证在人民币上使用的少数民族文字准确无误，人民银行总行联手国家民委，寻找当时有名的少数民族书法家书写，并经内蒙古、新疆、西藏自治区人民政府主要领导人签批，国家民委校审，最后由政务院批准采用。

第二套人民币从1分到10元的11种票样，正反22面设计稿，全部由周令钊一张张画出来。因为要送中央领导审查，使审查者看到人民币的真实样子，必须画成与真钞同样大小的画面。由于钞票设计稿画幅小，那时又没有电脑或缩放设备，

（4）王式廓（1911—1973），山东掖县（今莱州市）人，曾留学日本，在延安鲁迅艺术学院美术系任教员兼研究员8年，中华人民共和国成立后历任中央美术学院教授、研究部主任，中央美术学院委员会委员，中国美协常务理事等职，是当代中国革命现实主义画家和人民美术教育家。王式廓是一位多才多艺的艺术家，一生留下了许多优秀的作品，其中包括人们熟悉的油画、木刻、素描、速写，此外还有鲜为人知的中国画和书法。王式廓的素描在中国现代绘画史上享有很高的地位，有“素描艺术巨匠”的美誉，他的代表作《血衣》（大型素描）家喻户晓，在第四次全国文艺代表大会上，被称为中华人民共和国成立以来最优秀的艺术作品之一。

中國人民銀行
壹分
一九五三年

中國人民銀行
貳分
一九五三年

中國人民銀行
壹分
壹分
壹分

中國人民銀行
貳分
貳分
貳分

中國人民銀行
伍分
一九五三年

中國人民銀行
壹角
一九五三年

中國人民銀行
伍分
伍分
伍分

中國人民銀行
壹角
壹角
壹角
1953

中國人民銀行
貳角

中國人民銀行
伍角
一九五三年

中國人民銀行
貳角
貳角
貳角
1953

中國人民銀行
伍角
伍角
伍角
1953

1953年制版，1955 年由中国人民银行发行的第二套人民币票样。其中 3 元、5 元、10 元币在苏联印制

只能靠周令钊一笔一笔手绘，特别费眼力。当第二套人民币设计完成时，周令钊曾一度看不清眼前的东西，当年37岁的他不得不戴上老花眼镜。

1955年2月21日，国务院发布《关于发行新人民币和收回现行人民币的命令》，决定中国人民银行自1955年3月1日起在全国开始发行新人民币，全文如下：

国务院关于发行新的人民币和收回现行的人民币的命令

为适应国家计划经济建设的需要和广大人民的愿望，在财政收支平衡和金融物价稳定的基础上，进一步健全和巩固我国的货币制度，以便利交易和核算，现决定：

一、责成中国人民银行自1955年3月1日起发行新的人民币（以下简称新币），以收回现行的人民币（以下简称旧币）。新币面额，主币分为1元、2元、3元、5元、10元5种，辅币分为1分、2分、5分、1角、2角、5角6种。每种券别版面均印有汉、藏、蒙、维吾尔4种文字。

二、新旧币的折合比率，定为新币1元等于旧币1万元。自新币发行之日起，凡机关、团体、企业和个人的一切货币收付、交易计价、契约、合同、单据、凭证、账簿记载及国际间的清算等，均以新币为计算单位；所有在新币发行前的一切债权债务，包括国家公债在内，亦自同一日起，按法定比率折合新币计算和清算。

三、所有旧币均由中国人民银行按法定比率全部收回。凡持有旧币者，自新币发行之日起，均可到中国人民银行或其代理兑换机构，按法定比率兑换新币。在兑换期间，旧币仍得按法定比率折合新币与新币同时流通。票面1万元、5万元的两种旧币截至1955年4月1日停止在市场上流通使用，但在4月30日前仍可到中国人民银行或其代理兑换机构，按法定比率兑换新币，从1955年5月1日起中国人民银行停止收兑。票面5千元及5千元以下各种旧币停止流通使用的时间，由中国人民银行视收兑情形另行适当规定。

四、凡伪造、变造人民币和行使假钞等行为者，依照妨害国家货币治罪暂行条例治罪。凡借发行新币进行投机或经营兑换新旧币从中渔利者，依法严惩。全国人民可向当地人民委员会和司法机关检举以上各项违法行为。

第二套人民币的成功发行，宣告了新中国独立、统一的国家货币制度的建立，人民共和国的国家意志通过新版人民币强烈地展现在亿万中国人民和国际社会面前。从此，崭新的人民币开始走进千家万户，走进世界的每一个角落，深刻地影响着中国和世界政治、经济生活。

人民币被人们全天候使用，家喻户晓，妇孺皆知。但作为人民币的设计者，他们是这个时代文明的创造者，却并不为人们所熟知。

罗曼·罗兰在《贝多芬传》中写过这样一句话：“没有伟大的品格，就没有伟大的人，甚至也没有伟大的艺术家，伟大的行动者。”这句话，最适合送给默默无闻的人民币设计者周令钊。

…… …… ……

神秘的“苏三币”

新版人民币设计出来了，印制却成了问题。

刚刚成立的新中国经济极端落后，工业规模狭小，技术装备低劣，许多工业原料和机器依赖进口。这样落后的经济，经过抗日战争和国民党发动的国内战争，又遭到了严重的破坏。

新中国成立不久，国内外敌对势力特别是美蒋势力不甘心失败，通过各种方式将伪钞偷运进我国，企图在经济上搞垮新中国。迫于当时的形势和中国的印制条件，经中苏两国领导人商定，中国政府委托苏联帮助印制第二套人民币中三种大面额的纸币，相关工作由中国人民银行与苏联方面衔接。

周恩来明确指示，新版人民币在防伪方面要下大功夫。苏联的印制技术和条件不错。要将苏联使用在卢布上的奇异技术用于我国新版人民币，要从用纸、币面底纹、变点花纹到暗花等方面搞得精致而复杂。

1952 年新年刚过，周令钊接到通知，中央要求新版人民币增加 3 元的面额，要他赶紧设计。

经过日夜苦战，3 元面额的人民币终于被周令钊“画”出来了，然后是不断修改、层层审批，最后定稿。因为到莫斯科的行程已定，来不及在北京雕版，只好带着设计图请苏联专家做雕版。

3 元面额的人民币整体为淡绿色，正面左右两端各有繁体“叁元”字样，下面标着“1953 年”，正上方为“中国人民银行”六个字，中间是井冈山龙源口石桥（现吉安市永新县内）图景，石桥周围的花边为深绿色；纸币背面中间的底纹为黄色，背面图案是花纹和国徽，中间有汉、维、蒙、藏四种文字，票面长 16 厘米，宽 7.2 厘米，比 2013 年流通的 1 元人民币稍微大一些。票面美观大方，与已经设计出来的其他面额的钞票风格完全一致。

为了做好新版人民币到苏联印制的准备工作，周令钊和印钞厂的同志一道准备了包括国徽、行长图章、深线花纹钢版、套花画样、各民族大团结画稿、石雕和敦煌照片、全套装饰及文字铅版、票样本等物料。于 4 月中旬，周令钊和北京印钞厂厂长贺晓初、雕刻师张作栋以及一个翻译抵达莫斯科，与苏方接洽具体技术问题。他们先去见了苏联财政部部长。苏方财长仔细翻看了中方将要印制的 3 元、5 元、10 元人民币设计图，觉得很好，说这些钞票设计水平很高，民族特色浓厚，一看就是中国的。

在苏联印制的第二套人民币 3 元票样

在苏联印制的第二套人民币 5 元、10 元票样

中方一行提出，想去参观一下莫斯科造币厂，苏方表示，因为保密要求，不接受任何人的参观请求。周令钊提出直接和苏方雕版印制人员交流，也被拒绝。中苏两方人员的工作会晤被安排在造币厂的办公室进行，相关意见由参与会晤人员向造币厂技术人员传达。中方人员进不去，苏方造币厂的技术人员也出不来，这样造成沟通很不畅达。人民币的雕版和印制是一个十分细致的活，更是个技术与艺术相结合的工作。制版不能有丝毫偏差。苏方的制版与中方的设计方案差别较大。周令钊多次向苏方提出明确的修改意见，苏方虽然改了，但依然存在遗憾。

因工作关系，周令钊在莫斯科待了8个月。他的党组织关系临时转到中国驻苏联大使馆党组织。驻苏大使张闻天是周令钊的姨父，所在党支部书记刘英是他姨妈。

人民币的设计和印制工作是国家的重大保密任务，组织上交代与局外的任何人包括亲友都不能说。因此，周令钊在莫斯科始终未去认亲，直到回国后才与姨夫、姨妈有往来。

1953年9月，1.6亿张3元券应中方要求提前4个月印制完毕。9月底起，装有成箱人民币的列车一次次从莫斯科开出，前往满洲里。货物品名被写成“技术装备”，发货者是苏联木材公司，收货方为满洲里入口公司。中苏双方的交接在满洲里火车站的列车上进行，交接时警卫森严。为慎重起见，交货都在白天进行，以防不测。交货后，全副武装押运至北京。

1954年7月5日，苏联木材公司经理在印装好的5元券人民币即将启运时，向中国驻苏联使馆函报：“承印3元券时已完成所规定之任务，但因有一工厂超额印就95万张，因数额巨大，故建议仍运交你方。”对于这批擅自印制的3元券，使馆向中央报告后很快答复同意“运交我方”。

后来被人称作“苏三币”的3元券人民币和其他新版人民币一道开始进入中国社会生活。

20世纪50年代，中苏关系逐渐出现裂痕。1959年中国国庆节前夕，苏联部长会议主席赫鲁晓夫受邀来到中国，参加中华人民共和国成立十周年庆典。这次来华，赫鲁晓夫企图进一步说服毛泽东，要在中国海南岛建设一座大功率长波无线电发报中心和一座远程通信特种收报无线电中心（长波电台）以及联合舰队，毛泽东坚决地拒绝了他的要求。1960年7月，苏联召回在华专家1390名，撕毁协议600多项，两国的关系迅速恶化。

苏联政府在撕毁援华协议、撤走援华专家的同时，还中止了代印人民币的工作，并停止向中国提供印钞纸和印钞设备，使我国人民币的印制出现了暂时困难。

1962 年 7 月至 1964 年 5 月，中国政府向苏方陆续索回了代印人民币的资料，实际终止了请苏联代印人民币。从此，中国加大研发独立自主印制人民币工作的力度，不久便掌握了印制高质量人民币的技术。

1964 年 4 月 14 日，中国人民银行发布了《关于收回三种人民币票券的通告》，决定从 1964 年 4 月 15 日开始限期收回 1953 年版的 3 元、5 元和 10 元纸币，一个月后停止收兑和流通使用。

~ ~ ~

第二、第三、第四套人民币设计的秘密

从 1950 年 4 月开始设计第二套人民币，到 1959 年 2 月国务院原则批准中国人民银行关于着手设计第三套人民币的报告，再到 1987 年 4 月 27 日发行第四套人民币，周令钊和他的战友们先后走过了 37 年的激荡人生。

2006 年的一天，中国中央电视台《大家》栏目摄制组访谈第二、第三、第四套人民币的主创人员。当年 87 岁的周令钊和他的战友侯一民、陈若菊畅谈了设计人民币的难忘历程：

……

【画外音】第一套人民币发行于 1948 年，当时各解放区发展生产、商品贸易都要用钱，匆促中设计出第一套人民币，

这套人民币带有明显的战争时代色彩，印制质量粗糙，图案单调，防伪功能差。中华人民共和国成立后，为了消除战时痕迹和通货膨胀影响，增强防伪性能和印制技术，1950年，国家开始着手设计第二套人民币。

记　者：听说您接到设计第二套人民币任务的时候，您的夫人陈（若菊）老师都不知道？

陈若菊：不知道。

记　者：是保密的？

周令钊：保密的。

记　者：那您当时怎么接到这个通知、这个命令的？

周令钊：这个就是罗工柳，是我们党委副书记（交办的）。

记　者：他找您谈话？

周令钊：他找我谈话，说有这么个任务。那我一听嘛，当然这是个非常重要的任务，而且是光荣的任务，也是个绝对保密的任务。

记　者：跟您说的时候就说这事要保密吗？

周令钊：那是。

记　者：为什么要保密呢？

周令钊：经济上的一些信息是不能过早让人家知道的，还有票样防假。造假的人太多了。

记　者：还有技术上的信息。

陈若菊：刚开始，是赶上币制改革。这个币制改革，在没有宣布改革之前是不能够随便透露这个消息的。

记　者：也就是说，在设计的过程中就已经想好了，要进行币制改革。但是设计的过程当中，并没有公布这件事。所以，当时您身上承担了两个保密任务：一个是防伪；另一个是币制改革的消息不能散发出去。

周令钊：那都不能。

记　者：第一套币值很大。这个1000元……

陈若菊：相当于一毛钱。

记　者：第二套开始把第一套的币值改过来了？

陈若菊：对，已经改过来了。

周令钊：这个才是我们真正的，我们自己搞的设计，自己设计的人民币。

记　者：一开始设计的时候，是提出过把毛主席的像放在钞票上，但是被毛主席否定了，毛主席不同意。

周令钊：对！你看这个天安门，最早的这个草图是我画的。那个时候，天安门上就有毛主席像，我当然要把毛主席像画在这个中间啊。

记　者：画在天安门的中间吗？

周令钊：画在这个门楼上头，那是很小了，但是也有了啊。我那个时候是已经画上去了。

记　者：我理解错了。我以为，是把毛主席像放在钞票的中间。

周令钊：没有，是放在天安门上头。

陈若菊：之后好像就提出来不允许把领袖画在钞票上面。

周令钊：他就是这么说的。就是真人啦，活人啦，不能上钞票。

记　者：这个是谁规定的呢？

周令钊：是毛主席本人提出的。

【画外音】第二套人民币发行于1955年3月，相比第一套人民币，它的印制技术和纸张质量都有所提升，而且设计上更突出民族特色。

记　者：从第二套开始，这种民族性的东西就很强。

陈若菊：对了。

周令钊：我们就到故宫啊，敦煌啊，云冈啊，我都去跑了，到这些地方去临摹、写生，找它们的图案。用我们的建筑上的这些图案、装饰，用在我们的钞票设计上。

记　者：当时这种民族性是我们刻意的吗？

周令钊：刻意的。

陈若菊：刻意而为的。

周令钊：毛主席一再提民族形式嘛，我们的组长是罗工柳，张光宇也参加，王式廓也参加。他们这些美术界的老前辈参加了人民币设计从表现形式到表现内容的讨论。

记　者：在这个民族性上大家没有任何矛盾？

周令钊：没有任何矛盾。我去莫斯科，要他们帮我们印这 3 种大面额的。因为我们的印量太大了，苏联“老大哥”也帮着我们印一些。他们的财政部部长，看了我们这套设计，非常赞许。他说：“呀，你们这个钞票一看就是中国的！”

陈若菊：当时这套钞票中有 3 元的，在 2 元和 5 元中间有 3 元面值的。

周令钊：就是这个 3 元的也拿到这里（苏联）去印了。

……

记　者：那 3 元的印了吗？

周令钊：印了，在苏联印的。结果，我们回来时，他们做出来的这版子（不给我们）。如果这个原版在他们那里，我们也不放心啊！

陈若菊：对啊，原版他们留下不给我们。

记　者：哦，当时还这样啊。

周令钊：他们不给我们。他们就是多做一块，我们也不知道啊。

记　者：所以，在他们那儿印钞本身也是一件很特殊的事。

周令钊：主要呢，就是这个版子，一刻出来以后，跟我们其他几个合不上，风格不一致，不成套。最后，还是我们自己又刻了一块。还是没有用苏联那一块。

陈若菊：他们印出来一部分，那东西不能用。后来，就算了。但还是在市面上流通过很短一段时间。后来，就干脆取消了，停用了。

记　者：是因为这个原因取消的吗？

陈若菊：是因为这个原因取消的。

【画外音】第二套人民币发行从 1955 年 3 月到 1964 年 4 月，在此期间为了促进生产建设和商品流通的进一步发展，国家开始酝酿第三套人民币的设计，这是除了完成中央美院的教学任务外，周令钊再一次担纲人民币的设计。此外，执教于中央工艺美院的陈若菊，也加入设计队伍。

记　者：那后来，陈（若菊）老师您是什么时候开始从不知道周老设计钞票这个事，到您也加入设计钞票的这个阵营当中？

陈若菊：我是在 1958 年年底，开始设计第三套的时候。

周令钊：主要是人手不够。设计第二套时就只有我和罗工柳两人。罗工柳当时是中央美院的领导，学校的工作多，基本不动手，动手就靠我一个人。

陈若菊：这时候，罗工柳上苏联留学去了。

周令钊：对，罗工柳上苏联留学去了，就我一个人在家。到了三套呢，还

第三套人民币 1 角、2 角、5 角、1 元票样

是我一个人就不行了，那任务也大。所以呢，就把陈若菊，还有侯一民两个人吸收过来了。再后来，把侯一民的夫人邓澍也调过来了。

【画外音】1958年，周令钊、陈若菊夫妇再度合作，开始设计第三套人民币。周令钊、陈若菊、侯一民各有分工。

侯一民：周令钊在总体设计完了以后，画了个大的草图，陈若菊就具体画去了。他和陈若菊合作多少年了，非常默契，就像一个人一样。周令钊给我留了个地方，让我来，中间填内容啦，内容是上面定好了的。

第三套人民币2元、5元、10元票样

1960 年，周令钊整体设计并绘制的第三套人民币2元票面原稿（正背面）。根据这个整体设计稿，其他几位参与的设计者分别进行各部分的细节绘制

第三套人民币2元票面设计原稿（正背面）/纸本水粉/5.5cm×13cm

《炼钢》（为设计第三套人民币收集素材）/纸本铅笔

/ 21cm×16.5cm / 1959 年

《钢铁工人》（为设计第三套人民币收集素材）/纸本铅笔

/ 18.5cm×25.5cm / 1959 年

记　者：我看侯老家现在还挂着第三套人民币的样张。

周令钊：他画头像，画景；陈若菊呢，画图案；我呢，搞票面总体设计。那个时候，正是咱们国家搞生产建设，也是搞大跃进、浮夸风的时候。

陈若菊：白天我们在那搞设计，晚上他们在那炼钢，大炼钢铁，我们也跟着去炼钢。另外，上面要求，票面上不能表现一般的花花草草。但是，搞图案呢，一般又离不开花花草草。在这样一个形势下，怎么办呢？那么就麦子啊，谷穗啊，稻子啊，油料作物啊，向日葵啊，都是经济作物。

记　者：跟国民经济直接相关的花花草草。

陈若菊：对，没错！还有棉花啊。

记　者：第三套非常简单。但是，这个钞票，如果和时代结合太紧了还有一些问题。就像您刚才说的，如果那个时候的主题是炼油的话，那今天的主题可能是电脑。那这个核心就不一样了。

周令钊：对啊！

陈若菊：那肯定啊。所以第四套好就好在，就把这些东西弄明白了。

记　者：第四套我们什么时候正式开始设计的？

陈若菊：1978 年。

记　者：正好也是粉碎“四人帮”之后，思想解放的时候开始的。

【画外音】第四套人民币是在国民经济迅猛发展，商品零售额大幅增长，货币需要量大幅增加的情况下发行的。这时国家改革开放，几位艺术家摆脱了思想的束缚，再次聚在一起，设计第四套人民币。但要有好的设计，首先得有好的主题。

侯一民：这第四套，老实说我们的主动性就很大。当时，给我们的任务是要画四个现代化。我们几个人左琢磨右琢磨，“四个现代化”没法画啊。你现在画完了，这个“四个现代化”过一阵就过时了。你在那画宇宙飞船，你按最先进的样子画，画完以后是不是又要变样了呢，因为这是个形象的东西啊，是不是？你说工业现代化是个什么样子？第三套我们就吃了苦头了，说我们那个上头的机器画的是 20 世纪 30 年代的机器。当时，最好的机器就那样。所以我们说，画“四个现代化”就够呛！当时，我们小组就开会，罗工柳说，咱们学习吧。

陈若菊：现在呢，情况和以前不一样了，大家可以发挥自己的才能，而且可以掺加我们自己的很多意志。罗工柳当我们的领导，他有丰富的革命经验，很能干、很不错，而且在艺术上造诣也是很深的。他领导大家来讨论，搞一个什么样子的内容题材。罗工柳也提出来，我们搞一个五十六个民族的，就搞我们多民族的，这是我们基本的一个国策，我们是一个民主的国家，是一个多民族的国家，应该把我们整个多民族的文化反映到票面上，我们要搞出一套非常精彩的东西来！

侯一民：这个题目是永远不会过时的。而且也很美啊，也能入画。你画飞船，画半天，今天画明天改样了。我们就做了方案，当时印制局也很支持，后来中央就批准了。这个主意是我们设计组提出来的。

陈若菊：但是，什么人上这个钞票？怎么做？哪个民族上，哪个民族不上？五十六个民族不能都上去啊。我们想好了，要用大的头像，这样，可以防伪嘛！这也是大家出的主意，也挺好。那么，要跟民委商量。

周令钊：这个要由民委来定。

陈若菊：他们局里头、厂里头就去跟民委打交道，100 万人口以上的民族上钞票。这个中间，还有一个问题，我们设计 50 元钞票的时候，上面的三个人物是工、农、知识分子，而没有兵。要是在以前，是绝对不可能没有兵的。

记　者：对啊！刚才我也想问这个问题，为什么没有兵呢？

陈若菊：兵，各个民族的工、农、知识分子都可以当兵。工、农、知识分子，是我们国家基本的组成部分。

【画外音】最初，第四套人民币的最大面额，只有 50 元，上面为工、农、

《侗女头饰》（三江）/纸本铅笔
/ 34cm×22cm / 1963 年

《云贵花朵 3》（侗女）/纸本水粉
/ 38cm×38cm / 1979 年

《云贵花朵 1》（苗女）/ 纸本水粉
/ 38cm×38cm / 1979 年

《云贵花朵 2》（爱尼女）/ 纸本水粉
/ 38cm×38cm / 1979 年

为了设计第四套人民币，周令钊深入内蒙古、山西、甘肃、湖南、广西、云南、贵州、新疆等地体验生活，采风写生，收集素材，启迪灵感。期间，周令钊创作了大量的美术作品。有了这种深厚的积淀，才有人民币设计浓厚的民族气息

第四套人民币 1 角、2 角、5 角、1 元票样

知识分子。10元至1角，分别为人数从多到少的少数民族。而100元面额的人民币则是后来加上的。

周令钊：这张是后加的。

记　者：100元的是后加的?

陈若菊：对。

周令钊：工、农、知识分子，汉族、蒙古族在前面。

记　者：不管是从社会阶层，工、农、知识分子这个角度，还是从民族角度，都已经做到头了。如果再做一个100元大钞，拿什么东西往上放，是个难题。因为你不能往上放一个人数少的民族。

周令钊：确实不能随便加一个其他的民族。这时候，被难住了。那时，罗工柳说，请大家研究啊！一天，我看国庆游行的电视节目，人们抬着毛（泽东）、刘（少奇）、周（恩来）、朱（德）像的横牌时想到，那就只有把领袖请出来。也考虑到，当时四位领袖已经都不在了，前面所说的有生之年不能上钞票，现在他们都已经去世了，就可以上钞票了。所以我们就建议，请罗工柳把领袖人物上钞票这个意见提上去。

陈若菊：而且，人物可以做成浮雕像。

周令钊：做成浮雕像，因为他们已经去世了，是纪念啊。这和前面的就有区别了。

【画外音】第四套人民币是几位艺术家最花心思的一组设计，为了表现各民族的精神与气质，他们曾经行程上万里，深入各个民族写生采风，历经数月，其中周令钊做票面整体设计，陈若菊负责收集民族图案和具体深化图案设计、绘制，侯一民、邓澍负责人物和风景绘画。

陈若菊：去设计人民币，一去就要去好几个月，把家里头的事、把孩子一扔，我们两人就跑了。

侯一民：这一次设计的画面呢，不同的民族采用不同民族的装饰图案，这在民族化上又进了一步，陈若菊的功劳大。而且周令钊在整体设计上，不仅仅是有些民族的图案，而且在主景的背后，也设计了很多中国的传统吉祥图案。

陈若菊：我们中国人很喜欢那种吉祥的东西。所以，我们从中选取了几个经常用的吉祥图案。比如说，1 块钱的是喜鹊登梅；2 元的是竹林绶带，小竹子叶，绶带鸟是一种长尾巴的鸟。

记　者：5 元的好像是仙鹤嘴里叼了一个灵芝？

陈若菊：是松鹤同春。10 块的是凤穿牡丹。

记　者：我们要不去细看的话，都没有注意到在钞票上其实有这么漂亮的图案。这个图案如果单独拿出来也是很漂亮的，非常好看。其实，今天我们谈得这么多，在我看来，都是政治性很强的事情。但实际上，您两位作为艺术家，有没有感觉到这个艺术创作、艺术观点、审美观点和这个工作之间的矛盾？

陈若菊：这矛盾是会有的。但是，在第四套里面，艺术发挥得更好一些。

记　者：所以您才说第四套设计是最舒服的？

陈若菊：对啊！

周令钊：是的！

第四套人民币 10 元票样

第四套人民币 50 元、100 元票样

第四套人民币 2 元、5 元票样

1980 年，周令钊整体设计并绘制的第四套人民币 2 元票面过程稿（正背面）

1版 朱红
2版 桃红
3版 紫兰
4版

1980 年，在周令钊整体设计的第四套人民币10元票面中，陈若菊所作的“凤穿牡丹”图案设计绘制原稿

记　者：你们两位平时还会做一些创作吗？除了这些。

陈若菊：还搞了不少创作。

周令钊：她是搞陶瓷的，我搞壁画。

【画外音】其实，抛开人民币等设计工作，周令钊、陈若菊夫妇都是出色的艺术家。陈若菊不仅擅长绘画，还是陶瓷艺术家，在她手中诞生了许多陶瓷艺术精品。周令钊更是笔不离手，除了设计工作，他从未停止过绘画。从抗战时期至今，他走到哪画到哪，留下作品数千幅，而且涉及各种绘画形式。

……

人民币的设计以其美感、民族性、技术性，入选1989年奥地利中央银行行长主编的《国际钱币制造者》一书。入选此书的是全世界钱币设计最好的8个国家，在亚洲，只有中国入选。

历史，将为人类巨大物质和精神财富的创造者颁发奖章。

第二、第三、第四套人民币设计者们理应得到这枚历史颁发的闪光奖章。他们是：

第二套人民币设计者：罗工柳、周令钊；

第三套人民币设计者：罗工柳、周令钊、侯一民、陈若菊、邓澍；

第四套人民币设计者：罗工柳、周令钊、侯一民、陈若菊、邓澍。

…　…　…

5分钟设计出来的团旗

1949年4月11日至18日，中国新民主主义青年团第一次全国代表大会在刚刚和平解放的北平举行，会场设在国立艺专礼堂，由周令钊带着他的学生设计、布置会场。在设计、布置会场的过程中，周令钊结识了团中央主管的中国青年杂志社的美术编辑娄霜。娄霜是山西人，比周令钊大几岁，很早就参加了革命，来自解放区。两人一见面，就感到很投缘。

中国新民主主义青年团第一次全国代表大会的隆重召开，宣告中国新民主主义青年团正式成立。

中国新民主主义青年团经历了不凡的发展历程。1920 年，全国各地在准备建党的同时组织了社会主义青年团。1922 年 5 月，在党的直接领导下，中国社会主义青年团在广州召开第一次全国代表大会，成立了全国统一的组织，标志着中国社会主义青年团正式建立。1925 年 1 月，在团的第三次全国代表大会上，决定将中国社会主义青年团改名为中国共产主义青年团。1935 年 11 月，为团结一切抗日青年，反对日本帝国主义的侵略，中国共产党决定将共青团组织改造成为民族解放性质的抗日救国的青年团体。抗日战争胜利后，为适应新形势和新任务的需要，党中央在 1946 年 10 月提议建立民主青年团。1949 年元旦，党中央又做出建立中国新民主主义青年团的决议。1957 年 5 月，中国新民主主义青年团召开第三次全国代表大会，决定把团的名称改为中国共产主义青年团并沿用至今。

中国新民主主义青年团第一次全国代表大会结束后，团中央根据代表们的要求，做出了制定团旗、团徽、团歌的决定，并且在当年 5 月 16 日的《人民日报》上刊登了《征求团旗、团徽、团歌的启事》。启事登出后一个多月的时间，团中央就收到了来自全国各地的 100 多种团旗设计方案，表达了青年们对自己组织的热爱之情。

有一天，娄霜来到五老胡同周令钊的住所，谈到了团中央征集团旗的事，据说一直没有得到满意的方案，希望周令钊做一个团旗设计的稿子，也来为青年人自己的组织做一份贡献。

周令钊说："这是个大事，要好好想一想。"又问，"上面对团旗设计有什么要求？"娄霜说："青年团是党的助手和后备军，要团结和围绕在中国共产党的周围。团旗应该体现出这一政治主张。"

周令钊的创作灵感被娄霜的话所触发，热情也被调动起来："你稍等。"便立即跑到书房找纸笔。说是书房，其实是

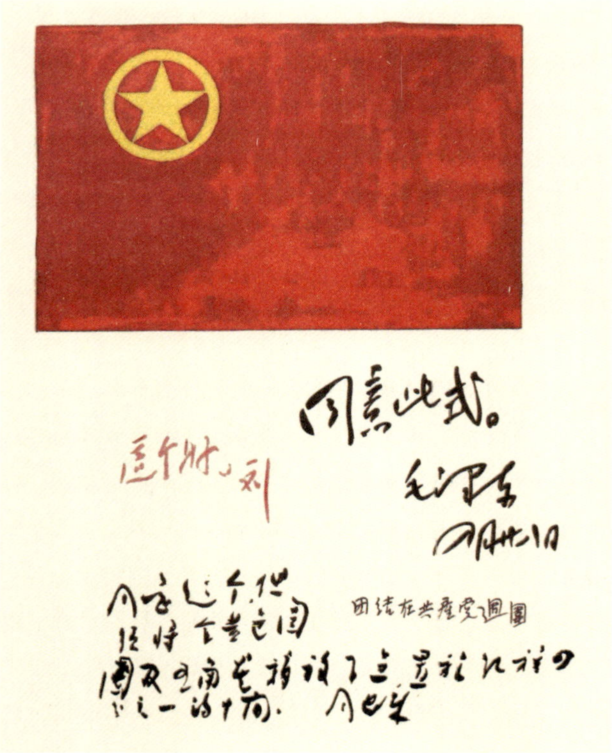

1950 年 4 月，国家领导人毛泽东、刘少奇、周恩来在团中央送审的周令钊设计稿上的批示。在这个设计稿上，“团结在共产党周围”是娄霜写上去的

1950 年，周令钊设计的中国共产主义青年团团旗正稿

客厅中间用一块布帘分开的前后间。周令钊用铅笔很快在一张白纸的左上角画了一个五角星，然后用圆规以五角星的中心为原点、以五角星的角长为半径画了一个圆圈。周令钊拿着草图对娄霜说："我想用这两个元素表现你刚才说的意思：五角星代表中国共产党的领导，圆圈则表示青年们手拉手紧密团结在党的周围……"

娄霜没等周令钊说完，兴奋地说："太好了！简洁明了，太贴切了！"

周令钊回到书房，快速画好铅笔正稿，用毛笔将旗的底色涂成红色，五角星和圆圈涂成黄色。

5分钟不到，一面鲜艳的"团旗"诞生了！

娄霜从自己的衣兜里掏出钢笔，小心翼翼地在空白处写下"团结在共产党周围"，作为设计理念的说明文。

来不及等纸上的颜料干透，娄霜捧着这张纸就跑出了周令钊的家门，将它交给了团中央负责团旗征集的同志。

团中央将应征的团旗图案做了一次陈列，广泛征求各方面的意见，然后根据征求上来的意见几经筛选，并请来专家进行评选，最后确定待选式样，报送党中央审批。报送的团旗图案中就有周令钊的设计稿。

周恩来在周令钊的设计稿上批示："同意这个。须将金黄色圆圈及五角星移下点，置于红旗四分之一的中间。"

刘少奇批示："这个好。"

4月28日，毛泽东批示："同意此式。"

团旗的样式按照周恩来的批示精神修改定稿后，团中央发出了《关于颁布团旗的决定》。

1950年5月3日的《人民日报》头版套红刊登了团旗图样和制法，说明这个团旗的式样是：旗面为红色，象征革命胜利，左上角缀黄色五角星，五角星周围环绕以黄色圆形圈，象征中国青年一代团结在中国共产党的周围。团旗为长方形，它的长与高之比为3∶2，通用的尺度有三种：一是长288厘米，高192厘米；二是长192厘米，高128厘米；三是长96厘米，高64厘米。团旗的制作方法是，黄圈围着的黄色星，缀在旗面左上方，制旗时，先将旗面对分为4个相等的长方形，将左（*它的反面为右*）上角长方形上下分为12等份，再以左上角长方形中心点为圆心，3等份及4等份长为半径画两圆周，两圆周之间就是黄色圆圈。再在内圆周上定出5个等距离的点，其中一点位于圆周正上方。将此5点中各相隔的两点相连成直线，此5条直线之外轮廓线就是黄色五角星之外沿。

由此，团旗正式诞生。

第二天，是新中国的第一个五四青年节，首都9万多名团员青年举行盛大游行，猎猎招展的团旗第一次夺目展现在游行队伍的前列。

～　～　～

飘扬的少先队队旗

1950年4月中旬的一天，周令钊刚刚吃过早饭，就听到有人敲门。

来者是国立艺专周令钊班上的学生刘易晏。

1949年8月，《中国儿童》半月刊（《中国少年报》的前身）创刊在即，缺美编，团中央请国立艺专支持，学校将刚满19岁的刘易晏派过去参与创刊筹备工作。同年9月，《中国儿童》创刊号出版，毛泽东为该刊的题词“好好学习”，发表在创刊号上，立即风靡全国，因此《中国儿童》一出世就身手不凡。刘易晏当时还只是国立北平艺专的一名学生，因表现优秀，被留了下来。

20世纪50年代，“小虎子”在报刊上亮相。这个连环漫画里的小光头，爱做好事，善良、可爱、勇敢，成为很多孩子心目中的好朋友。刘易晏在20世纪60年代参与了《小虎子》连环漫画的创作。再后来，刘易晏成了有一定影响力的漫画家，出了不少优秀作品。

刘易晏一进门，就急切地说：“周老师，我今天之所以这么早来，是有个急事，求老师帮忙。来迟了，怕您出门办事，见不着。”

周令钊问：“什么事这么着急？”

“我们单位领导叫我设计少先队队旗，我做了好几天了，还没有设计出满意的图案。再过几天，在北京召开的第一次全国少年儿童工作干部大会上就要颁布少先队队旗了，可设计稿还在我的手里。如果完不成组织上交给我的任务，该怎么办呢？！”刘易晏确实很着急。

周令钊给刘易晏倒上一杯茶，请她慢慢讲。

原来，新中国诞生后的第十三天，即1949年10月13日，中国新民主主义青年团中央委员会做出《关于建立中国少年儿童队的决议》，决定将少年先锋队和儿童团合组为少年儿童队。决议中，把建立少年儿童组织作为团的四项任务之一。其中，确定队旗、队歌、队员标志被列入重要议事日程。

团中央面向全国征集中国少年儿童队队旗设计图案也有一段时间了，全国青年朋友虽然热情很高，设计的作品很多，但经过专家对征集上来的队旗图案进行评选，所有应征作品都不太理想。团中央领导就把设计队旗的任务交给中国儿童社。编辑部主任左林根据团中央领导同志的意见，责成美术编辑刘易晏设计队旗。

周令钊问刘易晏："对于队旗设计，上面有什么意图？"

刘易晏告诉说，左林主任结合团中央关于队旗设计的要求，倒是谈过三个方面的建议：一是不要简单图解"先锋"。这个组织，确实是中国少年儿童的"先锋队"，但不是要让小朋友立刻去当先锋，而是要让小朋友从小跟党走，学习革命先锋，长大后当先锋。二是要表现出思想和力量，要将小朋友追求光明、面向未来的意思表现进去。三是可以参考苏联少年先锋队队旗的样式。

"苏联少年先锋队的队旗由镰刀、锤头、五角星、火炬等元素构成。我按照领导提供的思路设计了这样一个稿子，但自己都不满意。"刘易晏接着说。

周令钊接过刘易晏的设计稿，看了半天，说："你设计的这个稿子，已经有了一定的基础，构成要素也符合上面的要求，但设计感不强，不漂亮，不精神。少年儿童是祖国的未来，少年儿童组织的旗帜一定要充满希望、充满力量、充满光明的感召力。"

在刘易晏设计稿的基础上，周令钊亲自动手，对主体元素构成细节进行了调整，对图案造型和线条运用做了修改，使主题表达更加充分、鲜明，主体呈现更加美观、大方。

队旗设计正稿就在周令钊不久前设计共青团团旗的同一书桌上完成。

刘易晏高兴地将经自己老师修改、绘制的队旗图案送到了团中央。结果，经过团中央领导和专家评审，由刘易晏设计、周令钊修改完成的星星火炬队旗方案被一致通过。

1950年4月23日至4月27日，第一次全国少年儿童工作干部大会在北京召开。这次会议着重解决了如何正确坚持和贯彻建队的方针、原则、方法，把少年儿童队建好的问题。政务院副总理郭沫若做了"要抢在春天播种"的讲话，

1949 年，周令钊设计并绘制的
第 2 期《中国儿童》杂志封面原稿

1949 年，周令钊设计并绘制的
第 4 期《中国儿童》杂志封面原稿

1950 年，周令钊设计并绘制的第 24 期《中国少年儿童》杂志封面

创刊于 1949 年 9 月的《中国儿童》杂志，出版 6 期后更名为《中国少年儿童》，之后于 1951 年 11 月改名为《中国少年报》

1951 年，周令钊设计并绘制的第 50 期《中国少年儿童》杂志封面

1950 年，周令钊参与设计、绘制的中国少年先锋队队旗

毛泽东、朱德等中央领导同志在怀仁堂亲切接见与会代表。会上，颁布了中国少年儿童队队旗、队歌、队员标志红领巾等，并举行了中国少年儿童授旗、授巾仪式。

1953 年 8 月 21 日，团中央做出把“中国少年儿童队”改名为“中国少年先锋队”的决定，明确：中国少年先锋队是中国共产主义青年团领导的广泛的少年儿童组织，简称“少先队”。少先队吸收 7 周岁到 14 周岁的少年儿童参加，把他们培养成爱祖国、爱人民、爱劳动、爱科学、健壮、活泼、勇敢、诚实的新一代。队旗不变。

1954 年 6 月 1 日，团中央公布了《中国少年先锋队队章》。《中国少年先锋队章程》第五条规定：“五角星加火炬的红旗是我们的队旗。五角星代表中国共产党的领导，火炬象征光明，红旗象征革命胜利。”

面对鲜艳的队旗，在“准备着，为共产主义事业而奋斗”的辅导员的领呼声中，一代又一代少年儿童齐声回答：“时刻准备着！”面对鲜红的队旗，一批又一批少先队员誓词：“我热爱中国共产党，热爱祖国，热爱人民，好好学习，好好锻炼，准备着：为共产主义事业贡献力量。”

从此，亿万中国少年儿童有了自己的精神符号和价值目标。

在星星火炬旗帜的引领下，中国特定而庞大的社会群体在创造着中国充满希望和活力的未来。

…　…　…

新中国天安门
第一次盛大游行队伍设计

游行队伍也要设计？这听起来不免有些新奇。

1950年年初，31岁的周令钊接受了一项重大任务：为新中国在天安门广场举办的第一次盛大游行检阅队伍作美术设计。从这一年起，一直到1967年，共17年，他担任了每年天安门五一国际劳动节、十一国庆节游行队伍中仪仗队和文艺大军的总体美术设计任务。

新中国成立后，中央人民政府政务院于1949年12月将每年的5月1日定为法定的劳动节，全国放假一天。

1950年5月1日，是新中国成立后的第一个五一国际劳动节，中央决定在天安门广场举行盛大的游行检阅活动，党和国家领导人将在天安门城楼检阅游行队伍。中央还发出通知，要求全国有条件的地方同时举办游行集会、文艺表演等活动，以热烈庆祝这个节日。

为了筹备天安门的五一活动，中央和北京市分别成立了筹备工作小组。其中，游行队伍的总体美术设计由中央美院和北京市文化局、文联等单位共同承担，中央美院指定周令钊负责，北京文联由党组副书记王松声负责。王松声比周令钊大两岁，山东德州人，1938年年初到延安，“抗大”毕业后考入鲁迅艺术学院戏剧系，是从延安走出来的文艺老战士。

周令钊带着班上的一批学生提前两个月就到天安门东面的劳动人民文化宫会合。王松声将中央关于这次检阅游行活动的意义、目标、要求，以及主题思想、规模、人员构成、标语口号等向大家做了通报，大家围绕如何实现中央提出的目标进行深入的讨论，形成总体框架方案后由市里报中央批准。

在新中国的政治中心设计盛大游行，既需要鲜明的主题和精到的结构设计，也蕴含着执政者的审美表达，并不是简简单单地找一些人到广场上走一走就了事的问题，牵涉方方面面，是一个需要大局观、大胸怀、大手笔的特大项目。对于参与这个项目的所有人来说，谁也未曾做过，既没有现成经验，更没有参照系，需要凭着自己的政治智慧和艺术功力激情展现。

经过深入研讨，周令钊集中大家的智慧，提出了总体设计思路建议：一是确定行进方向。游行队伍沿长安街从东往西，分方阵、版块依次前进。二是编排行进顺序。行进方阵顺序依次为仪仗队、文艺大军、体育队伍、各民族群众游行队伍。三是突出现场观赏效果。为使天安门城楼检阅台的党和国家领导人、国宾和城楼两侧观礼台上的外宾、劳模及各界嘉宾观礼印象深刻，要求每一个方阵人员服装整体、鲜艳，彩车、旗帜、集体舞蹈、乐队表演以方阵的形式穿插其间，形成审美意义上的节奏感，展现翻身得解放的中国人民如沐春风、意气风发、昂扬向上的精神风貌。同时，周令钊还提出了具体实施方案。

总体设计方案很快得到中央批准。

周令钊把设计的游行队伍从头到尾画出一个几米长的长卷。哪个队伍多少人、穿什么衣服、拿什么花、举什么标语牌、什么造型的彩车，哪个方阵之后是民族舞蹈，旗帜方阵放什么位置等等，全部画出来。实际上是一个翔实的盛大游行的视觉形象效果图，一目了然。画完后，送到上面去审查，通过后才开始具体操作。

具体操作分两大块：一块是服装、大型道具、彩车、文艺节目和人员方阵排练等交到中央国家机关、军队、院校和北京市有关部门去落实，第二块是标语、花束等道具由美术设计组直接承担。

和每一个获得新生的中国人一样，新中国成立之前经历了深重苦难的周令钊，因为对新中国充满了爱，对她的未来充满了无限憧憬，像一台开足马力的机器，成天高速运转。天亮起床，夜深归家，废寝忘食。

任何一件事情，只要有爱，只要心甘情愿，总能征服一切！

道具制作在紧张进行中，周令钊在现场进行检查、指导；分到各单位制作的彩车，周令钊要分别去察看。彩车无疑会给游行增添分量，但如果抛锚，将会使游行队伍混乱，造成国内外不良影响。为了解决这个问题，周令钊想出了一个办法，在卡车两旁各安排一组人跟着卡车慢慢走，罩上装饰布，使外面根本看不出来。卡车一旦抛锚，两组人马立即推车；彩车上往往还有领袖的巨型画像，指定专人测量道路两旁的电线高度，以免碰上而造成事故；游行队伍里的标语一般由人力抬着，做多大、用什么颜色和字体，周令钊再三推敲，还要画出效果图。大型标语要设法减轻整体重量。因为太重，行走也不方便，就改为一个字一块，几个人抬一个字。

夜里预演时，周令钊登上天安门城楼细心观看，及时记录需要改进的问题。

刊登在《新观察》杂志封面的周令钊作品《天安门前》，即“新中国天安门游行队伍设计”

为体现党的“百花齐放，百家争鸣”的文艺方针，原来设计让群众手拿各色花束，形成“百花方阵”，但周令钊在城楼上看到的却是一片灰杂之色，根本看不出红、蓝、黄等色彩来，效果很不理想。他马上将其改为队伍前、中、后各拿同色花束，这样看起来才有色彩斑斓的效果。

除此之外，诸如游行路线的确定、车辆的摆放等细节，周令钊事先都要考虑周详。他多年的实用美术经验派上了用场，对于每一个程序和细节都了然于胸。

5月1日上午10点，按照预定计划，人们开始向天安门广场进发。首都工人、农民、解放军、学生、知识分子共计20余万人齐聚天安门广场，庆祝新中国第一个五一劳动节。天安门广场红旗招展，歌舞欢腾，盛况空前。

下午3点，毛泽东主席等党和国家领导人登上天安门城楼。参加游行的队伍按照设计安排，一个方阵一个方阵有序行进在天安门城楼前，组成了一幅劳动人民斗争胜利和祖国兴盛强大的壮丽图景，接受人民领袖的检阅。

媒体报道：新中国第一个五一国际劳动节天安门盛大游行检阅，精彩万分，给人们留下了深刻而美好的记忆，这种记忆甚至是终生难忘的。

~ ~ ~

与毛主席“合作”设计劳模奖状

1950年9月中旬，全国工农兵劳动模范代表会议筹备委员会派人找到周令钊，请他设计劳模奖状。

来人小心翼翼从包里拿出一个信封，从信封里抽出一页写了一行字的白纸。

“这是毛主席的亲笔题词，为设计劳模奖状专门题写的。”来人说。

白纸上，有一行从右至左书写的毛主席手书：“生产战线上的模范”。

周令钊第一次见到毛主席的亲笔题词，是在徐悲鸿的家里，那是毛主席为中央美术学院题写的校名。这次又见到毛主席的手书，不免有些激动。

来人告诉周令钊，解放战争和人民革命取得了全国范围的胜利，大规模经济建设工作已经开始。为了表彰在中国革命战争中涌现出来的战斗英雄和工农兵工作模范，激励全军发扬革命英雄主义精神，加强人民解放军现代化建设，鼓励全国人民发展生产，繁荣经济，建设新中国，7月，政务院第42次会议通过《关于召开全国战斗英雄代表会议和全国工农兵劳动模范代表会议的决定》。会议将于9月下旬至10月初召开，要为英雄和劳模隆重颁奖。

《全国英模张树义》/ 纸本铅笔 / 27.7cm×20.2cm / 1950年

1950 年，周令钊与毛主席“合作”设计的《全国工农兵劳动模范代表会议·集体模范奖状》。“生产战线上的模范”为毛主席在这页纸上（原为白纸）亲笔所书，周令钊在同一页纸上进行设计、绘制

《全国劳模卢翠英》/ 纸本铅笔 / 30.2cm×22.4cm / 1950年

为了响应艺术为人民服务的号召，徐悲鸿先生组织中央美院部分教师为参加第一次全国劳模大会的劳模们画像。这便是周令钊当时所作

这是新中国第一次召开这样的会议。

为了制作劳模奖状，筹委会特地请毛主席题写奖状上的主旨文字，再请艺术家在同一页纸上围绕毛主席题词进行奖状的创意设计。

由谁来与毛主席“合作”设计这个奖状，筹委会的人第一个想到的是中央美院的周令钊。此时的周令钊，已像一棵繁花满枝的树，备受瞩目。尽管，他才31岁。

来人再三叮嘱，天底下可只有这样一页用于设计劳模奖状的纸了，一定要想好了再往纸上画，若画坏了，谁也不好请毛主席重写。

周令钊接受过许多命题设计和创作任务，但像这样在一页纸上已被先入为主安排的设计是人生的第一次！

这种“人生的第一次”竟然是与人民领袖毛主席“合作”！

周令钊琢磨了一两天，在另外的纸上画了一些草图，然后在有毛主席手书的这页纸上开始设计、绘制。在毛主席手书的上方，他设计了一枚劳模奖章，下方是喷薄而出的万道霞光、欣欣向荣的工厂和广阔田野映衬下的意气风发的工农兵，工人和农民高举的镰刀锤头交会成党徽图案，四周铺设深红底色，上绘一圈金色麦穗。整个画面毛主席手书醒目而突出，主体元素精到，主题表达充分，画面和谐，浑然一体。

劳模的奖状样式这样就出自人民领袖和艺术家之手。

1950年9月25日至10月2日，由中央人民政府政务院召开的全国战斗英雄代表会议和全国工农兵劳动模范代表会议，在北京中南海怀仁堂同一会场联合开幕。全国战斗英雄代表会议代表360人，全国工农兵劳动模范代表会议代表462人，列席全国战斗英雄代表会议的国民党军起义部队代表64人，出席了会议。他们都是各条战线上做出突出贡献的英雄模范。

毛泽东主席代表中共中央致贺词，朱德副主席致演说词，刘少奇副主席、周恩来总理等在会议上发表讲话。毛泽东号召全国人民向英雄模范学习，同时号召英雄模范继续向广大人民学习，为经济建设和国防建设做出新的贡献。

会议为战斗英雄和劳模颁发了奖状。

会议期间，中央美院的部分老师们在院长徐悲鸿的带领下，为参加会议的战斗英雄和全国劳模现场画像，周令钊为张树义、戎冠秀、高冠斗、郭爱妮、卢翠英等画了像。

… … …

既“顾”又“问”的首任邮票美术顾问

1954 年春上的一天，邮电部邮票发行局邮票组组长孙传哲(5)来到周令钊家，直截了当地说：“今天来找你，是想请你出任部里邮票美术顾问。”

此前，孙传哲曾慕名找过周令钊，请周令钊为邮票局设计的邮票提意见。周令钊直言不讳地提出了许多建设性的修改建议。

孙传哲接着说：“邮票是弘扬国家或民族精粹的重要宣传载体，是一个国家政治、经济、历史、文化、艺术和科学的真实缩影。中央政府及邮电部十分重视邮票事业的建设与发展。但眼下，邮票设计班底大多是新中国成立之前的老邮票设计人员。很想聘任一名思路开阔、功力深厚的艺术家当美术顾问，考虑来考虑去，还是你能够胜任此职。”

“当顾问可不敢当，但能为新中国的邮票设计做一点事，当然很高兴。”

就这样，周令钊便担当起了这个“顾问”。

中央美院的同事知道周令钊年纪轻轻就当上了邮电部的首任邮票美术顾问，半开玩笑半认真地说：“顾问顾问，只顾不问，好差事！”

（5） 孙传哲（1916—1995），浙江宁波人，上海美术专科学校、南京中央大学毕业，著名邮票设计大师。他设计或参与设计的邮票达 150 余套，是中国设计邮票最多的知名邮票设计家。20 世纪 50 年代，他设计的《林业建设》《关汉卿戏剧创作七百年》邮票中各一枚被收入英国《集邮者年鉴》，当年评出的世界设计得最好的 10 枚邮票中就有 1 枚出自他的手笔。1980 年邮电部评出的 30 套新中国成立 30 年最佳邮票中，由他设计的占 1/3 以上，被称为“中国邮票设计第一人”。

走马上任后的周“顾问”却是一个干实事的顾问。他每周要到邮票局一次，与设计人员现场探讨设计方案，有时还提出具体的修改意见。他的现场讲解变成了设计专业课，设计组的人都跑过来听。后来，孙传哲干脆要求大家在周“顾问”来之前把各自的问题准备好，周“顾问”到了，集中进行讲解。当然，也可以个别请教。

孙传哲也经常到周令钊家里去。他们见面聊的都是邮票的事，关于设计题材、样式，主题表现，推陈出新等都聊，还请周令钊推荐美院毕业生到邮票局设计部门工作。

周令钊经常带着班上的学生去邮票局，让他们也参与其中。一些学生被孙传哲看中，毕业之后就被留了下来。这些人中，有些后来成了中国邮票设计的大家。

邵柏林、刘硕仁、卢天骄等就是其中的优秀者。

邵柏林是邮票设计家、摄影家，天津市人。在中央美术学院专习装饰美术，1953 年毕业，分配到邮电部邮票发行局从事邮票设计工作。曾为中国摄影家协会、中国邮票总公司设计徽标。原中国电信的回纹“中”字形标志就是出自其手。

刘硕仁、卢天骄同是周令钊的学生，在中央美院是上下届，后来结为夫妻。

1957 年，周令钊设计的纪念邮票

《胜利超额完成第一个五年计划》

《中华人民共和国成立十周年》纪念邮票设计原稿（1）

《中华人民共和国成立十周年》纪念邮票设计原稿（2）

《中华人民共和国成立十周年》纪念邮票设计原稿（3）

刘硕仁于 1953 年中央美院毕业后到邮票局，后来成为新中国第一代邮票设计家，他的作品《蝴蝶》《菊花》《奔马》和《毛主席逝世一周年》等 7 项获新中国成立 30 年最佳邮票奖，《古桥》获新中国最佳首日封奖，《京剧脸谱》《白鱀豚》在日本被评为 1980 年中国最佳邮票，《全国邮联一大》获 1982 年最佳首日封奖，《西厢记》获 1983 年最佳设计奖。其他作品有《鲁智深》《伏羲举日》等。

卢天骄于 1954 年中央美院毕业后也到了邮票局，她设计的《唐三彩》《周恩来逝世一周年》《宋庆龄逝世一周年》《吴昌硕作品选》《郑板桥作品选》《吉林雾凇》等邮票，受到好评并获奖。她是新中国第一位女邮票设计家。

周令钊还逐步被孙传哲拉进了邮票设计队伍。

孙传哲说："花鸟虫鱼、旅游观光等具象题材的东西，就不费你的心了。但那些政治性强的，题材过于抽象的，我们把握不好的，就要请你帮忙了。"

政治，是那个时代的"山芋"，搞不好，就容易被烫着。

那几年，周令钊设计了《迎接党的八大胜利召开》《第一届新兴力量运动会》《中华人民共和国成立十周年》《胜利超额完成第一个五年计划》《第三届全国文代会》《四大名楼》等政治性强的系列邮票。其中，《中华人民共和国成立十周年》纪念邮票获最佳邮票设计奖。

《家》/纸本水彩/1954年

这是周令钊在校尉胡同的家。用两组书柜隔成了内外屋，窗外是中央美院旧址。在这里，周令钊设计了人民解放军三大勋章和多套邮票，画了《世界人民大团结》等许多画作

~ ~ ~

设计新中国首次授勋的三大勋章

1955年2月底的一天，解放军原总后勤部两位同志来到周令钊家。一见面，那两位同志便笑着说："我们以为您是那种'德高望重'的样子，没想到这么年轻！"

他们说明了来意，是想请周令钊为解放军设计新中国首次授勋的三大勋章。

来人告诉周令钊，为了表彰为中国人民解放及革命事业建立功勋的人民功臣，2月12日，全国人民代表大会常务委员会第七次会议通过了《关于规定勋章、奖章授予中国人民解放军在中国人民革命战争时期有功人员的决议》和《中华人民共和国授予中国人民解放军在中国人民革命战争时期有功人员的勋章奖章条例》。决定设立"八一勋章""独立自由勋章""解放勋章"三种勋章和奖章，分别授予三个方面的人员：一是在中国工农红军时期、抗日战争时期、解放战争时期参加革命战争的有功人员；二是在解放战争时期直接领导原国民党

军队起义的有功人员；三是对人民解放战争的有功人员以及对和平解放西藏地区的有功人员。其中，各种勋章要分为一、二、三级。周令钊高兴地接受了这一任务。他说：“能做这个设计，是我的荣幸。”

周令钊翻阅大量的历史文献资料，探寻三大勋章设计的主体思路。循着近代中国的历史轨迹，他看到了苦难深重的中国，列强入侵，山河破碎，生灵涂炭，中华民族所遭受的前所未有的苦难；他看到了，1919 年五四运动之后的中国，因为 1921 年中国共产党诞生的这一开天辟地的大事变，深刻地改变了中华民族发展的方向和进程；他看到了，中国共产党从诞生到在北京执掌全国政权，所走过的整整 28 年中，多少危急时刻，多少重大关头，中国共产党人以非凡的智慧和勇气，推动了一次次伟大的历史转折；他还看到了一个伟大的政党与人民生死与共、水乳交融、浴血奋战的波澜壮阔。他为新中国的诞生和人民的新生骄傲和自豪，为这个伟大的政党领导的人民军队骄傲和自豪！

在澎湃的激情感召下，周令钊很快提出了三大勋章设计的视觉化表达思路，并画出了草图：“八一勋章”的中心图案是“红星”和“八一”，突出反映中国共产党于 1927 年 8 月 1 日独立领导革命武装的光辉史实；“独立自由勋章”的中心图案为红星照耀下的延安宝塔山，象征在中国共产党的领导下，革命圣地延安是中国人民抗日民族战争的革命大本营；“解放勋章”以五角星和天安门为中心图案，表现中国共产党领导人民武装夺取全国胜利的伟大历程。

周令钊提出的设计思路及设计草图很快得到军方批准。

这套勋章的设计，外形厚重大气，信息明确，是一套富于民族传统和时代特色的设计作品。定稿后，夫人陈若菊也参与进来一道进行了深入细化的绘制工作，并精细画出每一枚勋章的立体效果图，以便生产制作。

军方将制作的三大勋章样章逐级报批至中央高层批准。

八一勋章

独立自由勋章

解放勋章

1955 年，周令钊主笔设计的“八一勋章”“独立自由勋章”“解放勋章”，夫人陈若菊参与设计绘制

八一勋章为金黄色或金银色相间的金属制品，其图案外形为钝角五角星，中间衬以军徽，以尺寸的大小和含金量的多少区分一至三级，授予在中国工农红军时期（1927 年 8 月 1 日至 1937 年 7 月 6 日）参加革命战争的有功人员。八一勋章共分三级：一级授予当时师级以上干部，二级授予当时团级和营级干部，三级授予 1935 年 10 月 20 日前参加中国工农红军第一方面军、1936 年 9 月 30 日前参加中国工农红军第二方面军和中国工农红军第四方面军、1935 年 9 月 30 日前参加陕北红军和红军第二十五军以及 1937 年 7 月 6 日前坚持各地游击战争和参加东北抗日联军的连级以下人员。

独立自由勋章图案外形为八角星，中间为红星照耀下的延安宝塔山，质地、颜色与八一勋章相同，授予在抗日战争时期（1937 年 7 月 7 日至 1945 年 9 月 2 日）参加革命战争有功人员。独立自由勋章共分三级：一级授予中国工农红军改编为八路军时的旅级和相当于旅级以上干部；中国工农红军改编为新四军时的支队级和相当于支队级以上干部；1945 年 9 月 2 日前在八路军、新四军和中国共产党领导的抗日游击队中相当于军的纵队级和新四军师级以上干部。二级授予抗日战争时期的旅级和团级及与其职务相当的干部。三级授予抗日战争时期的营级和连级及与其职务相当的干部。

解放勋章图案外形为钝角五角形，中间为红星照耀下的天安门，质地、颜色与八一勋章相同。授予在解放战争时期（1945 年 9 月 3 日至 1950 年 6 月 30 日）参加革命战争的有功人员。解放勋章共分三级：一级授予解放战争时期的军级以上及与其职务相当的干部，二级授予解放战争时期的师级及与其职务相当的干部，三级授予解放战争时期的团级和营级及与其职务相当的干部。对直接领导国民党军队起义的人员（包括 1950 年 6 月 30 日后直接领导起义的在内），根据功绩大小，分别授予一、二、三级解放勋章或解放奖章。

1955 年 9 月 23 日，周恩来总理向全国人大常委会提交了提请授予勋章的第一批名单并审议通过，决定授予朱德等 131 人一级八一勋章，授予朱德等 117 人一级独立自由勋章，授予朱德等 570 人一级解放勋章。

毛泽东主席签发了授勋令。

9 月 27 日下午 5 时，新中国首次授元帅军衔及授予勋章典礼在北京中南海怀仁堂隆重举行，毛泽东主席授予朱德、彭德怀、林彪、刘伯承、贺龙、陈毅、罗荣桓、徐向前、聂荣臻、叶剑英 10 人元帅军衔，并分别授予一级八一勋章、一级独立自由勋章、一级解放勋章。

同日，国务院隆重举行新中国首次授予将官军衔典礼，周恩来总理授予粟裕、徐海东、黄克诚、陈赓、谭政、萧劲光、罗瑞卿、张云逸、王树声、许光达 10 人大将军衔，并分别授予一级八一勋章、一级独立自由勋章、一级解放勋章。

根据中央安排，1955 年颁发现役军人的勋章、奖章，1956 年颁发转业、复员和离队军人的勋章、奖章。

1955 年 9 月 27 日下午，在中南海怀仁堂，毛泽东为十大元帅授元帅军衔，并同时授予一级八一勋章、一级独立自由勋章、一级解放勋章。图为毛泽东为朱德元帅授衔、授勋（摄影：张庆民 / 图片提供：视觉中国）

在1955年授勋中，共授予各种勋章10万余枚，奖章56万余枚。

周令钊和夫人陈若菊还参与了元帅服的设计工作。

…… …… ……

为新中国“第一宫”点睛

新中国成立初期，百业待兴。执政的中国共产党领导中国人民在“一穷二白”的版图上进行了一场艰苦卓绝的激情奋斗。

新中国成立后的5年内，全国投资总额为550亿元，开展的工矿建设项目1万多个，其中大、中型项目就有900多个，比原计划增加了200多个，我国过去没有的一些工业，包括汽车制造等由此从无到有；全国耕地面积扩大近6000万亩，新增的灌溉面积大幅提升；全国铁路通车里程近3万公里，宝成铁路、鹰厦铁路、武汉长江大桥等干线交通项目先后建成。全国公路通车里程达到25万公里，康藏、青藏、新藏公路相继通车。到1957年年底，社会主义改造和社会主义建设都取得了巨大成就，国民经济面貌发生了重大变化，超额完成第一个五年计划。

在北戴河召开的一次会议上，中央明确提出要在经济建设方面有所突破，搞几个经典工程，向世界展现新中国的崭新形象。

1958年8月，中央决定，为庆祝中华人民共和国成立十周年，在北京建设“十大工程”，这些工程包括：人民大会堂、中国历史博物馆与中国革命博物馆（两馆属同一建筑内。2003年2月28日正式更名挂牌为中国国家博物馆）、中国人民革命军事博物馆、民族文化宫、民族饭店、钓鱼台国宾馆、华侨大厦、北京火车站、全国农业展览馆、北京工人体育场。

“北京十大建筑”被视为当时的国家十大建筑，是中华人民共和国成立十周年的献礼工程。中央要求这些重大建筑必须在1959年国庆节时投入使用。

此时，距1959年10月1日国庆节只剩不到400天！

中国共产党领导下的新中国给了人民前所未有的希望，这种希望逐渐衍化成一种坚定的信念。信念是一种无坚不摧的力量。在这不到400天的时间里，“北京十大建筑”的建设者们创造了世界建筑史上的一个个奇迹。

风华正茂的周令钊被任命为民族文化宫美术设计组组长，同时参与人民大会堂的建筑装饰设计工作。

民族文化宫是“北京十大建筑”的标志性建筑之一，既是一座专门为新中国的少数民族修建的宫殿，也是中国56个兄弟民族平等、团结、进步、繁荣的象征，更是党和国家民族政策的具体体现。

中国著名建筑师张镈(6)任民族文化宫的建筑总设计师。张镈带领建筑设计小组的建筑师周治良、孙培尧、肖济元、苏纹等作民族文化宫的具体规划、设计方案，前后共做了16个方案。1958年3月，乌兰夫副总理邀请贺龙、李富春、李先念等国家领导人到北京饭店评审定案，5月正式破土动工。

设计小组以汉族文化传统为基础、基调来设计民族文化宫的外形。鉴于已经列有的礼堂、图书馆、展览馆、康乐餐饮部等几项不同的功能，每项都有其本身相对独立的要求，不可能用同一个面积和空间来塑造内容与形式的统一，经过反复研究，师法故宫午门门楼用若干联结体组成整体的布局手法，结合在高台上雄踞主塔和边廊的办法，使每项功能各得其所。在具体部位上，舍弃沉重、压抑的大屋顶，代之以亭、台、楼、阁等体型较小、轮廓丰富的轻巧造型。

外形设计理念的准确表达需要美术设计的精准进入。

周令钊从民族文化宫建筑设计阶段就介入美术设计工作。他负责民族文化宫除建筑结构设计外的全部装饰与美化的整体设计和设计指导工作，如民族文化宫大门、礼堂幕布、“宫”内一切装饰设计等。同时，他也认真地对全“宫”整体造型、材料质感与色彩设计提出具体意见和建议。他反复与张镈的建筑设计小组沟通、探讨，使美术设计与建筑设计高度融合。他将具有各民族鲜明特征的民族文化变成一个个生动的艺术符号，

(6) 张镈（1911—1999），山东省无棣县人，中国著名建筑师，1934年毕业于中央大学建筑系，主持设计了人民大会堂、北京饭店、民族饭店、友谊饭店、民族文化宫等建筑。他一生主持、指导了200多项重大工程，数量之多，造诣之深，世界少有。

融进民族文化宫的每一个美术设计细节，使这个在新中国诞生的民族建筑果实丰润多姿，异彩纷呈。

民族宫礼堂不算华丽，但周令钊主持并参与设计的“宫”内剧场幕布等和全国所有的剧场不同，独树一帜：金花大幕，垂着流苏，幕布上的花纹是按照苗族的绣花图案设计绣制的。为完成刺绣任务，当时聚集了多名技艺高超的刺绣工匠来共同完成。

周令钊带着中央工艺美术学院年轻教师常沙娜、陈若菊、李绵路等共同完成的美术设计与制作，成为民族文化宫的精彩点睛之笔。

民族文化宫坐落在北京长安街西侧，是一座具有博物馆性质的民族风情展览馆，建筑面积32000平方米，主楼13层，高67米，东西翼楼环抱两侧，中央展览大厅向北伸展，飞檐宝顶冠以孔雀蓝琉璃瓦，楼体洁白，塔身高耸。整个建筑造型别致、富丽、宏伟、壮观，具有独特的中国民族风格。

毛主席亲笔写下“民族文化宫”五个大字。竣工前夕，时任国家民委副主任汪锋向毛主席汇报，毛主席满意地说：“我都知道了，你们搞得不错。”

中华人民共和国成立十周年之际，民族文化宫正式落成。“十年来民族工作展览”经由周恩来、朱德、邓小平、宋庆龄等党和国家领导人亲自审定后对外展出。刘少奇、周恩来、陈毅、李富春、彭真、李先念等党和国家领导人以及柬埔寨国家元首诺罗敦·西哈努克亲王等国际友人，亲临民族文化宫出席展览开幕式并参观展览。

作为新中国“第一宫”，民族文化宫载入英国出版的《世界建筑史》，1994年被北京市民选为50座“我最喜爱的民族风格建筑”之首，1999年国际建筑师协会第二十届大会上被推选为20世纪中国建筑艺术精品之一，2016年9月入选首批中国20世纪建筑遗产名录。

为刘少奇访问印度尼西亚设计国礼

1963年元旦刚过的一个上午，外交部礼宾司一位负责同志通过中央美院找到周令钊，说有一个特殊的工作需要他来完成，现在就要去接受任务。周令钊也没有多问是什么任务，就上了外交部的车。使他没有想到的是，车子直接开到了中南海西花厅周恩来总理的家门口。

邓颖超热情地将他们迎进了客厅，说："总理昨晚通宵办公，刚睡不久，我就不叫他了。""今年4月中旬，少奇同志将以国家主席身份访问印尼、缅甸、柬埔寨、越南四国，这是中国国家元首首次出访东南亚。总理对这次出访很重视，提出要专门设计制作国礼。印尼是少奇同志出访的第一站，建议设计一个苏绣礼品送给苏加诺总统。"邓大姐接着说。邓大姐还针对国礼设计转达了总理的一些具体的建议。

从中南海出来，周令钊直奔中央美院图书馆，查阅相关资料。

印度尼西亚位于亚洲东南部，地跨赤道，是世界上最大的群岛国家，由17508个大小岛屿组成，素有"千岛之国"之称，疆域横跨亚洲及大洋洲，长期遭受殖民统治。日本投降两天后的1945年8月17日，苏加诺宣布印尼独立并出任总统职务。独立宫是印尼民族独立的重要标志。1950年4月13日，印尼与中国建交。

设计中，周令钊将中国的天安门和印尼的独立宫分置于画面两端主体位置，中间以湛蓝的海水相衬，上方用七彩长虹相连，象征两国源远流长的友谊和灿烂美好的未来。画面庄重大气，色彩明快，诗意灵动，寓意深远。

画稿绘制好后，交由外交部礼宾司征求印尼驻中国大使馆的意见。有人提出，彩虹不是经常能够见到的，能否将彩虹改为中国的石拱桥。这个意见也反映到了周总理那里。

周令钊和外交部礼宾司的负责同志第二次来到中南海西花厅。画稿平铺在周总理家客厅的小方桌上，邓颖超找来小鹅卵石压住四角。周总理看过画稿，沉思了一会儿说："总体不错。上方还是用彩虹为好。只要有太阳，彩虹总是会出现的。如果用石拱桥将天安门和独立宫连在一起，太写实，有损意境。况且，石拱桥容易风化，最多也就一两千年。"此时，日理万机的大国总理更像一位深谙设计之道的艺术大家，侃侃而谈，深入而专业。周总理建议对画稿中的天安门和独立宫两个主体元素再做深入刻画，对画面的整体性再进行调整。

过了两天，周令钊带着修改好的画稿和外交部礼宾司的同志第三次来到中南海西花厅。邓颖超已在客厅等候。邓大姐说，总理委托她和大家商量定稿，总理就不看了。当时在西花厅的，还有苏绣厂的两位同志。

周令钊将画稿展开，摆在邓大姐面前。

秘书推门进来，告诉邓颖超："陈毅同志的夫人张茜同志到了。"

"请她进来，一起看看。"邓颖超说。

见到张茜，邓大姐说："正在为你们出访印尼准备礼品呢，正好，你也来看看。"

大家都说这个设计稿好。

邓大姐说："我看可以了，就这样定了。"她侧过身，对坐在旁边的苏绣厂的负责人说："这是国礼，一定要精心制作，下一步就看你们的了。"

临别前，邓颖超从里屋拿出一盒精美的点心交给周令钊，说是以此慰劳慰劳设计师，并说这是朝鲜金日成主席送给总理的礼品。

1963 年 4 月 12 日，国家主席刘少奇和夫人王光美应邀访问印尼，两国元首会见时，刘少奇将这个饱含中国人民深情厚谊的精美礼品送给了苏加诺总统。陪同访问的外交部部长陈毅和夫人张茜、副外长黄镇、部长助理乔冠华等在座。

全运会团体操背景设计的中国创举

1965年北京花开时节，周令钊接到通知参加了国家体委召开的第二届全国运动会筹备工作会议。会上，体委负责人说，报经中央同意，第二届全运会将在新中国成立16周年前夕举办，党和国家领导人将出席开幕式。

体委负责人强调，这届全运会是新生的人民共和国在经历了三年自然灾害、抗美援朝、中苏关系恶化、“大跃进”等重大洗礼后举办的国内最重要的综合性运动会，中央特别重视。国务院副总理、国家体委主任贺龙担任全运会筹备委员会主任，万里等57人为委员，大会主席团下设指挥部，辖政治部、办公室、竞赛部、宣传部、行政管理部、警卫部、团体操表演部等7个部门，荣高棠任总指挥。中央要求集中优势兵力办好全运会，特别是要办好全运会开幕式，以振奋精神，鼓舞人心。从现在起，启动筹备工作。

然后，指挥部所辖各部门分头开会，领会精神，安排任务，明确分工。

周令钊在团体操表演部，被任命为团体操背景设计组组长。

在中国，全运会开幕式除了运动员入场式、领导人致开幕词等基本的仪式外，大型团体操表演是开幕式的重头戏，是代表国家最高规格、最大规模、最高水平的团体操表演，也是国家政治表达的重要途径之一，精彩而富有民族特色的大型团体操表演将开幕式推向高潮，成为万众瞩目的焦点。1959年9月13日在北京举办的第一届全运会开幕式上的《全民同庆》团体操就以主题突出、规模宏大、气氛热烈，在国内外引起强烈反响。

周令钊虽然设计过天安门广场国庆国礼仪仗队和文艺大军的游行队伍，但没有涉足过需要高度协调和统一的大型团体操背景设计，而且，团体操背景需要坐在“背景”位置上的大批人翻动手持的各色“板”来实现。况且，背景“翻板”的实施者是一群活泼好动的中学生。

团体操是一项反映一定的主题思想，与体育高度结合，融音乐、舞蹈、美术、运动、服饰于一体的群众性表演项目。团体操的背景必须与团体操相互映衬，高度融合。当时中国经济还刚刚起步，科技水平低，几乎没有声、光、电等科技手段应用的可能。

一项充满挑战的任务摆到了周令钊面前。

团体操表演部不停地开会，研究整体结构和表现方式。

当时，朝鲜民主主义人民共和国的团体操表演很有名气，大家向国家体委提出了到朝鲜去学习的想法。国家体委立即组团赴朝鲜考察。

从朝鲜考察回来，团体操表演部结合当时中国的实际，很快构建了第二届全运会团体操总体方案。

团体操设计由“序幕”“高举革命火炬”“自力更生奋发图强”“人民公社好”“紧握手中枪”“红色接班人”“将革命进行到底”七个章节组成，整场表演时长为 70 分钟，约 1.6 万人参加团体操演出，1 万人参加背景“翻板”表演。

周令钊多次到开幕式举办地北京工人体育场实地考察。

北京工人体育场是中华人民共和国成立初期北京十大建筑之一，1958 年 9 月 5 日被正式确定为首都工人阶级向中华人民共和国成立十周年的献礼工程。随后，建设者们仅用 11 个月零 13 天就全部建设完成。一座能容纳 7 万观众的巨大的椭圆形建筑，在当时北京东郊的一片大苇坑上拔地而起。

周令钊提出，由 1 万名中学生在主席台对面的观众席上，拿着有十几个颜色页面的本子，按设计要求进行“翻板”，作为团体操背景。

周令钊说，新生的人民共和国是东方大国，也是世界大国，全运会的背景设计一定要有大国手笔和情怀。

1 万人通过“翻板”翻出一幅幅画面，是件十分困难的事情。周令钊经过冥思苦想和一次次论证、推定，将 1 万个座位用平面分割的办法，切成 1 万个方格，每一个方格就是举着彩色本子的一个人。他根据团体操的章节，设计了详细的背景表演方案，包括每一个章节的图案样式，万人所持彩色“翻板”的翻页程序，“动画”表演的节奏安排，人员组织与分工、训练和彩排等。

方案得到一致认可后，便开始了紧锣密鼓地组织实施。

周令钊设计制作了 1 万本装有十多页白板纸的大本子，本子大到只留下每一个人的眼睛不被遮挡。每页纸编上号，每个号对应相应的颜色，并印发了每种颜色的设色标准。

北京市将1万个名额分到各所学校。每所学校到指定地点领取大本子和颜料，由学校组织本校师生按照统一要求在大本子上涂颜色，制作“翻板”，每一块“板”上涂一个颜色。

为了检查“翻板”制作质量，周令钊和他的团队成员一个学校一个学校地去检查、验收。

“翻板”制作完成后，每个学校按照分解图进行排练。周令钊像一个指挥千军万马的将军，穿梭于每个学校的排练“战场”。为了看清训练队伍的全景，他需要站到学校附近的楼顶等高处位置上。组委会还专门为他买了个手提高音喇叭，以方便他“发号施令”。

1965 年，周令钊设计并绘制的第9期《新体育》杂志封面

1965年9月11日，第二届全国运动会在北京工人体育场隆重开幕。毛泽东、刘少奇、周恩来、朱德、邓小平等党和国家领导人出席开幕式。

来自解放军和各省、市、自治区等30个代表团的5922名运动员分列入场，贺龙致开幕词之后，郭兰英演唱的开场曲《丰收歌》随着1万名中学生翻动的“麦浪”“棉田”的巨大背景表演，拉开了大型团体操《革命赞歌》的大幕。

成千上万个表演者参与的团体操演出，以雄伟壮观的队形变换和绚丽多彩的表演造型，在具有强大视觉冲击力的万人“翻板”背景烘托下，这个新生国家充满激情地展现自我，场面盛大，激动人心。周令钊创造性地运用“翻板”背景技术，通过背景区域表演人员的相互配合，统一翻动画有不同颜色的本子，使背景不断产生奇幻般的变化效果。

第一场“序幕”由“开场表演”和“少先队员为国家领导人献花”两部分组成。背景依次是“海洋”“旭日东升”“毛主席像”的画面和“毛主席万岁”“中国共产党万岁”“中华人民共和国万岁”“总路线万岁”的标语组成。

第二场“高举革命火炬”由“炬火燎原”和“五星红旗”两小节组成。背景依次是“高举毛泽东思想红旗奋勇前进”的标语、“火炬”画面、“天安门”画面、“将革命进行到底”的标语。

1965年9月11日，第二届全国运动会在北京工人体育场隆重开幕。毛泽东、刘少奇、周恩来、朱德、邓小平等党和国家领导人出席开幕式（摄影：翁乃强/图片提供：视觉中国）

在北京工人体育场演出的大型团体操《革命赞歌》鸟瞰

第三场“自力更生奋发图强”由“咱们工人有力量”“钢水奔流，机轮转动”“银锭飞转，彩织飘舞”“石油海浪”四个小节组成。背景依次是“自力更生奋发图强”的标语、“钢水奔流”画面、“花布”画面、“大庆油田”画面组成。

第四场“人民公社好”由“你追我赶”“丰收景象”“收割忙”“庆丰收”四个小节组成。背景依次是“人民公社好”的标语、“大寨梯田　麦浪滚滚”画面、“五谷丰登　六畜兴旺”画面组成。

第五场“紧握手中枪”由“队列”“射击”“刺杀”三个小节组成。背景依次是“全民皆兵威力无穷”“援越抗美”等标语组成。

第六场“红色接班人”由“锻炼身体”“热爱劳动”“立志做红色接班人”三个小节组成。背景依次是“少先队员献花”画面，“游泳、射击、登山、通信四项活动”画面，“葵花向太阳”画面，“少先队员的誓言”画面组成。

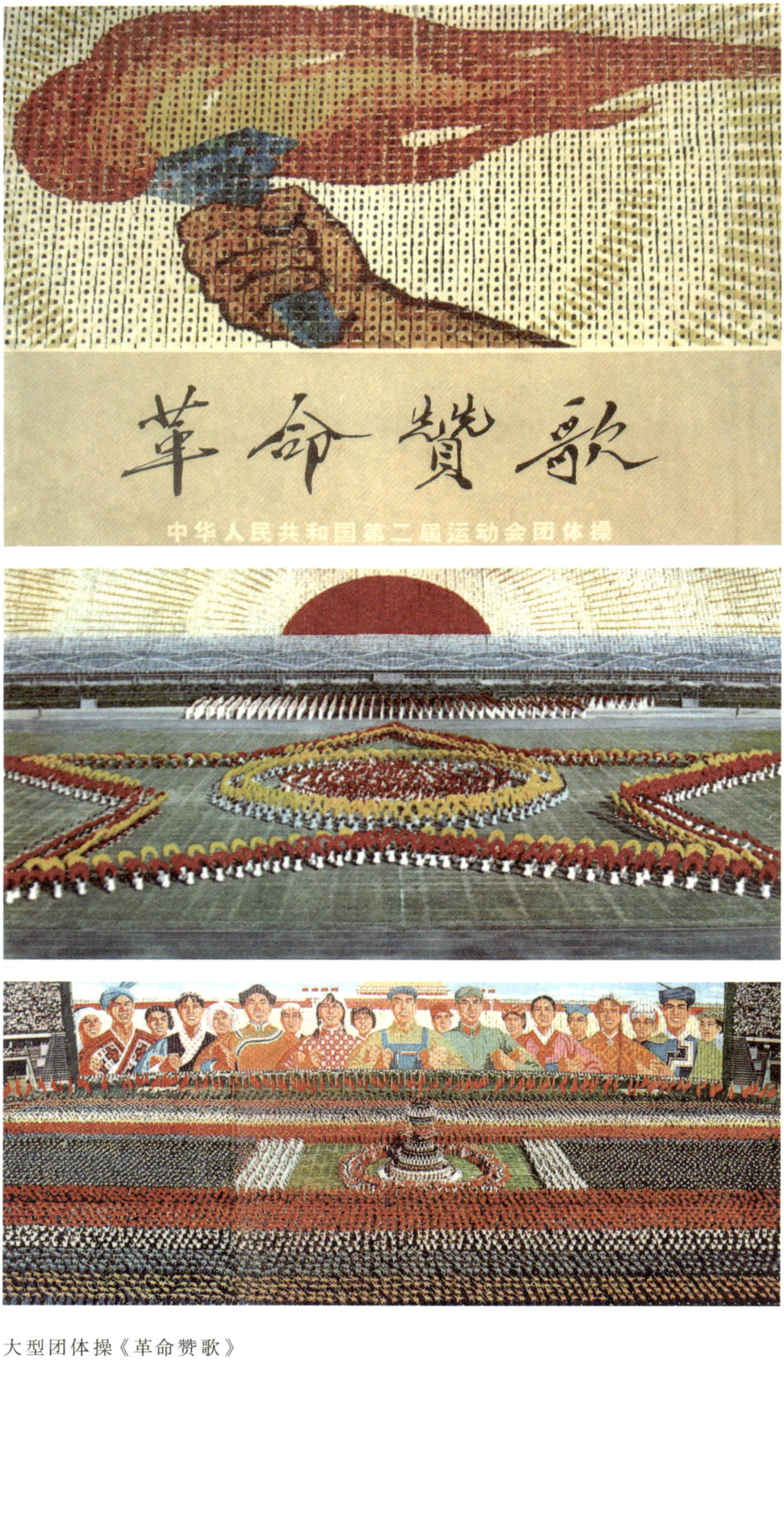

大型团体操《革命赞歌》

第七场“将革命进行到底”是大型方阵表演。背景依次是“各民族人民大团结”画面、“援越抗美”画面、“全世界无产阶级联合起来”的标语、“全世界人民团结起来”的标语、“打倒美帝国主义”的标语、“将革命进行到底”的标语。

《革命赞歌》开创了中国大型庆典活动大规模动员群众的先河，在世界团体操表演历史上也不多见，透露出一种势不可挡的精神力量。

这次全运会共有 24 人 10 次打破 9 项世界纪录，331 人 469 次打破 130 项全国纪录。

第二届全运会于 9 月 28 日闭幕。刘少奇、周恩来、朱德、邓小平等国家领导人和柬埔寨国家元首诺罗敦 · 西哈努克亲王等国际友人出席了闭幕式，分别向获得第 28 届世界乒乓球锦标赛 5 项冠军的运动员和 1965 年打破举重、射击、射箭、飞机跳伞、航空模型等世界纪录的 94 名运动员，颁发了体育运动荣誉奖章。

为了表彰开幕式团体操表演的成功，国家体委同时授予团体操的主要编导包括音乐和美术人员体育荣誉奖章。周令钊获得金质奖章。颁奖时，获奖人员站成三排，作为国宾的柬埔寨国家元首诺罗敦 · 西哈努克亲王为第一排获奖者颁奖，刘少奇、周恩来分别为第二、第三排人员颁奖。周令钊从诺罗敦 · 西哈努克亲王手中接过奖杯。

此后，周令钊参与设计了 1975 年 9 月 12 日至 9 月 28 日在北京举办的第三届全运会开幕式大型团体操《红旗颂》和 1979 年 9 月 15 日至 9 月 30 日在北京举办的第四届全运会《新的长征》大型团体操背景，并作为艺术顾问参加了 1990 年 9 月 22 日至 10 月 7 日在北京举办的第十一届亚洲运动会的相关工作。

周令钊设计的大型团体操背景，用不断创新的表现手法和崭新的视觉形象向世界传达了中国人的价值观。

1975 年，周令钊（中）和第三届全运会大型团体操《红旗颂》“翻板”背景设计小组成员

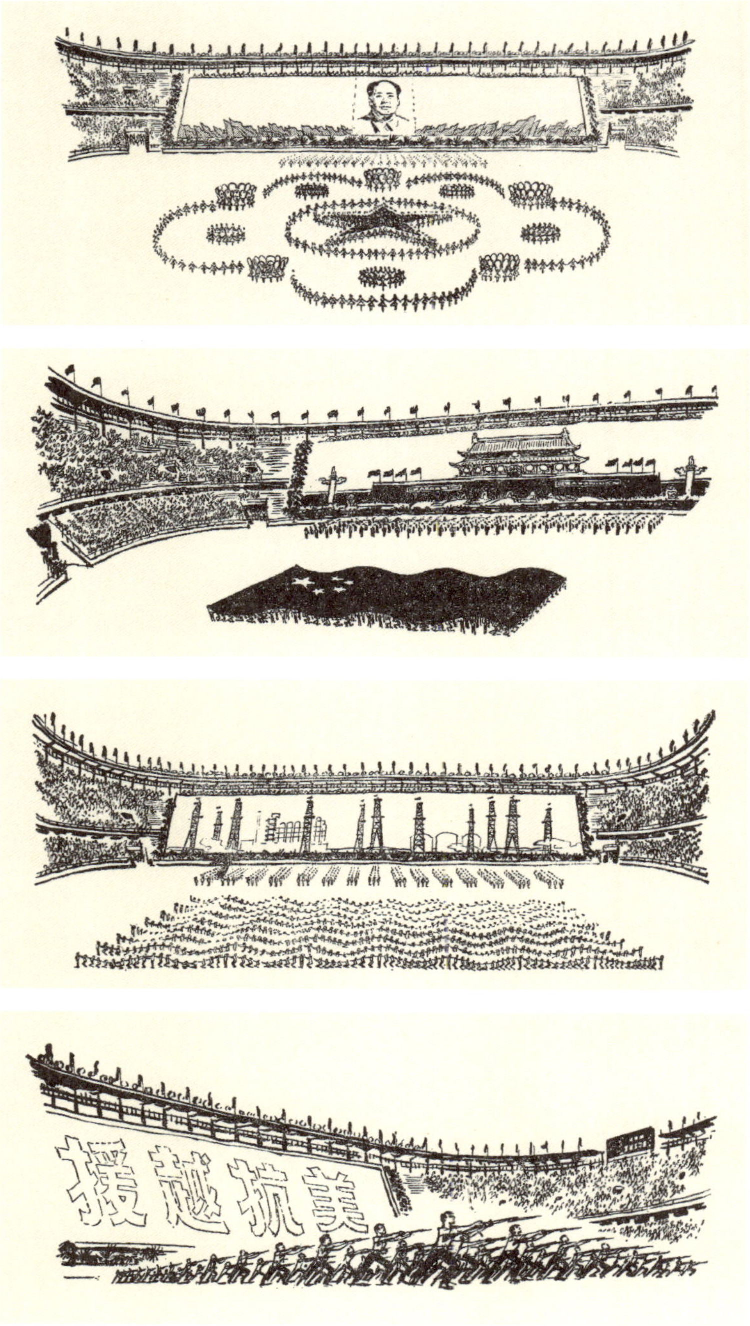

周令钊作全运会速写

农业学大寨

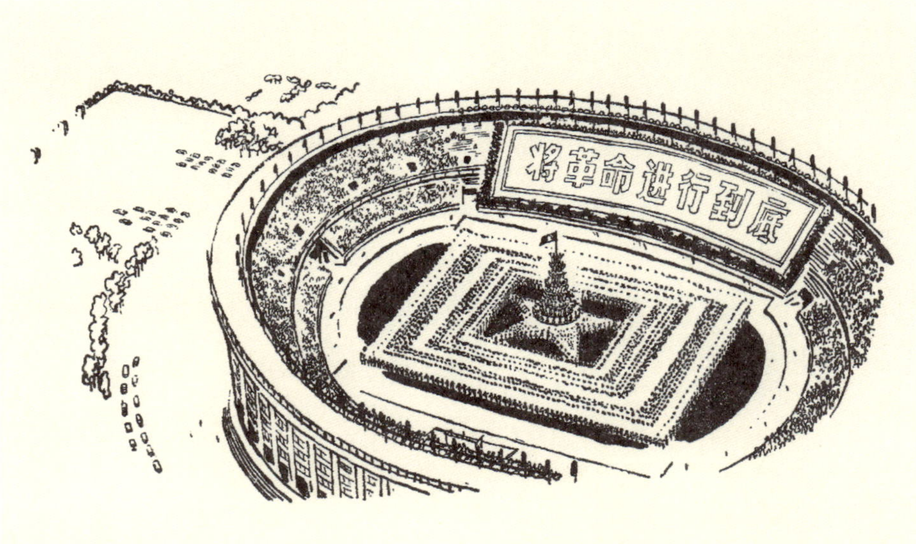
将革命进行到底

第七章

/

初 心 不 改

/

… … …

一夜之间成了“反革命”

1967年12月16日，上海《文汇报》赫然整版刊出一篇题为《一个暗藏在革命阵营内的反革命别动队》的文章，将中国共产党领导的以演剧方式进行抗日和民族解放宣传的文艺团体“抗敌演剧宣传队”定性为“反革命别动队”。此文出台后，全国各地革命委员会机关报纷纷对“抗敌演剧宣传队”口诛笔伐，严加鞭笞。随后，在全国范围内掀起了一股揪斗、追害原抗敌演剧宣传队成员的狂潮。

1938年1月，日军已侵占华北、上海、南京等地。为动员全民奋起抗战，在以国共合作为核心的抗日民族统一战线推动下，国民政府军事委员会成立政治部，周恩来出任副部长。4月，成立以郭沫若为厅长的第三厅，主管抗日宣传动员工作。8月，在武昌昙花林宣布成立10个抗敌演剧队、4个抗敌宣传队和1个孩子剧团。其中，抗敌演剧队由郭沫若、田汉、洪深主持训练1个月后分派各战区抗日前线工作。

抗敌演剧队建制为28人，正副队长由上级任命，队务委员民主产生，队内实行民主管理，大多数抗敌演剧队建立了中共地下支部，建队初期由中共第三厅特支领导。此后各个阶段的活动都是在周恩来和中共南方局领导下进行的。

抗战前期，抗敌演剧队一队在广东，二队在江西、湖南，三队在山西，四队在湖北，五队在安徽、江西，六队在安徽、山东，七队在浙江，八队在湖南，九队在广西，十队在河南，进行演剧宣传活动。

1941年1月4日，国民党当局制造了震惊中外的皖南事变，解除了郭沫若的第三厅厅长职务，迫使抗敌演剧队先后解散或改组，并对演剧队进行更名。将抗敌演剧队改为军事委员会政治部抗敌演剧宣传队，简称“剧宣队”。一队改为四队留柳州，二队改为九队留长沙，三队改为二队仍留山西，八队改为六队调湖北恩施，九队改为五队仍留广西。另将抗宣第一队改为七队，在广东活动。

抗敌演剧宣传队在中国共产党的领导下，以文艺形式唤起广大民众，为中国民众的觉醒与崛起，为中华民族的解放，为新中国的成立做出了不可磨灭的贡献。

同时，在长期艰苦卓绝的艺术实践中，培养了一大批骨干力量，创作和演出了众多优秀戏剧作品，在导演艺术、舞台美术等方面开创了话剧大众化、民族化的崭新道路，成为中国话剧史上的光辉篇章。周令钊是 1942 年在田汉建议下到柳州加入抗敌演剧队五队的，一直是这支队伍里充满战斗精神的斗士。

《文汇报》文章刊出的第二天午餐时分，中央美术学院的大喇叭在播放一段雄壮的革命歌曲之后，一个有些稚嫩的声音全文播出此文，念完后，故意提高声调高喊："把中央美术学院反革命别动队黑干将周令钊揪出来！"

那天，周令钊听到把他"揪出来"这句话时，一时真是糊涂了。

回到家里吃午饭，夫人陈若菊告诉他，她刚刚听了广播，上海的《文汇报》发表了大篇幅的文章，"揭露"抗敌演剧队作为"反革命别动队"的"罪恶行径"，叫嚷着要深挖反革命，挖出黑后台。

周令钊心里一阵发紧。

那时，周令钊住在北京东城区的大雅宝胡同甲 2 号。

大雅宝胡同甲 2 号为中央美术学院的家属院，是一个位于现在金宝街与二环路相交处的四合院，20 多间房子，先后住过叶浅予、戴爱莲、李苦禅、李可染、邹佩珠、董希文、祝大年、吴冠中、张仃、程尚仁、黄永玉、侯一民、邓澍等多位知名艺术大师。齐白石虽然不在这里住，因为这个院子里住着他的很多好朋友，便时不时来做客、聊天，因为年长，大家叫他"大家长"。这个院子，被后人誉为当代中国美术界的"大宅门"。

周令钊彻夜难眠。

冰冷的月光透过窗棂照在周令钊的脸上。望着周令钊愁苦的脸庞，夫人陈若菊说："令钊，现在，人家还没有来找你，你就急成这个样子。"周令钊说："我不是急，而是想不通。抗敌演剧队是中共地下党领导的抗战文艺团体，为抗战，立下了汗马功劳，怎么一夜之间就变成了反革命？""周总理最清楚这支队伍是革命的还是反革命的。要么，想办法找找总理去？"陈若菊说。

因为抗敌演剧队隶属于第三厅，第三厅又属于军委会政治部，而周恩来担任政治部副部长，对郭沫若任厅长、主管抗日宣传的第三厅工作非常重视，1938 年 8 月 1 日还出席国民政府军委会第三厅下属的抗日演剧队和抗敌宣传队成立大会，在会上做了关于形势与任务的报告。根据周恩来的指示，第三厅内还组建了中国共产党的秘密特别支部，运用灵活巧妙的方式宣传中国共产党倡议的抗日救国十大纲领，发挥组织群众、宣传群众的作用。周恩来、郭沫若等通过这个机构，在武汉推动轰轰烈烈的抗日救亡文化宣传运动。

《文汇报》文章所称抗敌演剧队的“黑后台”指的是周恩来。

周令钊告诉陈若菊，昨天下午上海一个老朋友打来电话，说曾经在抗敌演剧队工作过的一批人被关起来了，目前还在扩大化。原上海救亡演剧三队队长郑君里[(1)]也被抓起来了。他们之所以要这么搞，有两个原因：一是上面有人要借机“清理”文艺队伍，因为文艺界的人大多数知道中央某位“首长”在上海时的底细；二是想挖出“黑后台”，整倒周总理。现在去找总理，肯定不合适。

后来，周令钊得知，1969 年 4 月 23 日，郑君里在上海被迫害致死。

据有关资料显示，全国有 6000 多抗敌演剧队成员和家属几乎无一幸免地被揪斗、审查或被牵连，14 人被迫害致死。其中，北京、江苏、浙江、湖南、广东、云南等地迫害致死 7 人，上海死 7 人。

中央美院的大喇叭还在重复广播《文汇报》的文章，“揪出反革命别动队的黑干将周令钊”的声音不见减弱。

面对骤然扑面而来的政治风潮，周令钊有些猝不及防。

~ ~ ~

首都闹市里的“牛棚”

1968 年 7 月 13 日上午 10 点，周令钊的女儿周容背着简单的行李从北京站乘火车赴东北，此行的目的地是黑龙江生产建设兵团二师八团（原二九〇农场）一营三连，到那里接受贫下中农再教育，一去就是 8 年多。

周容离京的当天下午，周令钊被组织勒令进了“牛棚”。

陈若菊帮周令钊拎着换洗衣衫，将他送到“牛棚”口。

“牛棚”实际上是中央美院西北面的几间教室。

中央美院在北京王府井校尉胡同 5 号，协和医院老楼的斜

（1） 郑君里，原名郑重，又名郑千里。1911 年 12 月生于上海，1931 年参加“左翼”戏剧家联盟，1932 年进联华影业公司，曾主演过《大路》《新女性》《迷途的羔羊》等影片。抗战爆发后，任抗敌演剧三队队长，在他的艺术生涯中，曾导演过《民族万岁》《戏剧春秋》《求婚》《一江春水向东流》《乌鸦与麻雀》《宋景诗》《林则徐》《聂耳》《枯木逢春》等电影和话剧，是一位优秀的艺术家。

对面，现新东安市场以东，地处北京繁华的商业中心，是北京的闹市区。“文化大革命”开始后，这几间教室成了关押“牛鬼蛇神”的地方。

教室被临时改造，南面的窗户被用木板钉上，木板之间的缝隙用报纸糊得严严实实，以防“牛鬼蛇神”偷窥院内情况；教室被腾空后，摆进了学生宿舍用的上下铺木床。因为关押的人多，教室被床铺塞得满满当当，里边仅仅留一过道；教室北面是围墙，东西两头的通道被堵死，只有一个通往西边院内的小门由看守严加值守，“牛鬼蛇神”不得跨出此门。

“文化大革命”期间，将关押“牛鬼蛇神”的地方叫作“牛棚”。此间，全国各地“牛棚”林立。

进了“牛棚”，周令钊才知道，这几间教室里关的是两方面的人：一是中央美院的领导、教授和个别职工、学生；二是中国美术家协会的一些党政领导干部。

根据“牛棚”规定，被关进这里的人，相互之间禁止交谈，比坐牢的犯人待遇还要低。见到熟人，只能相互点头致意。

在“牛棚”里，周令钊和其他“牛鬼蛇神”每天要做的事情是：清早统一起床后到专门设置的“请示台”向毛主席“早请示”、请罪，然后是朗读、背诵毛主席语录，写“交代”材料，在看守人员管制下打扫室外环境卫生，冲洗厕所，晚上统一关灯就寝前再到“请示台”向毛主席做“晚汇报”、请罪。

“牛棚”里三餐饭的开餐时间是统一的，各自一个饭盆，饭菜装在一个盆里。伙食差，油水少。

被关进“牛棚”的最初十几天，周令钊按部就班，过着失去自由的生活。这是他人生第一次“享受”这样的生活。

一天晚上，周令钊被叫到一间灯光惨白的大房间里，被喝令坐在一把椅子上。他的对面，是一个讲台，讲台上放着一盆葡萄，讲台后坐着的是中央美院学生L革命。L革命光着膀子，表情很凶，很冷漠，好像根本就不认识老师周令钊：“你叫什么名字？”

“周令钊。”周令钊看着他，回答道。

“周令钊，从你写的认罪材料来看，你态度不老实！”

周令钊一脸愕然。

“你是抗敌演剧队这支反革命别动队的骨干成员，为什么不老实交代你的反革命事实？！”L 革命一边从装着葡萄的脸盆里抓起一把葡萄往嘴里塞，一边随意往地上吐着葡萄籽。

“你与周恩来是什么关系？必须老实交代！”

周令钊说：“我进入第三厅时，19 岁，比你现在的年龄还小。周恩来是第三厅的上级主管领导，是代表共产党方面担任国共合作时期的国民政府军委会政治部副部长，做的是党的工作，而我做的是抗日宣传方面的具体事情。他是大首长，接触不到，我与他没有什么关系。”

L 革命将嘴里的葡萄皮吐到地上，在讲台上重重地拍了一巴掌：“周令钊，你老实点！你必须交代周恩来和演剧队的反革命问题！”

“我确实与他没有什么关系。”周令钊冷冷地说。

L 革命从讲台上拿起一根早已准备好的最粗的油画笔，发疯似的冲到周令钊身旁，狠狠地抽打周令钊背部，拧掐胳膊和大腿内侧等他人在外面看不到的地方。一边打，一边还咬着牙咆哮着：“反革命分子，我叫你不老实，我叫你不老实！”

毫无思想准备的周令钊差点被 L 革命从椅子上打到地上。

L 革命一把抓住周令钊的衣领，将他重重地甩回椅子上。

打累了，L 革命喘着粗气回到讲台，又往嘴里塞着葡萄，继续审问。天快亮的时候，L 革命才打着哈欠放了周令钊。

L 革命是中央美院某群众组织的成员，为了显示自己的革命性，向“中央文革”表衷心，好往上爬，对不少中央美院老师大打出手。

有一次，周令钊与古元(2)在扫地。忽然，看到那间用作“刑讯”的房门一开，里边走出来一个人，头肿得变了形，根本认不出是谁。后来才知道，那是侯一民。随后，L 革命也从那里走了出来。

打扫到“刑讯”室门口，周令钊看到了一大堆沾有血迹的油画笔，有的已被打断了。

(2) 古元（1919—1996），字帝源，广东人。擅长版画、水彩画。1938 年赴延安，先后在陕北公学、鲁迅艺术学院学习。曾任中央美术学院教授、院长，中国美术家协会副主席，中国版画家协会主席。早期版画作品有《结婚登记》《减租会》等，晚期作品有版画《刘志丹和赤卫军》，水彩画《炊烟》等。曾多次举办个人作品展览，出版有《古元木刻选集》《古元水彩画选集》等画册。

… … …

4 个教授养 20 只兔子

1969 年年底，周令钊在经历“牛棚”一年多的种种磨难后回到家里，但他的“反革命”问题并没有结案，那顶帽子还无形地戴在他的头上。

走出“牛棚”后，周令钊似乎获得了新生。与世隔绝一年多，对外面发生的事情几乎一无所知。他找出一年来的报纸，一一翻阅。一些事令他高兴，一些事却使他忧心忡忡：

- 1 月 1 日，《人民日报》《红旗》杂志和《解放军报》联合发布元旦社论《用毛泽东思想统帅一切》。
- 3 月，苏联军队 4 次侵入黑龙江省的珍宝岛地区，打死打伤我边防人员，制造严重流血事件。15 日，毛泽东在中央文革碰头会上着重谈了准备打仗的问题。
- 4 月 1 日至 24 日，中国共产党第九次全国代表大会在北京召开，宣布林彪为毛泽东的接班人。
- 4 月 28 日，中国共产党九届一中全会在北京举行。毛泽东在会上说：“社会主义革命还要继续。这个革命，还有些事没有做完，现在还要继续做，比如讲斗、批、改。过若干年，也许又要进行革命。”“文化大革命”进入“斗、批、改”阶段。
- 5 月 11 日，《人民日报》发表署名文章，报道了我国已成为一个既无内债、又无外债的“社会主义国家”。
- 6 月 9 日，原国务院副总理贺龙遭迫害在北京逝世。
- 9 月 23 日，中国成功地进行了首次地下核试验。
- 9 月 29 日，中国在西部地区上空成功进行了一次氢弹爆炸。
- 10 月 11 日，著名历史学家吴晗遭迫害在北京逝世。
- 10 月，根据毛泽东关于国际形势有可能突然恶化的估计，林彪做出“关于加强战备，防止敌人突然袭击的紧急指示”，要求全军进入紧急战备状态，抓紧武器的生产，指挥班子进入战时指挥位置等。

- 10月26日，中共中央发出《关于高等院校下放问题的通知》称，为了“认真搞好斗、批、改，加强对中央各部门所属高等院校的无产阶级‘文化大革命’和教育革命的领导”，决定国务院各部门所属的高等院校，凡设在外地或迁往外地的，交由当地省、市、自治区领导；与厂矿结合办校的，交由厂矿领导。教育部所属的高等院校，全部交给所在省、市、自治区领导。此后，中央所属的高等院校，包括北京大学、清华大学在内，全部下放地方管理。部分高等院校被撤销或合并。到1971年，全国原有的434所高等院校。保留继续办的还有328所。
- 11月12日，原中共中央副主席、中华人民共和国主席刘少奇由于遭受政治陷害和人身摧残，在河南开封含冤去世。
- 11月30日，中共中央政治局常委、中央书记处常务书记、中共中央宣传部部长、国务院副总理陶铸，因受诬陷迫害，在安徽合肥含冤去世。

走出“牛棚”没几天，周令钊被组织安排去北京第一汽车制造厂“深入”生活。该厂创建于1958年，是国家继长春第一汽车制造厂后兴建的第二家大型汽车生产企业。在那里，他创作了《汽车战线形势好》的宣传画。

大学是“臭老九”的聚集地。不久，周令钊随中央美院教职员工一起被下放到驻河北邯郸前东壁的1585部队农场劳动改造。这是中央美院的下放改造基地，大家在这里从事农业生产劳动。夫人陈若菊则随中央工艺美术学院下放团到河北石家庄的一个农场劳动。

在北京第一汽车制造厂（现首汽）所画速写／纸本炭笔／1969年

此前在1965年9月，周令钊曾被安排到河北邢台参加“四清”工作队。在“四清”工作队，周令钊与农民一起用铁锹挖土甩土时伤了腰，伤得还不轻，几天都下不了地，只能在床上躺着。虽然后来经过一些治疗，但留下病根。这之后，只要用腰力的事是都会出毛病。

“四清”是根据1965年1月中共中央制定的《农村社会主义教育运动中目前提出的一些问题》(即“二十三条”)精神，先后在中国大部分农村和少数城市、工矿、企业、学校等单位开展的一次社会主义性质的清政治、清经济、清思想、清组织的教育运动。这次运动虽然对于解决干部作风和经济管理等方面的问题起到了很大的作用，但由于把这些不同性质的问题都认为是阶级斗争或者是阶级斗争在党的反映，使少数基层干部受到不应有的打击。

因为老腰伤，周令钊难以参加繁重的体力劳动，所以被安排在农场的养兔子小组。他们这个小组一共4人：李可染(3)、李苦禅(4)、常任侠(5)和周令钊。

在这个组中，周令钊最年轻。

每天早饭后，李可染、李苦禅、常任侠和周令钊就拎着柳条编成的篮子，到外面采兔子爱吃的野菜叶子，然后到河边将采来的野菜叶子洗干净，再晾晒到草地上。等叶子上的水基本干了，就一片一片收起来，回去后交给喂兔人，这些就是兔子第二天的食物了。前东壁的这个部队农场面积很大，有采不完的兔子食。

中央美院的这4位大教授每天为20只兔子准备食物。他们坐在清清的河水边，晾晒着野菜叶子……

一轮太阳，照样在前东壁的上空升了又落，落了又升。

~ ~ ~

“你是你，你爸是你爸！”

1970年夏天，周令钊的女儿周容从东北回北京探亲。

清早走进家门，只见餐桌上放了12个空饭碗，4个干净的，

(3) 李可染（1907—1989)，江苏徐州人，中国杰出的画家、诗人。齐白石的弟子。43岁任中央美术学院教授，49岁为变革山水画，行程数万里旅行写生，72岁任中国美术家协会副主席、中国画研究院院长。

(4) 李苦禅（1899—1983)，山东高唐人，著名书画家、美术教育家。1923年拜齐白石为师。历任杭州艺专、中央美术学院教授，中国美术家协会理事，中国画研究院院务委员。擅画花鸟画，晚年常作巨幅通屏。

(5) 常任侠（1904—1996)，安徽颍上人，著名艺术考古学家、东方艺术史研究专家、诗人。中国艺术史学会创办人之一，中央美术学院教授兼图书馆馆长。主要从事中国以及中亚、东亚、东南亚诸国美术史以及音乐、舞蹈史的研究，对中国与印度、日本的文艺交流史研究做出了开拓性贡献。

8 个没有刷洗的。周容问 15 岁的弟弟周小川这是怎么回事，小川说："爸爸妈妈都下乡了，我要上学，没有时间餐餐做饭刷碗。我想了个好办法，每天晚上煮上一大锅粥，吃三餐，每餐喝四碗，三餐下来就是 12 个碗了，每天吃晚饭前洗一次碗，也省事。"

"文化大革命"中，周令钊一家四口分处四地，真是无奈！

过了两天，周容安顿好弟弟，就上了南下的火车去看父母。

那时的火车开得慢，太阳落山的时候，周容才从邯郸火车站出来。从火车站到父亲所在的前东壁村 1585 部队农场没有公共汽车，要靠两条腿走。

两个小时后，天全黑了，周容终于走到了父亲的驻地。一打听，父亲随下放团的人看电影去了。周容只好在父亲驻地的院子里等着电影散场。不一会儿，过来一个长得高高大大的男人。周容仔细一看，这男人曾是她家在中央美院帅府园宿舍的邻居李二（化名）。他是学校的工人，平时很熟。周容刚想搭讪，李二装作没有看见，走了过去。

晚上 10 点多钟，电影散了，周容终于见到久别的父亲！父女俩有说有笑，高兴得不得了。在父女俩谈笑间，不知是什么时候，李二已经站在他们面前，冷冷地说："你来了，没关系，你是你，你爸是你爸！只要划清界限就好！"

1971 年春节，周令钊在前东壁村 1585 部队农场 5 班门前留影

那男人的话，像一根闷棍打在父女俩的心头。周令钊告诉周容："李二现在是我们的组长。"

那个时代，工人阶级领导一切，像周令钊这样的"臭老九"则是被管制的对象。

悻悻中的周令钊也没有问周容吃过饭没有，就带她去安排住宿的地方。

团部没有招待所。周令钊就领着周容到卫生所找到李苦禅的夫人李慧文。李慧文原在中央美院卫生室工作，是看着周容长大的，到前东壁后被安排在卫生所工作。她是苏州人，1942 年 12 月与李苦禅在济南结为伉俪，为人热情贤惠。见到周令钊父女俩，她就知道他们的来意，赶忙安排周容在他们卫生所住下，还给周容煮了一碗面条。

周令钊对周容说："爸爸见到你，已经很高兴了。我们这个地方，你也知道了。明天天亮前，我来叫你，你到石家庄去看你妈妈吧。"

那时，周容的母亲陈若菊随所在的中央工艺美术学院师生在石家庄李村劳动改造，李村与周令钊所在的前东壁驻地相隔4公里路，同属1585部队管理。

第二天，天还没露出鱼肚白，周令钊就将周容叫起床，简单洗漱后，父女就上了去汽车站的路。说是路，其实就是一条只能一人行走的田埂。父女俩一前一后，缓缓地走在晨雾弥漫的前东壁坎坷的田埂上。

多少年以后，周令钊不无遗憾地说："容容千里迢迢去看我，晚上到，天还没亮就走了，去火车站的路上又一前一后，谁也没有看清谁。"

周容走后不久，周令钊被调到了下放所在的1585部队的师部宣传队。宣传队在邯郸市近郊的南辛庄，要演出样板戏，到处找舞美，找来找去，就向中央美院求援。在过去的战争年代，周令钊曾经做过大小几十台舞台美术设计。舞美这种事，自然落到了周令钊头上。

一次，周令钊从邯郸回前东壁拿换季衣服，正好遇到团里要开会，领导就对他说："李二是被清查的'五一六'对象，他想不通。你临时回来，不用参加会议，做做他的工作。"

原来，1970年3月27日，中共中央发出《关于清查"五一六"反革命阴谋集团的通知》。通知说："国内外阶级敌人同我们的斗争是很复杂的，反革命秘密组织绝不是只有一个'五一六'"，鼓动人们去抓更多的"反革命"。所谓"五一六"反革命集团，原指北京一度存在的一个名为"首都五一六红卫兵团”的小组织。对此，毛泽东在1967年9月8日《人民日报》发表的姚文元的《评陶铸的两本书》一文中加了一段话，指出“五一六”的组织者和操纵者，是一个搞阴谋的反革命集团，应予彻底揭露。经查，李二是“五一六”成员。

周令钊想了想：“我不了解情况，也不知道和他说什么，还是你们找他谈为好。”说话间，两人便来到了办公室，见里边坐着一个人，正在低头写东西。

那人认出了周令钊，诺诺道：“周先生好！”

领导退出办公室，剩下周令钊和李二两人，半天无语。

突然，李二长长地叹了口气。周令钊问他怎么了，李二说：“我倒是没有什么，可我女儿的前途就要受到影响了。”

周令钊想都没有想，顺口便说：“你是你，你女儿是你女儿，只要划清界限就好！”

… … …

黑帽下的姐弟

周令钊从位于北京帅府园的中央美院“牛棚”出来的第二年，儿子周小川在北京二中初中毕业。因为周令钊的“历史反革命”问题，学校方面明确告诉他没有资格升读高中。

在“以阶级斗争为纲”的年代，每一个中国人都是有阶级成分的。

阶级成分名目繁多，大致按照两个方面划分：一是以1949年新中国成立前的经济财产划分，有地主、工商业兼地主、地主兼资本家、资本家、破落地主、小地主、富农等；二是以政治面貌划分，各个时期有所不同，主要是“黑五类”，包括“地”（地主）、“富”（富农）、“反”（历史反革命、现行反革命）、“坏”（反党反社会主义坏分子）、“右”（右派分子）等。

划定阶级成分的目的，就是把设想中的敌人“变”成事实，以印证阶级斗争理论的正确性。

阶级成分不好的家庭成员及其子女，在“出身不由己，道路可选择”的威吓下，只能成为“可以改造好”的人，即本质是不好的人，被当成社会隐患。他们在社会上低人一等，是无产阶级专政对象，在升学、就业、当兵、入党、招工、招干、提干等方面受到限制，甚至被拒之门外。小孩子吵架，不管双方多凶悍，对方只要说一句“你是地主狗崽子”“你爸是右派”“你爸是反革命”，另一方就立刻意识到自己的卑贱身份，乖乖投降。

周小川是“历史反革命”分子的后代，当然要受到“专政”。

升不了学，周小川被分配到朝阳区一个街道乳胶厂当工人。他在那里，一干就是6年。那些年中，他自学了高中和大学的部分课程，并自学日语，通过钻研日本乳胶生产技术，向厂里提出了改造乳胶老化箱等生产装置和生产技术的方案，得到采纳。经过这次改造，厂里的乳胶生产质量和产量大幅提高，厂里因此将他从生产车间调到试验室。

1977年10月21日，正在乳胶厂上班的周小川从厂里的广播喇叭中听到一个使他特别振奋的消息：中央决定恢复高考制度！并透露，本年度的高考将于一个月后在全国范围内进行。与过去惯例不同的是，1977年的高考不是在夏天，而是在冬天举行。

1977年冬天，全国750万考生走进了曾被关闭了10余年的高考考场，当年全国大专院校录取新生27.3万人。

周小川也参加了这次高考，第一志愿报了中国科技大学，自己感觉考得不错，考后自己估分在280分以上。可是，一些同学陆续拿到了录取通知书，却迟迟没有周小川的消息。

夫人陈若菊对周令钊说：“小川录取的事，是不是因为你还戴着的那顶历史反革命的帽子给耽误了？”周令钊纳闷起来：“是呀，人家的录取通知书都来了，小川的怎么就杳无音信呢？”陈若菊急了，跑到在北京二十四中工作的周令钊的妹妹周令瑶那里，请她帮忙找人打听打听小川的事。

周令瑶在北京教育系统工作多年，熟人不少。她找到区招生办的老同学，查看了小川的情况。朋友说，小川成绩考得不错，但在政审时，发现周小川的档案里有父母被诬陷等未落实问题和父母家的海外关系问题，被打入另册。

一家人相对无语，陷入迷茫之中。

过了一段时间，小川接到了北京化工大学的录取通知书。后来，他了解到，是一些干部子弟因为父母亲在“文化大革命”中的历史问题未获落实而影响到升学，联名上书邓小平。邓小平明确批示，北京考生凡高考总分在 260 分以上者，不问家庭政治出身，全部录取。小川在此之列，有幸跟着沾了光。

周令钊和陈若菊所在单位人事部门一起去招生办，撤去周小川档案中的不实资料。

小川被大学录取后所在的那个班是高考高分班，全班 40 人，都是因为家庭政治问题被打入另册的，后来成为全校成绩最好的班级。

小川大学毕业后，考上公费留学生，去了美国，在那里读完博士后，留美工作，成为美国某研究所生命工程的首席科学家，在中国办有科研实体，成就卓著。

周容 1966 年初中毕业时恰逢“文化大革命”开始，1968 年被下放到黑龙江生产建设兵团，在北大荒八年半，各类上学深造的机会与她无缘。期间，她自学文化与绘画，成为团里的文化“名人”，后由农业连队调入团部宣传部门工作。后辗转入职石油部渤海湾研究所，因工作需要，所里后来送她到中央工艺美术学院进修。再后来，她进了当时由北京市文化局、市文联、北京出版社联合创刊的《东方少年》杂志社作首任美编，历经风雨，尝尽艰辛。其间，她读了大专，学习平面设计专业。1989 年 1 月自费留学日本，先修日语，然后到日本多摩美术大学进修，最终在日本一流的私立大学——武藏野美术大学获造型硕士学位。1996年年底回国，在中央工艺美术学院（现清华大学美术学院）任教，成果丰硕，桃李满天下。

~ ~ ~

不会叫的“黑猫”

1971年3月中旬，河北邯郸的冰雪刚刚消融。

还戴着那顶“历史反革命”黑帽子的周令钊接到师部通知，北京方面要他赶紧回京为劳动人民文化宫五一游园活动做整体设计。

国家和人民的需要一直是周令钊的行动召唤。风雨中走来的他，已然成为脱颖而出，自成一家，矢志不渝地创作和奉献的人民艺术家。他初心不改，心灯如炬，只事耕耘，不管名利。

第二天，周令钊就到了五一游园活动指挥部。领受了任务，他赶忙到位于天安门东面的劳动人民文化宫实地察看。

劳动人民文化宫原为太庙，建成于明永乐十八年（1420），占地阔大，是明清两代皇帝祭祖的宗庙。为了突出祭祖的主旨，四周以三道红墙及层层松柏衬托起金碧辉煌、错落有致的建筑，营造出一种神秘肃穆的气氛。建筑采用中轴对称式布局，琉璃门、汉白玉石拱桥、戟门、三大殿依次排列，井亭、神厨、神库、配殿列于两侧。依据古代王都“左祖右社”的规划，与故宫、社稷坛同时建造，是紫禁城的重要组成部分。新中国成立初期，根据周恩来提议，政务院批准将太庙辟为“北京市劳动人民文化宫”，毛泽东亲书匾额。

1971年，是中国实行发展国民经济第四个五年计划的第一年。“两报一刊”发表《元旦社论》指出：第四个“五年计划”期间，“要以两个阶级、两条道路、两条路线斗争为纲，鼓足干劲，力争上游，多快好省地建设社会主义。要发扬独立自主、自力更生、艰苦奋斗、勤俭建国的革命精神，突出无产阶级政治，进一步开展工业学大庆、农业学大寨、全国学人民解放军的群众运动，努力全面地完成和超额完成1971年的国民经济计划。”“全党、全军和全国人民要继续贯彻执行提高警惕，保卫祖国，备战、备荒、为人民的伟大战略方针。人民解放军要全面地按照四好的四个方面，进一步加强革命化、战斗化建设。要搞好民兵建设，做到组织落实、政治落实、军事落实。全国军民要拥军爱民，拥政爱民，加强军政团结、军民团结，从思想上、物质上、组织上进一步做好反侵略战争的准备工作。我们一定要解放我国神圣领土台湾省。”

而在中国，国际国内形势正在发生微妙变化：1月2日中国宣布轻工业形成比较完整的体系，3月3日中国第一颗科学实验人造卫星“实践一号”成功发射，中美开始“乒乓外交”，中国重返联合国进程加快推进，中国第一艘两万吨货轮“长风号”即将下水，几个月后的9月13日林彪乘坐的飞机坠毁于蒙古温都尔汗……

周令钊按照《元旦社论》确定的基调，经与游园指挥部多次磋商，提出了劳动人民文化宫五一游园活动的总体设计方案。为了便于实际操作，他画出了游园活动布局图、主题环境示意图、活动场景布置图、游园行进图和各种标语、道具设计效果图等，条分缕析，十分明确。周令钊几乎忘了自己头上的那顶黑帽子，用心去发现、去捕捉、去选择贴近现实生活的艺术元素，丰富游园活动的内容。

设计完劳动人民文化宫的游园活动，周令钊又应邀为钓鱼台国宾馆作巨幅油画《风雨桥》。

从周令钊进“牛棚”，到1978年的党的十一届三中全会召开后推翻对“抗敌演剧队”及其成员的“反革命”的政治结论的10多年间，周令钊像一头躬耕于田地里的牛，默默地耕作，完成了国家许多重要设计、创作任务：

——1972 年，赴河北邯郸所在的 1585 部队师部宣传队设计《智取威虎山》等舞台背景，并画了大量舞台速写。

——1973 年，临摹长沙马王堆出土的西汉辛追墓棺椁图案，为即将赴日本、美国、墨西哥的马王堆出土文物巡回展提供精美展品；为全国政协礼堂作巨幅油画《韶山》座屏，并被全国政协作为珍品收藏。

——1975 年，为在北京举行的第三届全国运动会大型团体操《红旗颂》作背景设计；为新疆维吾尔自治区成立 20 周年大型画册《新疆》作环衬画。

——1976 年，参加毛主席纪念堂建筑装饰陶板设计；为华北石油大会战绘制《古地貌生油形象图》。

——1977 年，深入湖南韶山灌区写生考察，为北京首都机场（现首都机场 1 号航站楼）作巨幅油画《韶山灌渠》。

——1978 年，为人民日报社作巨幅壁画《青罗碧玉》；调任中央美院油画系壁画小组教授，参与构建中央美院壁画教学大纲，开启新时期中国壁画教学新航程。

——1979 年，为设计第四套人民币到贵州、云南多地写生考察；为在北京举行的第四届全国运动会大型团体操《新的长征》设计背景。

……

对于做了什么事，取得了什么成就，周令钊向来视为过去，不为其所累。

黄永玉说：“周令钊做人也非常厚道，不声不响，非常从容，不计较。我们在一起共事，他从没害过人，更没有创造性地害过人。他和侯一民合作设计了钞票。钞票上没有签名，别人也不知道是他设计的。他还搞了许多重大的事情，也很少有人知道，他也不张扬。如果换成有的人，能参与其中任何一项事情都可以吹嘘一辈子了。”

有民谚说：“爱叫的猫捉不到老鼠，好吹的人办不成大事。”

周令钊就是那只不会叫的猫，在那个时候，还是一只黑猫。

李勇奇

小炉匠

1972 年，周令钊为邯郸 1585 部队师部宣传队画舞台速写《智取威虎山》

座山雕

匪连长

1973 年，全国政协礼堂藏油画《韶山》是以此水粉写生《韶山冲》为创作基础的

《韶山冲》/纸本水粉/26.7cm×60.2cm/1961年/中国美术馆藏

1978 年，为人民日报社作丙烯壁画《青罗碧玉》，夫人陈若菊参与绘制

《青罗碧玉》/丙烯壁画/230cm×500cm/1978年

第八章

/

情　满　天　下

/

春洒黄金堰

局势开始转变。

1978年4月24日，平反“文革”冤假错案，中共中央组织部下发了《关于抗敌演剧队的性质及其他几个问题的通知》。

1978年5月11日，《光明日报》发表“本报特约评论员”《实践是检验真理的唯一标准》的文章，在全国范围内引发了一场关于真理标准问题的大讨论，成为新中国成立以来中国共产党历史上具有深远意义的重大转折的思想先导。

12月18日至22日，中国共产党在北京召开了十一届三中全会，果断地决定停止使用“以阶级斗争为纲”的口号，做出了从1979年起把全党工作重点转移到社会主义现代化建设上来的战略决策，提出了健全社会主义民主和加强社会主义法制的任务，审查和解决了党的历史上一批重大冤假错案和一些重要领导人的功过是非问题，确定了“解放思想，开动脑筋，实事求是，团结一致向前看”的指导方针，开启了中国改革开放的新征程。

1981年6月27日，中国共产党十一届六中全会通过的《关于建国以来党的若干历史问题的决议》对“文化大革命”及其以前的“左”倾错误，做了彻底否定的结论。这使一切冤假错案的平反有了可靠的依据。此后，中央继续落实了台属政策、宗教政策、知识分子政策等。同时，还实事求是地复查和纠正了20世纪三四十年代的肃反扩大化问题、地下党历史遗留问题等。到1985年，全国规模的平反冤假错案的工作基本结束。据资料显示，经中共中央批准平反的影响较大的冤假错案有30多件，全国共平反纠正了约300多万名干部的冤假错案，47万多名共产党员恢复了党籍，数以千万计的无故受株连的干部和群众得到了解脱。

一天，中央美院人事部门的同志郑重其事地将一个大信封交给周令钊，信封里是周令钊在“牛棚”写的全部“交代材料”，并代表组织当面宣布关于“抗敌演剧队”是“反革命别动队”的定性是完全错误的。

“黑帽子”被摘掉了，周令钊的心空豁然朗亮起来。

那时，周令钊刚被调到中央美院油画系壁画小组，教壁画设计课程。壁画小组的教授们在完成好教学任务的同时，纷纷找墙壁画画。在他们的眼中，每一块合适的墙壁，就是一种媒体，就可以承载壁画。

《春洒黄金堰》/ 丙烯壁画 / 250cm×608cm / 1983年

2007年1月，与平江县委招待所一墙之隔的平江县人民医院因扩建门诊大楼收购了平江县委招待所。2008年夏，周令钊和夫人陈若菊应邀到平江修复《春洒黄金堰》。此作现置于平江县人民医院门诊大楼门厅南墙如沐春风的周令钊，继为人民日报社绘制《青罗碧玉》大型壁画之后，武汉黄鹤楼的巨幅陶板壁画《白云黄鹤》的设计工作也已启动。

到了武汉，周令钊突然想：这里离自己的家乡平江很近，何不回平江找一堵墙，为家乡画一幅壁画？

平江县隶属于湖南岳阳市，北面与湖北通城县相连，通城再往北就是武汉了，不太远。办完武汉的事，周令钊和夫人陈若菊就到了平江，住在刚刚建好的平江县委招待所。这个招待所，是当时平江最好的"宾馆"。一楼大堂的西面是餐厅，餐厅西墙正好是一面大白墙。周令钊眼前一亮。向陪同用餐的县里领导表示，想送一幅画给老家，就放在这堵白墙上，把平江的美景画上去。

县里领导感动地说："县里早就有请您为新落成的县委招待所画一幅画的想法。但您是大教授，大名人，请您在这个餐厅的墙上作画，我们既不敢想也不敢开口啊！"

"民以食为天，吃饭的地方有画，人们有足够的时间欣赏，当然好。平江有世界上最美的山水，把平江的美景画在这里的墙上，看到的人多，或许还能够起到宣传平江、推动平江生态旅游的作用。"周令钊有些激动。

在周令钊的心里，平江的山水是世界上最美的山水。他逢人便这样讲。

1982 年，周令钊就"扎"到了平江。他几乎跑遍了平江的山山水水，考察、写生。在平江东面的黄金洞水库边上，被眼前的景色惊呆了：一湾碧水，满目青山，一行竹排江中出，袅袅白鹭天边来，一切都在盎然春意中。他赶紧画下来。回到北京，创作好小稿，反复推敲，再放大样稿，然后回到平江，在县委招待所精心绘制。经过几个月的努力，终于将家乡的这一绝美景色"搬"到了墙上。

这幅画，成为平江历史上第一幅表现平江美好山水的丙烯壁画，也是周令钊阔别平江近 60 年后送给家乡人民的厚礼，画题叫《春洒黄金堰》。

春，也洒到了周令钊暖暖的心上。

1983 年，周令钊在平江盘石洲写生

一幅打了48年腹稿的画

1959年暑期，周令钊和夫人陈若菊带着女儿周容到南岳衡山写生观光，住在半山亭附近的酒店。在餐厅吃饭时，听到另外一桌有人讲平江话。

在这个世界上，只要开口讲平江话，平江人一定能够找到乡党。

平江话声韵独特。平江话不同于湖南本土的南方汉语（长沙话），与粤语同系，属于比粤语更接近古老雅言的汉语言传承。据平江话研究学者考证，平江话有22个声母（包括零声母），比普通话的声母少1个；韵母62个，比普通话韵母多38个。平江话用词也很特别，如：涅头（太阳）、马贡（石头）、喊眼（窗户）、嗙（水缸）、康鸡（蜻蜓）、断暗（天刚黑）、罩子（雾）、当昼（正午）、舞饭（烹饪）、洗文身（洗澡）、乃醉（乳房）、气满（哮喘）、吃情席（赴宴）、搞摩丽（干什么）、哟子（怎么啦）、企稳（站好）、本忠（老实）、超天（吹牛）、结筋（吵架）、夹五盼六（刁钻）、不钟不罄（不伦不类）、莲花活现（说得很像）、摊尸（睡觉，骂人时使用）、参刀（出门，骂人时使用）、肿颈（吃饭，骂人时使用）等，不是平江人，无法听懂。

周令钊用平江话说："那边有我们平江人。"

那一桌的人听到这边的人也在讲平江话，就往这边热情地招手："平江老乡好！"

握手后一聊，才知道招手的人是时任湖南省军区副司令员、少将吴自立[(1)]。吴自立告诉周令钊，他正在筹拍以平江"三月扑城"为背景的电影《怒潮》，电影剧本初稿是他写的，还攀了湖南常德籍诗人、作家未央和八一电影制片厂的剧作家郑洪等一道修改剧本，《怒潮》将由八一厂摄制。同时，他还支持中共平江县委编写《平江革命斗争史》，宣传革命先烈的英勇事迹，颂扬彭德怀领导的"平江起义"的历史功绩。他建议周令钊画一幅反映平江农军"三月扑城"的画。

（1） 吴自立（1899—1979），湖南平江嘉义人。1917年投身行伍，参加过1924—1926年的北伐战争，1928年加入中国共产党，1929年参加中国工农红军。以性格刚强耿直、作战英勇顽强著称的吴自立，打过无数次恶仗、硬仗，立下了不少战功，土地革命后期官至军级。新中国成立后，历任中南军区军运部部长、后勤部副部长，广东省军区副司令员，湖南省军区副司令员。1955年被授予少将军衔和一级八一勋章、二级独立自由勋章、一级解放勋章。

吴自立所说的“三月扑城”，是指1928年3月由中共平江县委组织二十万农军武装进攻国民党军驻守的平江县城的行动。此次行动的总指挥是时任中共湖南省委委员兼平江县委书记的毛简青。“三月扑城”虽因敌强我弱，最终未能完全占领平江县城，但积累了武装暴动的经验，为“平江起义”和红五军的建立奠定了思想基础和群众基础。

周令钊说：“作为平江人，我一定要画，一定要画好这幅画。”

吴自立建议周令钊回平江走一走。

从衡山到长沙后，休整两天，爽快的吴自立便安排好车辆，和周令钊一家子一起到平江，一路走，一路聊。

周令钊和吴自立将军一行到了平江县城，考察了“三月扑城”旧地以及“平江起义”旧址(2)。

两辆车还开到了平江县城东面40公里的吴自立的老家嘉义镇。这里曾是“平江惨案”的发生地。1939年6月12日，国民党军杨森部突然包围新四军驻湖南平江嘉义的通讯处，中共江西省委副书记兼湘鄂赣特委书记涂正坤、中共湘鄂赣组织部部长罗梓铭、新四军驻赣办事处秘书兼江西省委组织部部长曾金声、中共湘鄂赣特委秘书主任吴渊及通讯处工作人员吴贺泉、

(2)“三月扑城”当年的7月22日，彭德怀、滕代远率部在平江县城东门外的天岳书院操场（现平江一中）誓师起义，一举攻占了县城，解除了县城内国民党军警2000多人的武装，活捉了县长刘作柱等200余人，缴获步枪1000余支、子弹100万发。尔后，成立了工农红军第五军和平江工农兵苏维埃政府，史称“平江起义”。平江起义是中共领导的继南昌起义、秋收起义和广州起义之后的又一著名起义，在中共历史和建军史上写下重要一笔。

赵绿吟惨遭杀害，制造了举世震惊的“平江惨案”。7月7日，周恩来、叶剑英在重庆举行了追悼平江通讯处遇害烈士大会；8月1日，中共中央在延安举行万人公祭“平江惨案”死难烈士大会，毛泽东做了《必须制裁反动派》的著名演说。

周令钊和吴自立还走访了当地的一些干部群众。平江人民风起云涌的革命斗争历史画卷给周令钊留下了深刻的印象。

正当周令钊准备动手创作的时候，中国的政治风向突然发生了巨大改变。

1959年8月2日至16日，在江西庐山召开的中共八届八中全会通过了《关于

2008年，为了实现48年前对吴自立将军的承诺，周令钊在平江起义80周年前夕精心创作完成彩墨长卷《三月扑城奏响盛世中华》，并将它捐赠给平江

以彭德怀同志为首的反党集团的错误的决议》《关于撤销黄克诚同志中央书记处书记的决定》《为保卫党的总路线、反对右倾机会主义而斗争的决议》《关于开展增产节约运动的决议》和《中国共产党第八届中央委员会第八次全体会议公报》；决定撤销彭德怀、黄克诚、张闻天和周小舟4人分别担任的国防部部长、总参谋长、中央书记处书记、外交部第一副部长和湖南省委第一书记职务，仅保留他们的中央委员、中央候补委员、政治局委员和政治局候补委员职务，以观后效。尔后，对他们的批判、斗争不断升级。

1964年，吴自立因此被戴上“利用编写革命史为彭德怀翻案、进行反党活动，是一个很嚣张的反党分子”帽子，被撤销职务，参与《平江县革命斗争史》编写的一批人受到牵连。

电影《怒潮》则在1966年2月召开的全军文艺工作座谈会上被定为“反党影片”遭到批判，江渭清、钟期光、傅秋涛、吴信泉、张启龙、李聚奎等数百位党政军高级干部被牵扯进去。1968年，八一厂编剧郑洪因《怒潮》自杀。吴自立也因此被隔离审查和批斗，家里被抄，亲属也受到牵连，妻儿无一幸免。直到吴自立逝世前的1979年2月，中共中央、中央军委才为他的冤案彻底平反、恢复名誉。

“文化大革命”期间，周令钊因为“抗敌演剧队”的问题也受到冲击，再后来，周令钊因为教学和设计等事务十分繁忙，使他对吴自立承诺的创作一直在腹稿中。

周令钊时时想起吴自立和他的嘱托，想起吴自立费尽心血策划的电影《怒潮》。有时，周令钊还不经意地哼唱起《怒潮》的主题歌《送别》：

送君送到大路旁，
君的恩情永不忘。
农友乡亲心里亮，
隔山隔水永相望。
送君送到大树下，
心里几多知心话。
出生入死闹革命，
枪林弹雨把敌杀。
半间屋前川水流，
革命的友谊才开头。
哪有利刀能劈水，
哪有利剑能斩愁。
送君送到江水边，
知心话儿说不完。
风里浪里你行船，
我持梭镖望君还。
……

2008年7月，“平江起义”80周年前夕，89岁的周令钊将精心创作的彩墨长卷《三月扑城奏响盛世中华》捐赠给平江湘鄂赣革命根据地纪念馆，这一幅打了48年腹稿的作品终于与世人见了面。这幅画，既是周令钊48年前对吴自立将军郑重承诺的兑现，也是他对家乡人民的一份浸染了48年风霜雨雪的心灵陈述。

黄鹤楼惊现“白云黄鹤”

武汉长江南岸的武昌蛇山之上有座黄鹤楼。

这座始建于三国时期吴黄武二年（223）的“楼”，最初作军事瞭望之用。至唐代，“楼”的军事功能淡出，逐渐演变成文人墨客登临览胜、吟诗作赋的风雅之所。

黄鹤楼历经兴衰更迭，屡建屡毁，屡毁屡建。古代最后一座黄鹤楼（清朝“同治楼”）毁于公元1884年的一场大火，后虽有多次重建动议，或因战争频发、或因经费问题等难以如愿。

1955年4月，因修建武汉长江大桥需占用黄鹤楼原址，武汉方面决定拆除原址上的奥略楼等建筑，易址重建黄鹤楼，因种种原因，重建计划被搁置。1978年5月，湖北省委、省政府重启黄鹤楼重建工作，地址改在离长江更近、地势更开阔的蛇山西头。1980年2月，确定黄鹤楼重建最终方案。1981年10月22日，黄鹤楼重建工程破土动工，1985年6月11日建成并对外开放。

新黄鹤楼主楼高49米，共五层，攒尖顶，层层飞檐，四望如一，形如黄鹤，展翅欲飞。清华建筑系毕业的黄鹤楼重建总设计师向欣然，规划新黄鹤楼一楼大厅正面墙上作大型壁画，请国内壁画大家设计创作。1983年夏天，向欣然向周令钊等介绍了黄鹤楼重建情况，邀请周令钊创作黄鹤楼一楼大厅的壁画。

此时，周令钊刚刚为老家平江画完大型壁画《春洒黄金堰》。

向欣然告诉周令钊：“这幅画三层楼高，6米宽，是黄鹤楼的主打作品。”他还介绍了黄鹤楼的历史渊源和种种传说。

周令钊说：“40多年前的1938年，我与第三厅的同事们在黄鹤楼下抢画抗日大壁画《全民抗战》。那时国难当头，日军已经推进到长江以北，武汉即将沦陷。我们画画时，日本侵略者的飞机天天来丢炸弹，老百姓灾难深重。40多年后的今天，天翻地覆，盛世重建黄鹤楼是一件值得高兴的事，我理当尽力。”

为了获得创作灵感，周令钊来到武汉，登上蛇山，面对滚滚东去的万里长江，万千景象，沧桑世事，一齐涌上了心头。

古往今来，黄鹤楼曾迎送过无数英雄豪杰、骚人墨客，众多著名的政治家、军事家、文学家、艺术家、科学家曾先后登临此地，寄情抒怀，留下众多诗文。李白的《鹦鹉洲》、白居易的《卢侍御与崔评事为予于黄鹤楼置宴宴罢同望》等赞誉黄鹤楼的佳作广为流传，孟浩然、王维、韩愈、刘禹锡、杜牧等唐代文豪也多有诗文称道，后至宋元明清，直至近现代，有名的诗人留下的有关黄鹤楼的吟唱就达数百首之多。

为黄鹤楼所作的诗中，被誉为千古绝唱的是唐代诗人崔颢的《黄鹤楼》：

昔人已乘黄鹤去，
此地空余黄鹤楼。
黄鹤一去不复返，
白云千载空悠悠。
晴川历历汉阳树，
芳草萋萋鹦鹉洲。
日暮乡关何处是？
烟波江上使人愁。

诗人从黄鹤楼名之由来开笔，借传说生花，发千古幽情。仙人跨鹤，本属虚无，诗人以无作有，说它“一去不复返”，寓“岁月不再”“古人不可见”之憾；仙去楼空，唯余天际白云，悠悠千载，表达“世事茫茫”之慨。

反复诵读崔颢的诗篇，周令钊灵感的天空一碧万顷，清新如洗。他与夫人陈若菊商量，就以“白云黄鹤”为题创作黄鹤楼的这幅壁画。

南方气候潮湿，无论是画在墙上还是画在贴到墙面的纸上，在江汉水乡这样的自然环境下，壁画难以永久保存。楚国留下的能够经受时间考验的艺术品，主要是漆器、陶器、青铜器、玉器等耐侵蚀的硬质材料。黄鹤楼面临长江，常年与水打

“交道”，怎样选择一种最佳适应性的壁画材料，是必须认真解决的难题。

周令钊夫人陈若菊是中央工艺美术学院陶瓷系主任、教授，中国陶瓷艺术家，主张黄鹤楼的这幅壁画用陶板烧制。陈若菊说：“运用火的威力进行化学反应制成的陶板，是黄鹤楼壁画理想的材料。陶釉晶莹灿烁、浑朴古拙、厚重单纯，经过熔炼，具有经久不衰的魅力。据我们翻阅资料，还没有发现武汉地区历史上有过地震的记载。因此，将陶板装到黄鹤楼的墙上，也是安全的。”湖北及武汉省市两级有关方面一致赞成黄鹤楼壁画的“陶板方案”。

黄鹤楼陶板壁画《白云黄鹤》拼图现场

1984 年，周令钊和夫人陈若菊为《白云黄鹤》壁画作了纸本彩绘整理稿 / 171cm×96cm / 中国美术馆藏在武汉，周令钊还考察了当地的风土民情，翻阅了大量与黄鹤楼相关的史料，与黄鹤楼工程设计人员进行了详尽的沟通。

不久，周令钊就设计、绘制了黄鹤楼陶板壁画彩墨稿《白云黄鹤》。画面上，苍天、白云、万顷波涛、无尽大江，吹长笛的仙人驾巨鹤从黄鹤楼上方悠然西去。黄鹤楼前，云烟袅袅，诗仙李白等众人举杯向天，与仙人依依相别。人仙作别，今夕难再。作品传达的“昔人已乘黄鹤去，此地空余黄鹤楼。黄鹤一去不复返，白云千载空悠悠”的无限喟叹令人振聋发聩。

为了使作品贴近现实，周令钊在送别仙人的人群中画了一个打三棒鼓的人。三棒鼓源于唐代的“三杖鼓”，流行于湖北天门、沔阳等地。

定稿后，关键的是将画稿“搬”到陶板上去。这是一道十分繁复的工艺流程。先是将画稿放大到壁画的实际大小：高 9 米、宽 6 米；然后将画稿切分成 756 块陶板，将画稿过稿到泥坯上，再在每一块泥坯上刻绘；泥坯干后进窑烧制。陶板要烧

1985 年，周令钊在武汉黄鹤楼陶板高温花釉壁画《白云黄鹤》安装现场

1987 年，周令钊设计的《四大名楼》纪念邮票，其中一枚面值 8 分的为黄鹤楼

两次，第一次是素烧刻绘好的泥坯，第二次是在素烧好的泥坯上上釉，再进窑烧。当时，陶窑还是人工烧窑，温度不好控制，成品率低，烧坏了，只得重新做。重新烧制的陶板画必须与整体极度融合，否则，整个壁画就会显“花”了。

制作如此大型的陶板壁画，工作量很大。为了赶工，周令钊带了7个学生，陆续在湖北宜昌彩陶厂干了整整一年。

1985年，大型陶板壁画《白云黄鹤》在重建的黄鹤楼安装完毕。

《白云黄鹤》以恢宏的构建、丰富的想象、巧妙的构图、完美而深入的刻画和精湛的工艺制作，使观者惊叹不已！一位艺术家说：“《白云黄鹤》这幅壁画堪称当今一流。只要黄鹤楼不倒，这幅壁画一定能够千古留存，千古流芳！”

~ ~ ~

总体设计“深圳锦绣中华”和“中国民俗文化村”

周令钊从武汉回到北京，就接到侯一民打来的电话。

侯一民说，他刚从香港回来。在去香港的火车上，认识了香港中旅集团的常务副董事长兼总经理马志民(3)。马志民说香港中旅准备在深圳建一个文化旅游主题公园，名字叫“深圳锦绣中华”，急需总体设计。

“我推荐了你。”侯一民在电话里对周令钊说。

没过多久，马志民一行带着相关资料专程来到北京找周令钊商讨此事。

马志民讲的是广东式普通话。周令钊在抗战前后曾在广州待过两年，基本上听明白了马志民讲的几个意思：

(3) 马志民（1932—2006），原名马启煌，出生于广东台山的一户华侨人家。1949年参加东江纵队。1949年秋，作为人民解放军的军事联络员，受命参与接管九龙海关，历任沙头海关军事联络科员、九龙海关查私科科长、罗田下放干部农场场长、深圳水库工程（专供香港用水）指挥部第一副总指挥、深圳镇（今深圳市罗湖区）镇委书记、宝安县（今深圳市）统战部部长。1979年，被调国务院侨务办公室并派往香港工作，历任香港中旅集团副总经理、常务副董事长兼总经理、深圳特区华侨城建设指挥部主任等职。他力主建设了“深圳锦绣中华”和“中国民俗文化村”等文化旅游主题公园，被誉为“中国文化旅游主题公园之父”。

一是1980年8月26日第五届全国人大常委会第15次会议批准设立深圳经济特区以来，在当代中国的版图上，原来名不见经传的中国南方小渔村，已经成为世界关注的焦点。深圳的发展超乎人们的想象，不得了。

二是1985年经国务院批准，国务院侨办决定投资开发占地4.8平方公里的深圳华侨城，他已被任命为华侨城建设指挥部主任和华侨城经济发展总公司总经理。他在荷兰玛林洛丹考察过他们的微缩景观“小人国”，大受启发，打算在深圳华侨城项目用地上建设中国第一个文化旅游主题公园。这个地方西高东低，东临深圳湾，特别适合建设他们想要的东西。

三是他想请周令钊担任“深圳锦绣中华”文化旅游主题公园的顾问，并做总体平面效果设计。

侯一民说，中国这么大，到目前为止还没有一个像样的文化旅游主题公园，为改革开放中的深圳做这件事情，好啊！

一支无形的号角在周令钊的心底吹响。

1986年年底，时年67岁的周令钊，像一个冲锋的战士，精神抖擞地冲进中国改革开放的前沿阵地深圳。

在深圳湾畔的一片荒芜的海滩上，马志民兴奋地对周令钊说，眼前的这块地规划建设“深圳锦绣中华”，远处的那片荒地将建“中国民俗文化村”。先建前一个，条件成熟时再建后一个。

周令钊立即进入工作状态。他带着马志民为他配备的几个助手成天在荒滩上转，察看地形，丈量尺寸，记录数据。把这块地上的情况摸得清清楚楚后，周令钊提出了深圳锦绣中华总体设计的基本原则、思路、方法和要解决的问题，方案直接交给马志民。马志民就相关问题组织了大大小小的多场专题研讨会、论证会。

建设大型的文化旅游主题公园，是一个复杂而庞大的系统工程，牵涉的专业问题很多。作为总体设计者，周令钊从每一个景观“点”的布局，到整体景观“面”的安排，与此相关的政治、历史、经济、文化、科技、环保等的相互关联吻合，游园体验者行走的路线、舒适度，甚至每一个卫生间、垃圾桶的位置等，都要精心考虑，精细设计。

肩负“深圳锦绣中华”总体设计使命的周令钊，像一个统兵百万的将军，运筹于帷幄之中。有时，他想到的一些问题，需要马志民表态，就直接请马志民到他住的地方来。马志民是个急性子，对周令钊提出的问题，能够表态的当即表态，需要集体研究的他就立即组织人员开会研究。

充分地讨论，有时需要时间做铺垫。有一次，大家对“锦绣中华”版图上要不要设计长江和黄河，一直争论到后半夜，直到周令钊发表明确意见后，会议才算结束。

周令钊说：“应该让每一个到文化旅游主题公园来的人各取所需，体会到文化的魅力和愉悦。因此，必须有开放的胸襟和眼光，尽可能多地吸纳优秀的、先进的文化元素。”

为了做好设计，周令钊深入长江、黄河流域等民族地区考察、写生，收集第一手资料。

几个月后，周令钊绘制了《深圳锦绣中华总体布局图》。经过上上下下的多次论证、修改，最终被确定。他的设计，将中国文化旅游主题公园创意设计推到了一个崭新的高度。

1987 年，“深圳锦绣中华”破土动工，两年后竣工。诞生在改革开放这片热土上的这个中国最早的文化旅游主题公园——“深圳锦绣中华”，占地 450 亩，是目前世界上最大的实景微缩景区。82 个景点大都按 1:15 的比例复制陈设，侯一民组织塑造的 5 万多个栩栩如生的陶艺小人和动物点缀其间，近百处景点大致按照中国区域版图分布，全园犹如一幅巨大的中国地图，是中国自然风光与人文历史精粹的缩影。万里长城、秦陵兵马俑、北京故宫、乐山大佛、圆明园、敦煌莫高窟、布达拉宫、石林、黄山、黄果树瀑布、黄帝陵、成吉思汗陵、明十三陵、中山陵、孔庙、泰山、长江三峡、漓江山水、杭州西湖、苏州园林等胜景精彩纷呈，千姿百态；各具特色的名塔、名寺、名楼、名石窟，以及具有民族风情的地方民居使人目不暇接；皇帝祭天、光绪大婚、孔庙祭典的场面与民间婚丧嫁娶的风俗尽呈眼前。在编钟馆，还能欣赏到古装乐队演奏千古绝声——楚乐编钟。走进这里，一天之内就可领略中华 5000 年历史风云，畅游大江南北锦绣河山。

四年后的 1990 年，71 岁的周令钊应邀担任“中国民俗文化村”的总体设计。为了让设计的景点、景观在后续深化设计和施工中具有可操作性，周令钊画出了大批景点、景观效果图，甚至还绘制了园内文化活动的众多场景。

深圳“中国民俗文化村”各民族代表性民俗活动设计图

深圳“中国民俗文化村”各民族代表性民俗活动设计图

1990 年，周令钊作深圳“中国民俗文化村”
整体设计示意图

“深圳锦绣中华”开业后，立即轰动了海内外，游人如织，盛况空前，1亿元的投资当年就全部收回。以“锦绣中华”收入滚动开发的“中国民俗文化村”于1991年10月开业，1年半后收回投资，接着兴建深圳世界之窗，引发中华大地文化旅游主题公园的雨后春笋，成为当代中国主题文化旅游的里程碑。

… … …

八记永州

1991年秋，为深圳“中国民俗文化村”做总体设计期间，周令钊应邀参加了在桂林举办的新中国剧社成立50周年纪念活动并为活动设计会徽。

新中国剧社是1941年1月皖南事变后，在中国共产党领导下，由杜宣、许秉铎、严恭、石联星等人发起，在桂林成立，活跃在大西南的中国话剧团体。在烽火连天的近7年间，共演出将近50个剧目，为凝聚抗日力量、开启民智、促进话剧事业发展做出了卓越贡献。周令钊曾为新中国剧社做过剧社标识、舞台美术和宣传招贴。

桂林活动结束后，周令钊和几位老战友专门去了一次柳州。既为追寻当年的抗战足迹，也为几十年来“活”在自己内心深处的柳宗元画点什么再开心门。

抗战期间，周令钊曾两次到柳州。一次是1939年随范长江带领的南路前线工作队经柳州到迁江、宾阳、镇南关慰问前线作战部队；另一次是1942年7月在柳州参加抗敌演剧五队，跑遍了那里的大街小巷，曾与朋友慕名去过柳宗元墓。

儿时，母亲曾教周令钊读过柳宗元的《江雪》：

千山鸟飞绝，
万径人踪灭。
孤舟蓑笠翁，
独钓寒江雪。

这首诗把天地之间描绘得如此纯洁而寂静，一尘不染，万籁无声；渔翁的生活如此清高，渔翁的性格如此孤傲。母亲为他解读诗意时，周令钊的心中展开了一幅静美的江山画卷，但年幼的他并不理解眼前这位墓主人因憎恨日薄西山的唐代社会而创造出一个幻想境界的真实心态。

在战时有限的书刊资料中，周令钊读到了柳宗元的身世和一些作品，甚至读到了他令人敬仰的独立人格。

祖籍河东（现山西运城永济一带）的柳宗元，47 年的人生留下 600 多篇诗文作品，是唐代著名文学家、哲学家、散文家和思想家，世称“柳河东”“河东先生”，因官终柳州刺史，又称“柳柳州”，与唐代的韩愈、宋代的欧阳修、苏洵、苏轼、苏辙、王安石和曾巩，并称“唐宋八大家”。

柳宗元是一位重要的思想革新者，对汉代大儒董仲舒鼓吹的“夏商周三代受命之符”的“符命说”持否定态度，反对天诸说，批判神学，强调人事，用“人”来代替“神”。

柳宗元还是一个勇敢的改革家。唐顺宗永贞元年（805），柳宗元参加了王叔文为首的政治革新运动，抑制藩镇势力，加强中央集权；废除宫市，罢黜雕坊、

《小石潭记》/ 纸本彩墨

/ 149.5cm×68.5cm / 1998 年

《钴鉧潭记》/ 纸本彩墨

/ 149.5cm×68.5cm / 1998 年

鹘坊、鹞坊、狗坊、鹰坊的宦官（史称“五坊小儿”）；贬斥贪官污吏；整顿税收，废除地方官吏和地方盐铁使的额外进奉，并试图收回在宦官和藩镇手中的兵权。这场经历180多天的“永贞革新”，最后因宫廷政变、保守势力上台而以失败告终。同年9月，柳宗元被贬为邵州刺史，在赴任途中，被加贬到湖南和广东、广西交界的荒僻之地永州任司马。815年1月，被贬永州10年的柳宗元接到诏书，要他立即回京。2月，经过一个多月的跋涉，柳宗元回到了长安，但并没有受到重用。3月14日，柳宗元被改贬为柳州刺史。819年，宪宗实行大赦，敕召柳宗元回京。11月，柳宗元病死在柳州。第二年，他的灵柩运至京兆万年县栖凤原（今陕西西安）。柳州的柳宗元墓是座衣冠冢。

《石渠记》/纸本彩墨

/149.5cm×68.5cm/1998年

《小石城山记》/纸本彩墨

/149.5cm×68.5cm/1998年

后来，或许是柳宗元被贬在自己的湖南老家，或许是敬仰柳宗元的崇高成就和变革精神，周令钊开始“关心”起柳宗元来，经常研读柳宗元的诗文，还在一个本子上抄录了柳宗元的一些名篇，间或拿出来诵读。这是他与心中敬重的这位古人神交的一种方式。

创作与柳宗元有关的艺术作品，成为周令钊一种难以割舍的心愿。

20 世纪 80 年代中期，湖南永州方面在潇水西岸的愚溪之滨，以柳子庙为馆址，建了占地 15 亩、建筑面积 4000 平方米的柳宗元纪念馆。1991 年年底，馆长一行到北京热情邀请周令钊为纪念馆做专题创作。

周令钊惊叹：世界上的想法竟然有如此吻合的不期而遇！

《石涧记》/ 纸本彩墨 / 149.5cm×68.5cm / 1998 年

《钴鉧潭西小丘记》/ 纸本彩墨 / 149.5cm×68.5cm / 1998 年

确定到永州采风、创作之前，周令钊请他在北京二十四中当语文老师的妹妹周令瑶帮忙做“功课”。令瑶为他找来柳宗元的生平材料和《永州八记》。

《永州八记》是柳宗元被贬永州时，借写山水游记抒写胸中愤郁的散文，包含《始得西山宴游记》《钴鉧潭记》《钴鉧潭西小丘记》《小石潭记》《袁家渴记》《石渠记》《石涧记》《小石城山记》，是我国游记散文中的一朵奇葩，其艺术魅力历久弥新。细心的令瑶还为哥哥将《永州八记》翻译成现代白话文。

在永州，周令钊沿着柳宗元当年游历的行迹收集资料，大量写生。回到北京，潜心设计创作了漆刻八条屏《永州八记》。在周令钊的笔下，不是纯粹的描摹自然，而是将柳宗元《永州八记》描绘的小丘、小石潭、小石涧、小石城山

《袁家渴记》/ 纸本彩墨

/ 149.5cm × 68.5cm / 1998 年

《始得西山宴游记》/ 纸本彩墨

/ 149.5cm × 68.5cm / 1998 年

等小中见大的景色，通过生动、细腻的刻画，赋予永州山水以血肉灵魂和时代价值，精裁密致，璨若珠贝。

1998 年，79 岁的周令钊感到意犹未尽，再作《永州八记》彩墨八条幅。

或许，这是周令钊在心中为观照柳宗元设定的最佳角度。

~ ~ ~

白洋淀的好水

一天，老乡在周令钊家聊天时说：“平江不仅风景秀美，而且时尚前卫，县城早就有了很洋气的咖啡连锁店了，一些茶馆装修得不亚于京沪，甚至还有香港范儿。”

听说平江有了“洋”东西，周令钊的心里甜甜地长出一种新鲜的向往。不久回了一趟老家，便找人当向导去了那个“洋”地方。

中秋之前回到北京，周令钊偕夫人陈若菊应邀参加了北京远见创新联盟的中秋赏月活动。北京远见创新联盟由平江籍在京乡友发起，是以弘扬创新精神、激活创新灵感、孵化创新成果、成就创新主体为使命的组织。

面对现场的众多朋友，他拿着话筒侃侃而谈：“我上次回平江专门去喝了一次咖啡，感到比其他地方的要好喝很多。之所以好喝，是因为平江的水好。千百年来，平江的水既造就非凡出众的汉子，也养育出类拔萃的才女、美女。因为喝了平江的水，平江的女孩聪慧过人，贤淑能干，而且身材苗条、五官俊秀、妩媚多姿，皮肤白里透红……”

周令钊看了一眼身边的夫人陈若菊，高声地说：“白洋淀的水也特别好！”

顿时，雷鸣般的掌声从四面响起。全场的人起立，把一浪高过一浪的羡慕和敬意撒向白洋淀人陈若菊[4]。

陈若菊小学五年级时辍学在家带弟弟。因为耽误了一年的

（4） 陈若菊（1927—2013），出生于河北安新白洋淀畔的书香之家。她的祖父是清末秀才，为养家糊口弃文务农、从商，虽身处乱世，仍供 3 个儿子读完大学，让 3 个女儿接受私塾教习。到孙辈时，社会更是战乱动荡，日本人入侵华北农村烧杀抢掠，为求生存只得举家绕道迁入北平。她的父亲是大学汉语言文学的教授，在文字学、音韵、篆刻等领域成就甚高，写得一手好钟鼎文，还喜欢武梁祠汉画，经常找些扇面让她画花鸟。她的母亲和几个姑姑是针线、绣花巧手，家里有很多绣花样本，成为她潜移默化的最初课堂。

《若菊》/ 纸本水彩 / 27cm×19.5cm / 1952 年

《若菊》/ 纸本水彩 / 31.7cm×24cm / 1955 年

1989 年，周令钊和夫人陈若菊一起为设计深圳“中国民俗文化村”去内蒙古等地考察

课程，考公立初中没有把握，于是报考了学费较低的女子职业中学。没想到这家学校师资力量雄厚，除文化课教学外，特别重视美术与缝、绣技艺，为她日后走上艺术道路做了良好铺垫。1946 年，在读高中二年级的她，考入徐悲鸿主政的国立北平艺专预科，尔后连读艺专。在校四年中，受到徐悲鸿、吴作人、王朝闻、李桦、董希文、李可染、冯法祀、叶浅予、艾中信、李宗津、艾青、徐振鹏、孙昌煌、黄均、张仃、周令钊、莫宗江、张光宇、郑可、高庄、梅建鹰、祝大年、夏同光、萧淑芳、邹佩珠、王连义、王秉照、宋帛、高丽芳、李续英等中国当时出色的美术教育家、艺术大家的耳提面命。

1948 年 9 月，陈若菊在国立艺专读三年级时，周令钊应徐悲鸿聘请来到国立艺专任教，成为陈若菊的老师，也成就了他们一生的姻缘。

1950 年从中央美术学院实用美术系毕业后，陈若菊历任青年出版社美术编辑、中央美术学院实用美术系教员、中央工艺美术学院陶瓷美术系主任、教授，是新中国第一代实用美术设计师，当代中国杰出的美术教育家、设计艺术大家。

周令钊在给陈若菊的人生中第一封信中说：“……我们会是一对最好的合作者。”

在与周令钊 60 多年的相濡以沫中，陈若菊既是周令钊的好学生、好妻子，还是周令钊灵犀相通的好合作伙伴。从新中国成立之前的六国饭店国共谈判会场设计、开国大典天安门城楼毛主席画像，到新中国成立之后的第三、第四套人民币设计等一系列国家级重大项目的设计、创作，陈若菊总是与周令钊如影随形。

老战友侯一民在2011年10月28日“周令钊艺术展”开幕式的祝词中动情地说：“……又有多少人能像他们那样，获得令人羡慕的63年相偕相助、相敬相亲的美满爱情！”

陈若菊和周令钊从教学岗位上退下来以后，时间充裕了，他们的合作更是进入了“自由王国”。他们的晚年依然青春勃发，携手在艺术创作的春光里：

——1995年，为天津周恩来邓颖超纪念馆正厅合作《海阔天高》壁毯设计。

——1996年，为湖南“中国常德诗墙”合作绘制两幅各高2米、宽30米的石刻壁画《沅江春暖》《澧水花繁》。

——1999年，为家乡平江县邮电局合作丙烯壁画《深山邮情》。

——2000年，为浙江南浔合作彩墨长卷《南浔水乡》，并为南浔文园“天安门”画毛主席像。

——2001年，为北京饭店合作壁画《古都集翠》。

——2002年，为湖南岳阳南湖宾馆合作丙烯壁画《春风又绿盘石洲》和《天下忧乐情满楼》。

——2003年，为人民大会堂共同设计浮雕壁饰《松》《竹》《梅》。

——2006年，为平江合作彩墨长卷《汨水平江永流芳》。

——2011年，应湖南驻北京办事处之邀，共同创作壁画《长沙——橘子洲头，湘江北去》。

——2012年，应中国壁画学会邀请，为北京地铁6号线朝阳门站共同创作巨幅亚光釉高浮雕陶板壁画《京东粮道》和《凤舞朝阳》。

……

生命的分量有多重，要看它所留下的脚印有多深。

周令钊、陈若菊这对深情伉俪的脚印，深深地印在他们走过的人生道路上，也深深地印在中国当代艺术繁花锦簇的大道上。

2013年11月11日，使周令钊和亲人们措手不及的是，连续忙碌中的陈若菊在北京突发心脏病，经医院抢救无效，走完了她86岁的人生。

悲痛欲绝的周令钊说：“没有想到，她这么年轻就走了！”

在周令钊的心中，白洋淀水滋养过的陈若菊是年轻的。而且，永远年轻！

1995年，周令钊和夫人陈若菊为周恩来邓颖超纪念馆设计的壁毯《海阔天高》画稿

周令钊、陈若菊《天下忧乐情满楼》/丙烯壁画/520cm×460cm/2002年/湖南岳阳南湖宾馆藏

2002年，周令钊和夫人陈若菊在丙烯壁画《天下忧乐情满楼》前创作切磋

1996 年，周令钊、陈若菊共同创作的常德诗墙 30 米石刻壁画《沅江春暖》和《澧水花繁》（均为 200cm×3000cm）

周令钊、陈若菊《山乡锦绣》/ 纸本丙烯 / 103cm×103cm / 1984 年

周令钊、陈若菊《古都集翠》/ 刻漆壁画 / 400cm×600cm / 2001 年 / 北京饭店藏

周令钊、陈若菊《春风又绿盘石洲》/ 丙烯壁画 / 176cm×570cm / 2002 年 / 湖南岳阳南湖宾馆藏

盘石洲是大自然赠予周令钊老家平江的最好礼物之一。汨罗江沿着这个几近圆形的翠绿色半岛缓缓西行。由此往西不远处，就是伟大爱国诗人屈原怀沙自沉的地方

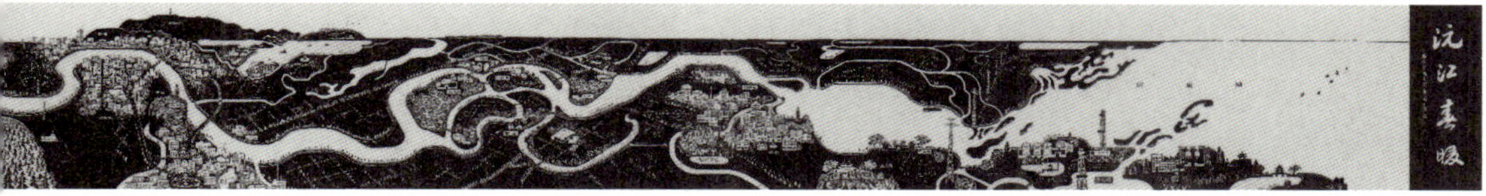

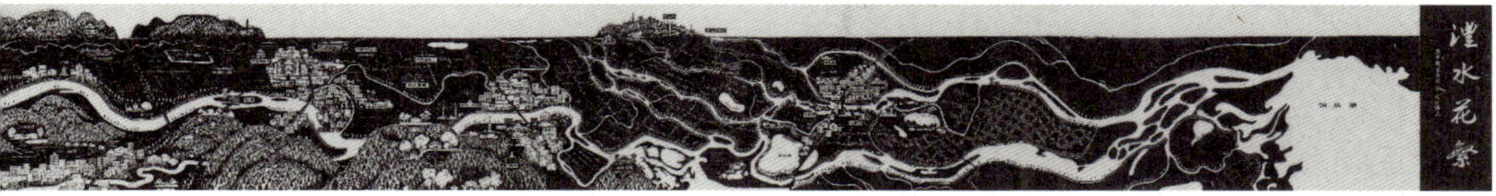

2009 年，周令钊、陈若菊与女儿周容在平江福寿山茶园

2009 年 4 月，周令钊、陈若菊夫妇在广东潮州道运楼民俗文化村

2011 年 10 月，周令钊艺术展在中国美术馆开展。儿子周小川（右一）专程从美国回到北京观展。图为周令钊、陈若菊夫妇陪着儿子看展览。眼前的这幅画，展示的是周令钊老家平江的全貌，画题为《汨水平江永流芳》

周令钊、陈若菊《深山邮情》/丙烯壁画/200cm×575cm/1999年/原平江县邮电局藏

周令钊、陈若菊《碧浪连云茶香四海》/丙烯壁画

/140cm×476cm/2000年/平江县三市镇镇办公室藏

2013 年4月，周令钊在清华美院陶瓷系窑棚为《京东粮道》陶瓷浮雕马点睛

2012 年12月，周令钊、陈若菊在工房察看《京东粮道》浮雕效果

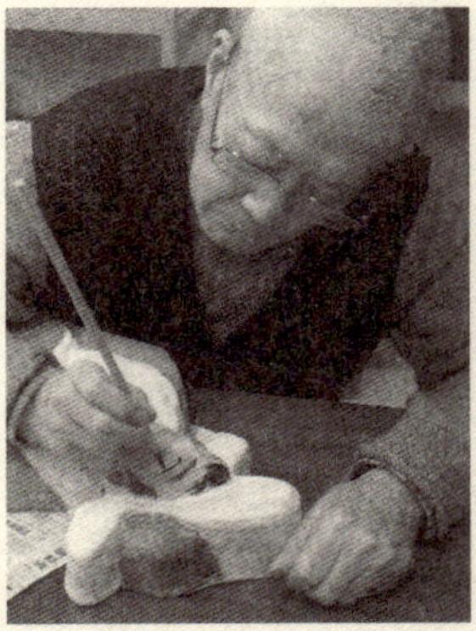

2013年4月，周令钊为壁画《京东粮道》中的陶瓷浮雕人物开脸。这是时年94岁的周令钊第一次学画釉上彩

2013年1月，陈若菊在清华美院指导制作《凤舞朝阳》浮雕模型

周令钊、陈若菊《京东粮道》（北京朝阳门地铁站6号线站台大厅南墙面壁画）/陶瓷浮雕壁画/360cm×1800cm/2013年

周令钊、陈若菊《凤舞朝阳》（北京朝阳门地铁站6号线站台大厅北墙面壁画）/陶瓷浮雕壁画/360cm×1605cm/2013年

…　　…　　…

“来日方长”

2011年10月27日上午。秋高气爽、阳光灿烂的北京。

由中国美术馆、中央美术学院、中国美术家协会联合主办的“周令钊艺术展”暨作品捐赠仪式在中国美术馆隆重开幕。这是周令钊有生以来第一次在中国艺术的最高殿堂举办大展。共展出周令钊从艺八十年以来不同时期的创作，包括油画、水彩、水粉、水墨、艺术设计等作品共200余件。

开幕式现场的中国美术馆大厅人山人海，连二楼的过道也挤满了人。

全国政协常委、中国美术家协会名誉主席、中央美术学院原院长靳尚谊，中央美术学院教授、著名画家侯一民，时任中国美术馆馆长范迪安，徐悲鸿纪念馆馆长廖静文，李可染艺术基金会理事长、中央美术学院教授邹佩珠，原中央工艺美术学院院长常沙娜，周令钊家乡湖南省、市、县的党政领导代表，以及周令钊的朋友、学生和美术界、新闻界人士出席了开幕式。

范迪安在开幕词中说：“周令钊先生长达八十年的艺术历程，见证和参与了中国美术与时代的发展。他绘制了开国大典天安门城楼的毛主席画像，参与设计了国徽、政协会徽、少先队队旗，主笔设计了共青团团旗、八一勋章、独立自由勋章、解放勋章，第二、第三、第四套人民币纸币，中华人民共和国成立以来17年北京国庆游行仪仗队、文艺大军和第二、第三、第四届全国体育运动会大型团体操背景画……用崭新的视觉形象设计了新中国国家形象，体现了中国设计艺术新的时代水平。周令钊先生一贯坚持艺术为国家服务、为人民服务的信念，以人民群众的喜闻乐见作为自己艺术的理想。此次展览周先生向中国美术馆捐赠了珍贵作品，对于我们今后进一步研究周令钊先生的艺术，推动我们中国艺术与社会的见面、与国际的见面将会产生极为重要的作用。”

侯一民是周令钊的老朋友、老战友，是新中国第一代美术家、美术教育家，新壁画运动的开拓者之一。在开幕式上，侯一民深情地说：“有哪一位艺术家如他那样，涉猎了难以想象的广泛而多样的领域；有哪一位画家如他那样，完成难以数计的或为重大或为平凡的艺术项目的创造，却都能达到至精至善；有多少人能像他那样，在战争年代，在实际工作中，在神不知鬼不觉间完成了智慧和功力的积累与冶炼，成就了一代大才；有多少人能如他那样，人民需要就是他无休止探求的动力，不停地劳作是他终生的快乐；又有多少人能像他那样，获得令人羡慕的63年相偕相助、相敬相亲的美满爱情……”

展览举办之际，周令钊向国家慷慨捐赠作品80件，由中国美术馆永久收藏。此举也得到了长期与他共同创作的夫人陈若菊以及儿子周小川、女儿周容全家的支持。开幕式上，范迪安代表中国美术馆向周令钊颁发了捐赠证书。

展览开幕式后，在中国美术馆召开了周令钊艺术研讨会。

艺术家黄永玉住在北京东面的宋庄，距中国美术馆几十公里。虽然起了个大早，因为一路堵车，还是没有赶上开幕式，研讨会开到一半才赶到会场。会场里人多，连个座位也没有，只好临时给他挪了个地方坐下。

老朋友对黄永玉开玩笑说：“我们说完了，就等你来讲。”

黄永玉也不客气，说：“我就是专门来讲周令钊的。我跟周令钊认识很久了，是老朋友了。不记得是1946年还是1947年的时候，刘开渠在上海请我们这些人吃饭。吃饭的地方离一个粪池很近，那餐饭吃了些什么记不清了，但那个气味真是浓烈，至今印象还很深。当时，周令钊在场，他拿了几张水彩人物画请大家看。我那时只晓得赵延年的画画得好，他是上海美专毕业的，受过专门训练。看了周令钊的画之后，我才觉得周令钊的画画得更好。从那个时候起我就很佩服他。”

在场的一位艺术评论家接过黄永玉的话，说：“周先生的作品富有时代生活气息和民族风格，始终保持着乐观、明朗与灿烂的内在特质。特别是他的艺术设计，体现了崭新的国家形象，充分反映了人民当家做主的精神风貌，开创了设计艺术领域、民族风格与时代内涵完美结合的新方向。”

中央美院的一位教授插话说道：“周老师以民族化、生活化、趣味化的装饰性艺术语言，将艺术创作与自身经历紧密地联系在一起，表现出质朴、纯真、和谐的审美趣味。”

……

这是一场别开生面的研讨会。过了午饭时间，大家还在畅谈中，一直开到了下午1点半。大家似乎还在被周令钊在开幕式上的讲话鼓舞着。

周令钊语出惊人地说道：“我今年才92岁，来日方长，我一定不负众望，好好画画……”

年过九旬的周令钊依然还在勤奋创作。

2010 年，91 岁的周令钊与夫人陈若菊一起为平江创作了彩墨长卷《汨水平江永流芳》，表达了对家乡美景的钟爱与眷恋。

2011 年，周令钊和陈若菊应邀为北京湖南大厦创作了大型壁画《长沙——湘江北去，橘子洲头》，以其宏大的气势、丰富的构成、诗意浓郁的画面使得每一个欣赏者都折服。

2013 年，当北京地铁 6 号线朝阳门地铁站出现两幅巨大彩色陶板壁画《京东粮道》《凤舞朝阳》时，熙熙攘攘的南来北往的人们哪知道是出自 94 岁的周令钊和他 86 岁的夫人陈若菊之手？

2015 年 11 月 17 日，经过多年筹备、建设的周令钊美术馆在周令钊的家乡隆重开馆。在开馆仪式上，96 岁的周令钊向家乡捐赠了《平江八景》水墨组画八幅。周令钊说：“平江是一个山好、水好、人更好的地方，希望年轻画家们能够用笔墨描绘美丽、动人的平江山水。”

2017 年，98 岁的周令钊应邀设计了《戊戌年》特种邮票。这是周令钊作为中国第一轮生肖狗年邮票的设计者，在 36 年后再续生肖缘。

周令钊对狗有着特殊的情感。他小的时候，鹤垅屋养了一只大黑狗，身材高大，威风凛凛。王嫂带着周令钊去县城时，大黑狗总要送他们一程。经过一个山坡

为设计《壬戌年》生肖邮票制作的陶瓷板

1982 年《壬戌年》生肖邮票

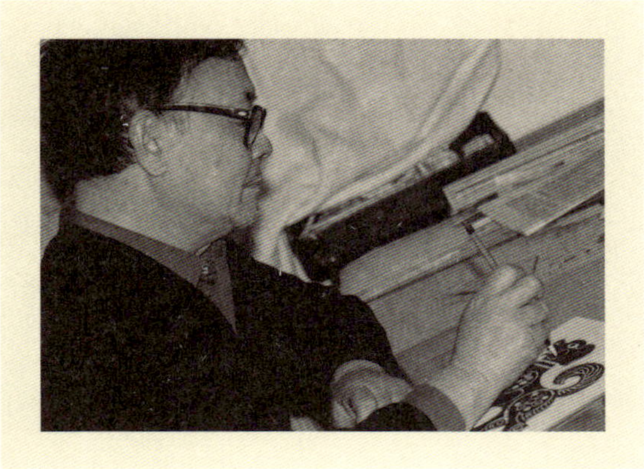

《壬戌年》生肖邮票设计过程

2018 年《戊戌年》生肖邮票之《犬守平安》

2018 年《戊戌年》生肖邮票之《母子情深》

的屋场，有一条恶狗冲他们大叫。大黑狗在前面向恶狗发威，脊背隆起，毛发竖立，猛然将恶狗扑倒在地，嗷嗷直叫的恶狗只得夹着尾巴乖乖地逃走了。后来，每次经过这个屋场，恶狗只要见到大黑狗就再也不敢哼声。周令钊离开平江后，再也没有见到“英雄”大黑狗。

于 1982 年壬戌狗年，周令钊将自己家中的这位“英雄”搬上了邮票。周令钊笔下的这只大黑狗，昂首挺胸，迎风而立。为了设计制作这枚邮票，周令钊专程到山东淄博陶瓷厂亲自刻制、点釉，最终造出了两块瓷板。一幅背景为湛蓝色，给了邮票局，用于照相制版；另一幅背景为酱红色，作为自己的珍藏。

《戊戌年》小版票边饰设计草图

36 年后，周令钊有缘再次设计狗年生肖邮票。2017 年 8 月 2 日下午，中国邮政集团公司在邮票印制局举办了《戊戌年》特种邮票印刷开机仪式。98 岁的周令钊亲临现场，向全国的邮迷问好。这成为中国邮票史上近百岁高龄艺术家创作邮票的一个奇迹。

一个亲历了中国 100 年的旺盛而辉煌的生命还在继续砥砺前行。

外·篇

前页图：

《放排》（平江黄金堰）

/纸本水粉/39cm×54.3cm/1983年

1983年，周令钊创作水粉画《放排》（平江黄金堰），表达了他对家乡深深的眷恋。周令钊6岁离开平江的家，在外奔走了90多年，一直不曾停止用画笔表达对家乡的爱。他以平江为主题创作了许多作品，包括《春洒黄金堰》《三月扑城奏响盛世中华》《春风又绿盘石洲》《汨水平江永流芳》《深山邮情》等

外一章

/

参加抗战的弟弟妹妹

/

1938年10月武汉沦陷前夕，19岁的周令钊赶回湖南家乡，动员自家和叔伯家正在读小学或中学的弟妹十余人，背井离乡，加入国民政府军委会政治部第三厅的“孩子剧团”“抗敌演剧队”及来自苏北的“新安旅行团”等中共地下党直接领导下的、在国民党统治区的特殊斗争环境中进行抗日宣传活动的革命文艺队伍。投身抗日、保家卫国是那个时代进步青少年的共同志向，弟妹们积极响应，并获得周家长辈的支持，自此周家兄弟姐妹以他们共有的艺术天赋和爱国心努力奉献国家。

1938年起令钊陆续带出参加抗战的弟弟妹妹们：

周令宣（1921—2003）堂妹·四叔长女

1938年17岁

周令宣（摄于1987年）

令宣是令钊带出来的周氏姊妹中的大姐。1938年，在长沙她加入了“抗敌演剧一队”（*后改名为剧宣四队、抗敌演剧四队*），投入抗日宣传工作。不幸的是，一次在街头书写抗日标语时被敌机炸伤，右腿中了数块弹片，右手掌几乎被炸断。战时医疗条件差，从此右手的功能完全由左手替代，术后留下严重的后遗症，失去了重返队伍的可能，这成为她一生耿耿于怀的遗憾。1939年就读于桂林师范艺师班美术专业，在班里她学业优秀……之后，令宣成了家，学业半途而废，她的命运也因此被彻底改变；此后的她经历了数十年的艰难困苦，直到“文化大革命”彻底结束，而她始终执着顽强地与命运抗争。在那一切极端的年代，令宣的学识才华曾一度派上了用场，她被安排进一所民办学校当老师。她无比珍视并竭尽全力对待这份来之不易的工作，一个人管一所学校，一个人带五个复试班。无论寒冬酷暑每天批改作业、备课到深夜，甚至清晨，辛勤至极。但当她捧着课本走上讲台时，当她听到学生唤她周老师时，她获得了莫大的宽慰。她的坚忍、耐劳、向上的品格也影响了她的三个子女和孙辈，他们大都成长为各自岗位上的优秀人才。多年后她的女儿在回忆母亲时写道：她是一位平凡而真诚的母亲，一位忍受太多太重苦难的女性，一位一生追求完美、热爱生活，任何情况下不言放弃的知识女性……

周令谟（摄于20世纪80年代）

周令谟（1923—2014）胞弟

1938年15岁

令谟于1938年在湖南长沙参加“孩子剧团”。离家前，令谟亲历过日本鬼子的飞机对湖南平江县狂轰滥炸，使县城成为一片火海。武汉沦陷时，平江家门前的公路上日夜奔驰着武汉撤下来的军车。战争使得人心惶惶，周家的儿童和少年们都在担心着国家的前途、民族的命运、自己的未来。在“孩剧”期间，生活紧张充实。在桂林，令谟写的第一条标语是“肃清汉奸，巩固后方”，在水东门对岸的墙上写的当时在整个桂林城最大的一条标语是“最后的胜利是我们的”，这条标语轰动了整个桂林。在湘黔公路上，在四川、重庆都有令谟和他的战友们写的标语，“当兵抗日是最光荣的事业”这条标语写了整整三天，站在朝天门码头上，隔江就能看得清清楚楚，当围观写标语的百姓得知孩子们为宣传抗日，已离家行走上千里为国效力时，深受感染。1942年令谟在柳州参加抗敌演剧宣传队第五队做美工；1946年在汉口参加抗敌演剧六队做舞美；1949年在长沙“中共湖南省委湘江文工团”；1950年调到新湖南报社（现湖南日报社）任编辑、美术组长，直至离休。

周令谦（摄于1950年）

周令谦（1925—1997）胞妹

1938年13岁

日寇入侵武汉，长沙告急。家中姊妹多，兵荒马乱，为分担父母负担，长沙文夕大火后，令谦与十弟、十一妹一起由哥哥令钊带到桂林，在广西桂林战时儿童保育院暂栖。在那里令谦参加了当时由东北流亡学生组织的“流亡剧团”，从事抗日宣传演出活动。抗战胜利后，在重庆被服厂子弟学校教书，1951 年到武汉洪山区等小学任教直到退休。一生努力生活、努力工作、勤勤恳恳、兢兢业业，所养育的三个子女都继承了母亲勤劳俭朴的优良传统。

周令年（摄于 1938 年）

周令年（1925—1958）堂弟 · 四叔长子

1938 年 13 岁

令年于 1938 年在长沙参加“孩子剧团”。他在“孩剧”时间不长，没有多久得了肺病，不得已返回老家，33 岁就离世了。在 1997 年陈模同志主编的《战火中的童年》中，收入了令年的战友老大哥原重庆市文化局副局长、党组副书记张莺同志写的《小团员智斗反动派》一文，使我们对令年有了些许了解。文中写道：在眉山县，我们照例举办了书画木刻展览……其中有一本《八路军出马打胜仗》的书，封面是红色的，国民党特务不准我们展出。负责展出的小同志周令年就故意大声责问：“八路军是抗日的队伍，是有功的军队，打了胜仗为什么不能宣传？你们看清楚，这是政治部第三厅印的抗日小丛书！”虽然特务不讲理，硬是没收了这本书；可是周令年讲的话，周围群众都听见了。周令年勇敢地当面揭露了反动派，针锋相对地和反动派做了斗争。另一位小同志从书箱里拿出几本同样的书，把书的封面翻转到背面，最终使这本书得到传阅。

周令章（摄于 1938 年）

周令章（1926—2006）堂妹 · 五叔之女

1938 年 12 岁

令章于 1938 年在长沙参加“孩子剧团”。这些孩子们是在中共地下党的领导和关怀下成长起来的。长沙大火前，第三厅派一部大卡车将 40 余名“孩剧”团员送往重庆大后方。途经桂林、贵阳期间，令章和“孩剧”的孩子们积极进行街头宣传，演出歌咏、话剧，并和当地的中小学生交流，组织他们起来参加抗战。在重庆期间，孩子们边学习文化，边学习和实践演艺，每到一处公演话剧，合唱由严良堃指挥的《黄河大合唱》等抗日歌曲，并到医院演出慰问伤兵，帮他们代写家书。1942 年 9 月“孩剧”被迫解散，“孩剧”地下党组织安排令章考入江津白沙女中读书，其后又考入四川重庆北碚国立歌剧学校高级部插班；1945 年后在广州崇焕、雁声等中学任音乐教员直至全国解放；1950 年就职于广州中山图书馆采编部；1953 年调入武汉中南音乐专科学校（后改名武汉音乐学院）声乐系；1958 年“反右”和 1966 年开始的“文革”都受到冲击；1977 年“文革”后调到学院教务处工作至离休。令章是富有爱心和热心的人，她乐于助人、心胸豁达，是给亲友和同事们带去温暖的人。

周令芬（摄于 1959 年）

周令芬（1927—2004）堂妹·四叔三女

1938 年 12 岁

令芬于 1938 年在湖南长沙参加“孩子剧团”，为受伤的抗日将士表演，用歌、舞形式投入抗日救亡。1942 年“孩剧”被迫解散，令芬成为四川重庆国立歌剧学校学生、重庆社会教育学院戏剧专修科学生、重庆育才学校学生，在学期间曾师承著名舞蹈家戴爱莲学习芭蕾舞，成绩在班上名列前茅；1945 年年初，为提高抗宣五队的演出质量和丰富演出内容，令芬等人被演剧队领导从重庆调往昆明抗敌演剧宣传队第五队，并同赴滇缅慰问中国远征军，在滇缅边境保山周令芬主演的《义勇军进行曲》获得极大的成功，“起来，不愿做奴隶的人们！”这气壮山河的呼号，使观众包括盟军人士为之沸腾；进入缅甸后周令芬、胡宗澧主演的新疆《青春舞》给人们留下美好难忘的记忆。中华人民共和国成立后，随家庭搬迁使工作几度变换，令芬曾任教于青岛山东大学艺术系、上海戏剧学院、北京儿童剧院和青年艺术剧院、中央团校等；1969 年下放苏北；1979 年“文化大革命”后在苏州丝绸工学院托儿所任教直至离休。

周令芳（1929—　）堂妹·四叔四女

1938 年 9 岁

周令芳（摄于 1958 年）

令芳于 1938 年在长沙加入“孩子剧团”，从事抗日救亡宣传工作。10 岁时，令芳在中国电影制片厂参演郭沫若编写的大型历史剧《棠棣之花》；次年又出演电影《青年中国》；1943 年起三年间，由“孩剧”地下党组织送往陶行知创办的重庆育才学校学习，令芳在育才除学习基础文化课，还被进行艺术分科培养，她在戏剧组学表演及芭蕾的基本训练，其后到音乐组学乐理、视唱、练耳、钢琴，他们这批孩子其中不少成了党为新中国精心培养的一批优秀人才；1946 年起，在武汉抗敌演剧六队（后到长沙改名为湖南湘江文工团）从事话剧演出工作；1950 年，她考入北京的中央歌剧院演员队直至 1988 年离休，曾担任女高音声部部长，在《费加罗的婚礼》《卡门》《阿依古丽》《蝴蝶夫人》《刘胡兰》等歌剧中担任角色；1952 年赴抗美援朝前线参加第一届慰问演出历时半年；她是国家一级演员，师承焦菊隐、戴爱莲等著名艺术家。她喜爱演艺，她扮演了五十年的儿童角色，五十年如一日，练唱、练演、练舞，始终本着“台上一分钟，台下十年功”的敬业精神从艺，无愧于自己所在的舞台岗位。

周令豪（1930—　）胞弟

1939 年 9 岁

周令豪（摄于 1942 年）

令豪于 1939 年在桂林参加了来自苏北的少年儿童（文艺）教育团体“新安旅行团”，以文艺形式宣传抗日救国。1941 年因病返乡；1943 年至 1945 年抗战结束，令豪到柳州加入令钊兄所在的抗敌演剧五队，并随队赴滇缅慰问中国远征军，途经广西、贵州、云南等地做抗日宣传演出工作，既做群众演员又做美工，因为年龄小，队里还安排他在当地学校读书，半工半读；抗战结束后的两年间，国家动荡，15 岁的令豪跟随令钊四方漂泊，多处迁移，做各类美术工作，虽艰辛，但打下了较扎实的绘画基础。他们一度到昆明郊外阳宗海美军休养营画画，他每天上午给美国参战的飞行员、抗战功臣画两张速写像，下午又到附近的村庄去画水彩写生，之后到广州的电影院画电影广告画，又到香港的一家电影公司搞舞台美术设计；1946 年他们到武汉演剧六队搞舞台美术设计和演出广告画创作；1947 年令豪独自回长沙工作，在青年会电影院做美工，其后转广东韶关、广东江门的电影院做美工，作电影广告画创作；1950 年江门解放，令豪调到江门文化宫作美术专干。他在年画和宣传广告画创作上有所成就，作品多在广东、北京、上海、天津出版；他是广东、上海美术出版社的特约作者。

令豪是广东美协会员、江门市政协联谊会会员，曾任江门市政协委员等。

周令辉（1932—　　）堂妹·四叔五女

1942 年 10 岁

令辉于 1942 年在广西柳州加入抗敌演剧九队，随队赴各地进行抗日宣传两年之久；1944 年在组织的安排下，她考入著名教育家陶行知创办的重庆育才学校专修音乐；1948 年年底，她的姐姐、姐夫邀她同往美国发展，她选择留在国内参加新中国的建设。1949 年她考入上海音乐学院选修提琴专业；1951 年调入北京中国青年文工团，担任乐队小提琴手，曾出席团中央组织的“世界青年联欢节”，并在东欧九国巡回演出；1954 年，22 岁的令辉成为中央交响乐团第一小提琴手；1957 年调往新组建的广东乐团任乐队首席指挥并担任提琴独奏；令辉的事业和生活曾一度遭遇曲折陷入困境，1979 年至 1981 年，经江门市歌舞团、珠江电影乐团，令辉最终回到广州乐团。她曾以自己的音乐天赋为抗日救国和新中国音乐事业发展做出过重要的贡献。

周令辉（摄于 1953 年）

（整理：周容）

外二章

/

周令钊作品精选

/

《澜沧彝族女族长》/ 纸本彩墨 / 45cm×34cm / 1978 年

《大榕树》（云南）/ 纸本彩墨 / 39.4cm×39.4cm / 1991 年

《龙胜侗家晒稻谷》/ 纸本彩墨 / 66cm×40.1cm / 1987 年

《走亲戚》（湘西）/ 纸本水粉 / 54.5cm×38.8cm / 1957 年

《云贵花朵》（彝女）（与陈若菊共同完成）/纸本水粉/38cm×38cm/1979年

《云贵花朵》（彝女）（与陈若菊共同完成）/纸本水粉/38cm×38cm/1979年

《平江浯口小水电》/ 纸本水粉 / 36.5cm×53cm / 1983 年

《雨后山更青》（漓江）/ 纸本水粉 / 26.6cm×38.6cm / 1962 年

《千梭万线》/纸本水彩/29cm×38cm / 1960 年

《蒙古包》(内蒙古)/纸本水彩/21.4cm×34cm / 1956 年

《京剧脸谱》（白洋淀）/纸本水彩/ 24.6cm×32.9cm / 1959 年

《平顶古松》（平江）/ 纸本丙烯 / 44.5cm×45.1cm / 1983 年

《梧桐山》（平江）/纸本丙烯/44.3cm×45.1cm / 1983 年

《雨中小镇》（湘阴）/ 纸本丙烯 / 60cm×59cm / 1990 年

《湘阴渡头》/ 纸本丙烯 / 45cm×43.5cm / 1983 年

《十八盘》（贵州）/ 纸本丙烯 / 56.4cm×56.4cm / 1988 年

《程阳风雨桥》（柳州三江）/ 纸本丙烯 / 59.3cm×60cm / 1989 年

《长沙——湘江北去，橘子洲头》（与陈若菊共同完成）
/丙烯壁画/300cm×864cm/2011年/北京湖南大厦藏

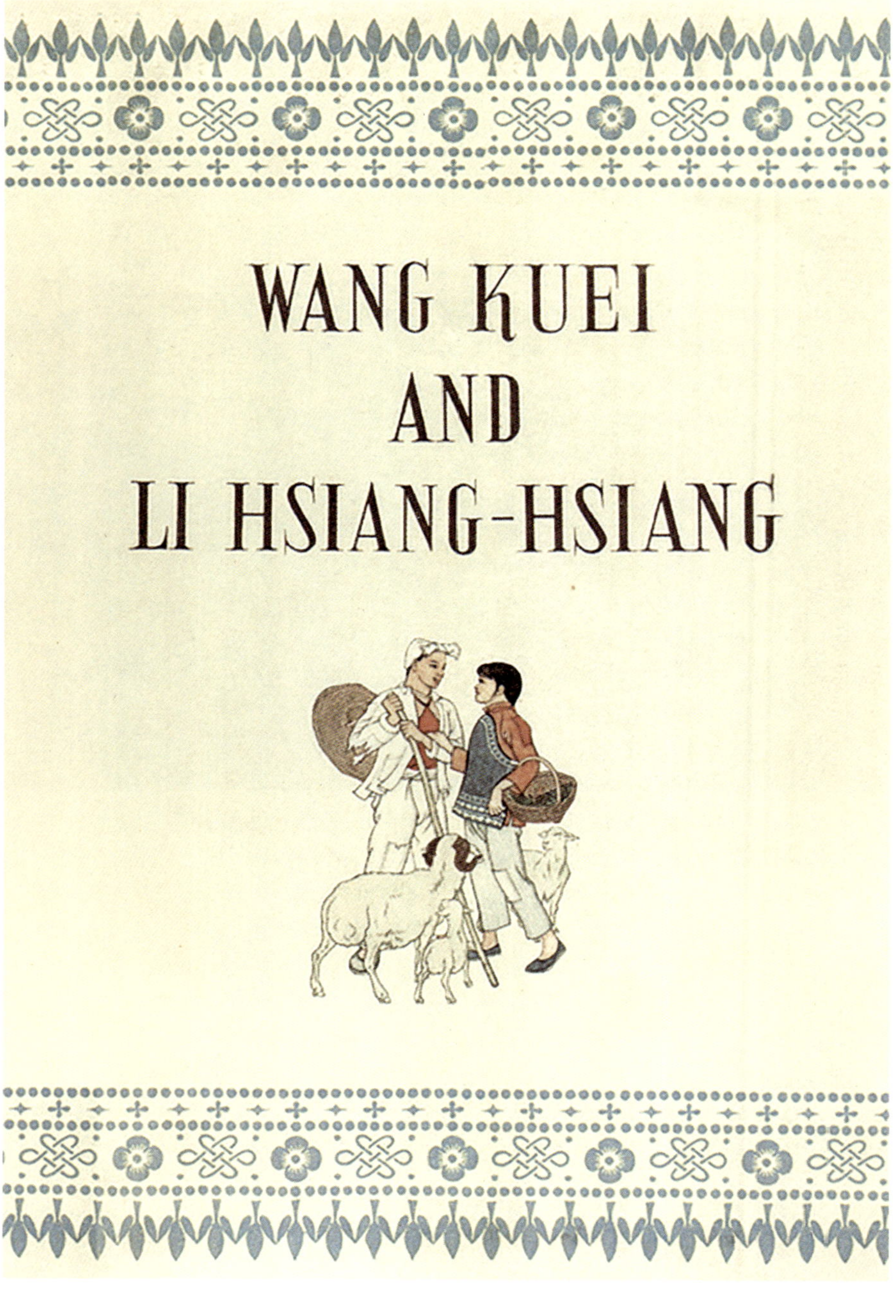

《王贵与李香香》/ 封面设计 / 1954 年

《王贵与李香香》/ 内页插画 / 1954 年

《刘三姐》/ 封面设计 / 1962 年

《对歌》/ 插画 / 1962 年

《1957 年农历》/ 年历设计 / 1956 年

7历
西年
农历节气
公历
正月大
五日立春
廿日雨水
二月四日
二月十九日
二月小
五日惊蛰
廿日春分
三月六日
三月廿一日
三月大
六日清明
廿一日谷雨
四月五日
四月廿日
四月小
七日立夏
廿二日小满
五月六日
五月廿一日
五月大
九日芒种
廿五日夏至
六月六日
六月廿二日

储蓄会徽

/ 20 世纪 50 年代

中茶标志（中粮公司）

/ 20 世纪 50 年代

中国少数民族文化艺术基金会会徽

/ 20 世纪 60 年代

中日友好医院院徽

/ 20 世纪 80 年代

《和合》/陈若菊作/周令钊题词

/瓷盘画/上海银桥装饰材料有限公司藏

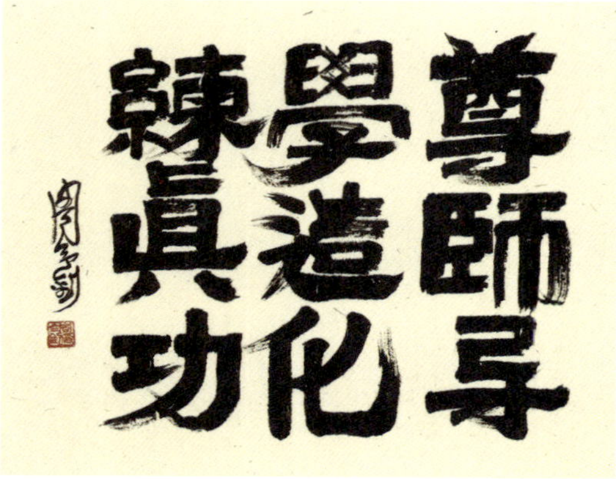

《尊师导学造化练真功》

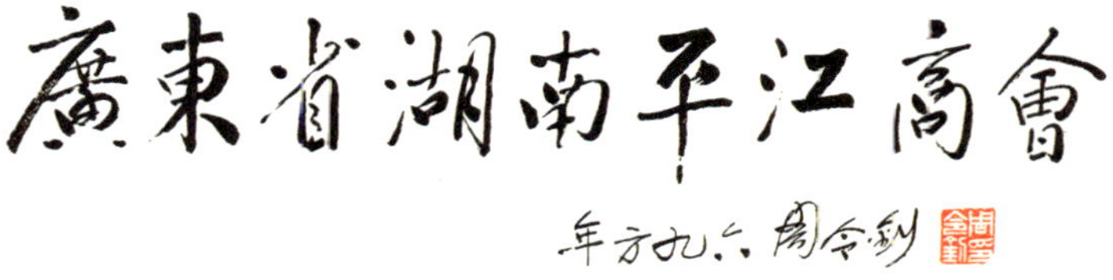

为广东省湖南平江商会题词

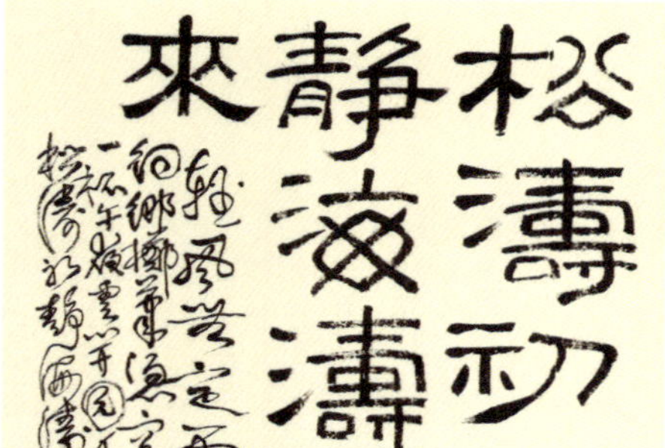

《松涛初静海涛来》

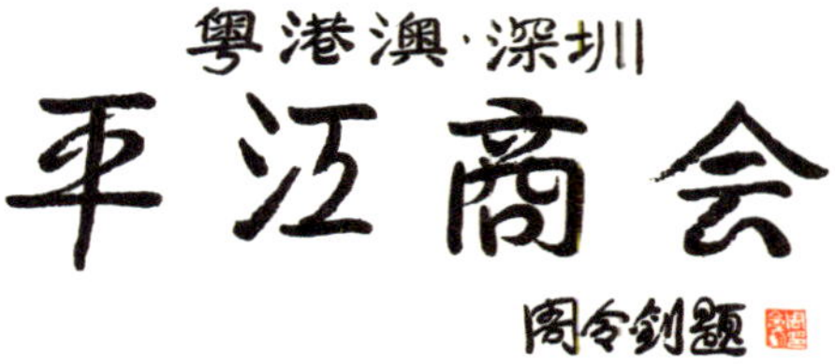

为粤港澳·深圳平江商会题写的牌匾

为粤港澳·深圳平江商会会刊《南疆平商》题写的刊名

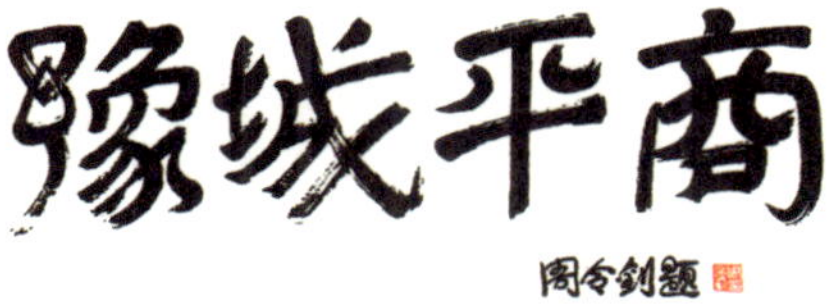

为郑州平江商会题词

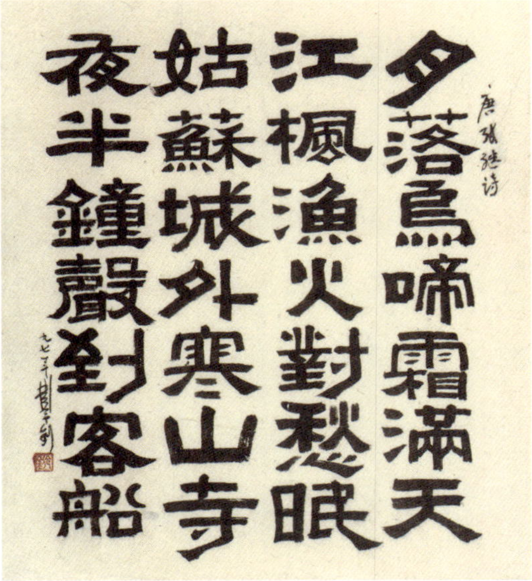

《月落乌啼霜满天》

为平江石膏建材产业联合会题词

周令钊近照（摄影：曾灏）

缘

（跋）

周 令 钊 / 周 容

我们和曾庆龙先生相识已有36年，那时他是个刚从学校毕业很上进的年轻人，也是公务员中喜欢写写画画的才子。他的工作从县里到长沙，后来调到了北京，我们见面的机会就多了。庆龙来家时喜欢听、喜欢聊周令钊过去的经历。

2000年2月，庆龙约我们家三人（周令钊、夫人陈若菊、女儿周容）在岳阳过春节，听周令钊口述一生所见、所闻及所经历的种种，令其深受感动。那次，他录了音，并信心满满地表示要写出周老的一生，以引导青年人励志自强。从那时至今的17年间，庆龙曾几次提笔，但可能由于他的内在积淀还有待充实，另外也是忙于本职工作，总之一直无法顺畅落笔。

直至今年上半年的一天，庆龙兴致勃勃地带着他写的《亲历中国100年——周令钊传》的目录和其中的一章文字来家，说打算开篇了，文章严格按照《周令钊艺术年表》结构展开。

《亲历中国100年——周令钊传》的这册文字，庆龙做足了功课，这才得以使周令钊的口述有了清晰、饱满、实在的依托背景；并且经过他真实、细微而尊重历史的客观描述，像一面镜子，既照见了周令钊的百年人生，也照见了此间中国社会天翻地覆的历史进程。

我们审阅了《亲历中国100年——周令钊传》的全部书稿，认为全书真实性、故事性、可读性兼备，是一部客观、真实的作品。

周令钊看过全文后认为写得很好，客观、真实、生动；周容看后调整了一些细节。

我们都认为，如果不是庆龙这么多年来对周老的认真观察与诚挚交往，很难做到形神兼备，但庆龙都做到了。

2017年10月27日

附 录 I

周令钊艺术年表

20世纪10年代

五四运动

1919　　5月2日　生于湖南平江。

20世纪20年代

孙中山逝世

1925　**6**岁　入学平江启明女校附小。

20世纪30年代

一·二八淞沪抗战

1932　**13**岁　入学华中美术专科学校，师从汪仲琼、雷恭甫、陈国钊等先生。

1934　**15**岁　辍学到长沙八角亭的中国国货公司做广告设计。

聂耳逝世

1935　**16**岁　听汪仲琼老师劝告续学，插班入武昌艺专三年级，师从唐一禾、高庄等先生。

老舍发表《骆驼祥子》

1936　**17**岁　去上海华东美术印刷传习所学习制版，师从留法、俄的制版印刷专家柳溥庆。

七七事变

八一三事变

1937　**18**岁　9月　回到长沙，参加了中共地下党领导的湖南文化界抗敌后援会所属湖南抗敌画会。与陈国钊、周令林、孙伟、李昌鄂、罗泽林等画抗日宣传布画，3个月画200余幅；在长沙街头、水陆洲及捞刀河、靖港、平江等周边乡镇举办抗敌巡回画展10余回。绘制油印小画刊四处张贴扩大宣传，并和音乐、戏剧界联合进行抗日宣传。

南京大屠杀

11月　应新兴话剧团之邀赴广州宣传抗日，设计舞台美术并画演出海报。

12月　为八一三火炬大游行作巨幅抗战宣传画《起来，不愿做奴隶的人们》《挺起胸膛，按住创伤，前进》，表达坚决抗日、誓死救亡的决心，受到广泛关注。两幅作品经郁风介绍参加广州美展。

《文汇报》创刊

1938　**19**岁　3月　进入武汉政治部第三厅美术科工作，创作抗日漫画、木刻、宣传画等。参加中华全国美术家抗敌协会。

台儿庄战役

4月　为长沙儿童剧团设计团徽。

9月　随武汉政治部第三厅撤离武汉，经长沙、衡山到桂林，参加抗战宣传工作。

延安鲁迅艺术学院成立

11月　为桂林行营政治部第三组组员。
作连环画《王老五当兵打日本》《伙夫头活捉敌军官》《牛大哥一死报国》，组画、宣传画《一碗水，两家喝，甘和苦，大家尝》等发表于《抗战漫画》；作色粉画《如此下场》、宣传画《替伤兵洗衣裳》、漫画《爸爸受了伤，儿子接上去》等；参加黄鹤楼大型壁画《全民抗战》的绘制。

20 世纪 40 年代

1939 **20** 岁

参加南路前线工作队，由范长江带队去柳州、迁江、滨阳、镇南关（今睦南关）慰问徐庭瑶、杜聿明、郑洞国所率部队，演出并宣传抗战。作《孙中山像》《张曙像》、招贴画《中日对比地图》等。

飞虎队成立

1941 **22** 岁

10 月　在桂林与朋友办建设广告公司。为“新中国剧社”作《复活》《大雷雨》海报等。任桂林美术专科学校兼职教师，教画抗日宣传画。

毛泽东发表《在延安文艺座谈会上的讲话》

1942 **23** 岁

7 月　在柳州参加抗敌演剧队第五队，作宣传画、设计舞台布景、当演员、参加合唱等，反法西斯话剧《人兽之间》舞美设计受到好评。

10 月　为病危母亲筹钱，暂时留长沙，与张友慈创办中国美术社，作各类广告设计、铺面装修、橱窗布置等。

毛泽东发表《为人民服务》

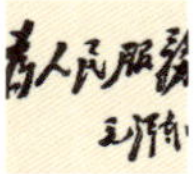

1944 **25** 岁

与冯法祀、特伟随抗敌演剧第五队去芒市前线的滇缅边境遮放、畹町画战地写生。创作连环画《独臂西施》。

苏军占柏林，希特勒自杀

1945 **26** 岁

3 月　随抗敌演剧第五队赴缅甸慰问中国远征军。设计独幕剧《风波亭》舞台美术；在盟军美军医院为美军医生护士画速写像。

广岛、长崎原子弹爆炸

9 月　到广州，在文化建设公司做美术设计。

1946 **27** 岁

10 月　到汉口，创办大羽广告公司。

11 月　在汉口为抗敌演剧第六队话剧《草莽英雄》的演员画人物速写。

12 月　为刘斐章导演的多幕历史剧担当舞台美术设计。

1947 **28** 岁

在汉口为抗敌演剧第六队上演的多幕剧《夜店》《丽人行》等作舞台美术设计。后经田汉建议，到上海任上海育才学校美术组教师，带美术组学生下农村体验生活、进行创作。并与戏剧组一起去杭州、常熟参加反饥饿内战的宣传活动，为反内战演出设计布景。

《人民日报》创刊发行

1948 **29** 岁

9 月　承冯法祀介绍、徐悲鸿聘任，到国立北平艺术专科学校任讲师，在图案科教授速写、水彩和商业广告等课程。北平解放前夕，在艺专地下党组织领导下，参加迎接解放的木刻宣传画起稿工作。作《水浒》插画。

中华人民共和国成立

苏联与中国建交

1949 **30** 岁

10 月　在中央美术学院实用美术系担任素描、水彩和政治宣传画课程。带学生布置北京饭店，画毛主席像；布置北京六国饭店“国共和平谈判”会场，画毛主席像和马恩列斯像；布置在中央美术学院礼堂举办的“新民主主义青年团第一次全国代表大会”会场，画毛主席像和马恩列斯像；布置“全国学联第一次代表大会”会场，画毛主席像和马恩列斯像。参加京郊土改。设计《中国儿童》杂志封面：《中华人民共和国万岁》（1949 年 2 期）、《世界儿童大团结》（1949 年 4 期）。

北平更名为北京

7月 徐悲鸿和夫人廖静文为周令钊和陈若菊主持婚礼，并赠《双马图》。

9月 与夫人陈若菊一起绘制开国大典天安门城楼悬挂的巨幅毛主席像。

12月 加入中国共产党。

20 世纪
50 年代

抗美援朝战争爆发

《中华人民共和国婚姻法》颁布

世界气象组织成立

美国制成三色电视显像管

1950 **31** 岁

参与设计中华人民共和国国徽、少先队队旗，主笔设计共青团团旗等重大国家设计任务。参与第二套人民币设计工作，随印钞厂去云冈临摹传统纹样（自 20 世 50~80 年代，担任新中国成立后第二、第三、第四套人民币纸币票面的总体美术设计）。此时起担任天安门五一劳动节和十一国庆节游行队伍中仪仗队及文艺大军的总体美术设计至 1967 年（1966 年除外）。参与“华北物资交流展览”会场和会徽设计。主笔“第一次全国劳模大会”奖状、奖章设计。作《庆祝五一》招贴画。为出席第一次全国劳模大会的全国劳模画肖像数幅。

8月 女儿周容在北京出生。
设计《中国少年儿童》杂志封面：《庆祝中华人民共和国成立一周年》（1950 年 24 期）、《全世界革命人民团结起来》（1950 年 26 期）、《抗美援朝 保家卫国》（1950 年 29 期）、《给斯大林伯伯拜寿》（1950 年 30 期）等。

毛泽东为中国戏曲研究院题词“百花齐放 推陈出新”

电影《武训传》公映

1951 **32** 岁

在筹备纪念中国共产党成立 30 周年之际，应邀为中央革命博物馆筹备处创作历史油画《五四运动》，现藏于中国国家博物馆。参加路牌油画创作《抗美援朝，支援前线》。赴德国“莱比锡贸易展览会”设计屏风《毛主席万岁》。参加连环画集体创作《美帝侵华罪行》。设计《中国少年儿童》杂志封面：《解放军海陆空》（1951 年 32 期）、《旅行》（1951 年 37 期）、《捐献飞机大炮消灭更多敌人》（1951 年 45 期）、《迎接国庆二周年》（1951 年 50 期）。

开展大规模扫盲运动

1952 **33** 岁

为印钞厂紧急设计绘制去苏联印制的三元钞票。随印钞厂贺晓初与张作栋同去苏联做三元钞票版。

1954 **35** 岁

担任邮电部邮票局美术顾问。
随印钞厂去延安宝塔山。与陈若菊去重庆艺专交流色粉画经验，到大足石窟进行石窟造像临摹。作书装与插画《王贵与李香香》；作速写《支援埃及收回苏伊士运河》；设计海报《庆祝中华人民共和国第一届全国人民代表大会第一次会议——1954 年》。

12月 儿子周小川在重庆出生。

中国人民解放军在中南海举办首次授衔、授勋典礼

1955 **36** 岁

设计梅兰芳主演的《洛神》电影招贴画；设计招贴画《挖掘地下宝藏》；作童话插图《宝石簪》。设计“八一勋章”“独立自由勋章”和“解放勋章”。

1956 **37** 岁

设计招贴画《庆祝中国共产党第八次全国代表大会》；设计纪念邮票《中国共产党第八次全国代表大会》；设计北京天文馆门厅天顶浮雕装饰《十二生肖》（“文化大革命”中被破坏）；设计电影招贴《荒山泪》。

戏剧家布莱希特逝世

9月 调至中央美术学院版画系。作年画《1957年农历》。

全国报刊改为横向排版

12月 赴湘西采风。

第一次公演《茶花女》

1957 **38** 岁

设计关于庆祝“胜利超额完成第一个五年计划”的招贴、邮票等。参加壁画设计《农、林、牧、副、渔》。与陈若菊合作水粉画插页《牧牛》。作插画《王贵与李香香》；作漫画《丰收捷报是给右派的回答》。

1958 **39** 岁

去印钞厂开始设计第三套人民币。
作封面设计《春姑娘的新装》；作新年年画《春节走亲戚》；作漫画《春姑娘来到人民公社》；作年画《描花样》（又名《湘西苗族老艺人》中国美术馆藏）；作壁画《温泉乡大跃进》（集体创作）；设计招贴画《培养祖国花朵》；设计招贴画《节约用粮》；设计招贴画《十三陵水库——群众力量大如山 要叫龙王听使唤》（1958年11月人民美术出版社发行）；与陈若菊、洪波、顾群合作年画《发展农业、渔业、牧畜业、经济作物》（朝花美术出版社）；参与创作《十三陵水库远景规划示意图》。

举办第一届全运会

1959 **40** 岁

设计纪念邮票《中华人民共和国成立十周年》第四组，并参与第一组、第三组的设计；设计金丝楠木沥粉贴金重彩壁画《世界人民大团结》（中国国家博物馆藏）。担任民族宫建筑装饰设计组组长，并参加大门幕布等设计。创作儿童绘本《小弟与小猫》；设计《歌声唤醒红太阳》封面；作宣传画《“五四”四十年》；作插画《送公粮》；作速写《迎宾——欢迎伏洛希洛夫》等。

刘少奇当选为国家主席

召开庐山会议

我国第一艘万吨级远洋货轮“东风号”下水

1960 **41** 岁

随印钞厂去汉口画武汉长江大桥。为设计第三套人民币，与罗工柳一起去新疆克拉玛依、石河子、乌鲁木齐、吐鲁番、库车、喀什、和田等地写生，收集创作素材。作湘绣大挂屏画稿《韶山》（人民大会堂湖南厅）；作漫画《反对岸信介的日美安全条约》《大协作一条龙》；作速写《节日前夕》；设计《争取1960年更好更全面的继续跃进》封面；设计《全世界妇女大团结》封面；设计纪念邮票《中国文学艺术工作者第三次代表大会》。

《中朝友好合作互助条约》签署

民主德国修建柏林墙

1961 **42** 岁

为北京饭店设计雕漆屏风《人民公社好》。作招贴画《美帝是个纸老虎》《26届世界乒乓赛》；作水彩画《漓江渡口》《书童山》（中国美术馆藏）；设计《火车女司机》封面。

1962 **43** 岁

为创作《刘三姐》插画，到广西南宁、靖西、若圩、龙胜、桂林写生收集素材。作插画《刘三姐》。

从广西回京后与古元、伍必端举办三人水彩画展。

作水彩画《龙胜文化馆》（《中国妇女》杂志封底）；设计《文艺报》1962年1期、2期封面。插画《王贵与李香香》入编《文学书籍插图选集》（人民美术出版社）。

毛泽东等为雷锋题词

中日友好协会成立

1963 **44** 岁

作戏剧舞台速写《夺印》《杜鹃山》《黛诺》《奇袭白虎团》《钟离剑》《金沙江》等。

2月 与陈若菊去广西业务进修，去过柳州、三江、程阳、富禄、梅林、大苗山、花坪林场、桂林阳朔及贵州的从江、贯洞等地。

大型音乐舞蹈史诗《东方红》公演

日本举办东京奥运会

1964 **45** 岁

去印钞厂工作。

参加《六亿神州尽舜尧》创作。作宣传画《庆祝五一》；作水粉画《采风大苗山》《侗族组画》；画舞台速写《东方红》。设计《小朋友》封面《搭积木》《节日》、设计封底《捞小虾》。

1965 **46** 岁

1月 担任第二届全运会大型团体体操《革命赞歌》背景总体设计，任设计组组长。参加第二届全运会闭幕式，被授予“金质奖章”。作新疆维吾尔自治区成立十周年《新疆》画册环衬画。设计《中国体育》封面；设计第二届全运会招贴。

9月 赴河北省邢台参加“四清”。

著名作家老舍在“文革”中自沉于北京太平湖

1966 **47** 岁

在邢台，设计“四清工作展览”、设计邢台抗震展览馆建筑及地震展；设计《琼花》舞台布景。赴天津设计河北省农展邢台馆。

6月 返京，“文化大革命”开始。

1967 **48** 岁

参加在北京展览馆举办的“红卫兵”战果展览“震撼世界馆”陈列设计。参加1967年国庆游行仪仗队设计。设计“红卫兵”战果展览壁画《我们心中的红太阳》。为宣武区（今西城区）面粉厂画毛主席画像。

12月 “四人帮”之流为篡党夺权、诬陷抗战时期国民党区中共地下党领导的抗战宣传团体“抗敌演剧队”为“反革命别动队”，因曾任队员，一夜间由“革命”变成了“反革命”。

20 世纪
70 年代

阿波罗11号登陆月球

1969 50 岁

年底出“牛棚”，到北京第一汽车制造厂体验生活。

1970 51 岁

创作招贴画《汽车战线形势好》。年初，随美院师生下放到位于河北磁县东陈大队部队农场劳动改造。8 月、9 月调到 1585 部队南辛庄师部宣传队任舞台美术设计。

中美开始“乒乓外交”

北京第一条地铁线路开通

1971 52 岁

为劳动人民文化宫作游园设计。为钓鱼台国宾馆作油画《风雨桥》。

1972 53 岁

赴邯郸所在部队师部宣传队设计《林海雪原》舞台布景，并作舞台速写等。

1973 54 岁

为赴日、美、墨西哥巡回出土文物展临摹长沙马王堆西汉辛追墓棺椁图案。作中国画《一衣带水》；油画《韶山》（全国政协礼堂藏）。

1975 56 岁

参加第三届全运会大型团体操《红旗颂》背景设计。作新疆维吾尔自治区成立二十周年《新疆》画册环衬画。

毛泽东主席逝世

1976 57 岁

为华北油田石油大会战画《古地貌生油形象图》。参加毛主席纪念堂建筑装饰陶板设计。

1977 58 岁

为北京首都机场作油画《韶山灌渠》。

十一届三中全会召开

1978 59 岁

调任中央美术学院油画系壁画小组教授，担任壁画设计课程。为人民日报社作壁画《青罗碧玉》。与张世彦赴福建、海南考察。

中美正式建交

1979 60 岁

为设计第四套人民币去贵州及云南的楚雄、大理、澜沧、小孟伦、德宏等地考察。任第三届中国美术家协会理事。参加第四届全运会大型团体操《新的长征》的背景设计。
随中国艺术教育考察团出访联邦德国，去波恩、原西柏林等 10 余地，考察艺术院校和艺术博物馆。

20 世纪 80 年代

1982 **63** 岁 设计特种邮票：《壬戌年》生肖邮票。作水粉画《板仓》、丙烯壁画《山海长城》等。

1983 **64** 岁 为家乡平江作丙烯壁画《春洒黄金堰》；陶板壁画《白云黄鹤》（武汉黄鹤楼）设计启动。

7月 被聘为中华人民共和国邮电部工艺美术干部业务职称评定委员会委员。

国庆三十五周年大阅兵

1984 **65** 岁 为武汉黄鹤楼制作高 9 米、宽 6 米，共 756 块陶板的大型壁画《白云黄鹤》。

1985 **66** 岁 与陈若菊合作《云南土族少女》等 12 幅重彩人物画用于双月挂历。
被聘为中国美术家协会首届壁画艺术委员会委员。
武汉黄鹤楼陶板壁画《白云黄鹤》上墙，6 月 11 日新建黄鹤楼正式开幕。

10月 被聘为中华人民共和国邮电部第一届邮票图稿评审委员会委员。

1987 **68** 岁 设计《中国历代名楼》特种邮票、小全张、首日封、明信片。为天津大港油田科技馆设计陶瓷浮雕壁画《油田之花》。

《红高粱》获金熊奖

1988 **69** 岁 为中国最早的主题公园“深圳锦绣中华”做平面整体设计，被聘为艺术顾问。
参加北京举办的“抗敌演剧队建队 50 周年”纪念活动，并为活动设计会徽。
应邀参加第十一届亚运会开、闭幕式的文体表演方案研讨会。聘为十一届亚运会招贴画评选委员。

20 世纪 90 年代

第 11 届亚运会在北京举行

1990 **71** 岁 被聘为第十一届亚运会艺术顾问。

9月 在岳阳市图书馆举办“周令钊画展”。

10月 在长沙湖南省美术展览馆举办“周令钊画展”。
参加深圳“中国民俗文化村”总体设计，并画平面整体设计图和各民族文化活动示意图。

苏联解体

世界上第一个网站建立

1991 **72** 岁 设计、制作深圳华侨城华夏艺术中心剧场金属防火幕《民族乐舞》。
参加桂林举办的“新中国剧社 50 周年”纪念活动，并为活动设计会徽。
为北京建国饭店梨园剧场设计《戏剧人物壁饰》；设计纪念封《’91 中国湖南岳阳汨罗江国际龙舟节暨岳阳国际龙舟邀请赛》。

1992 **73** 岁

设计漆刻八条屏《永州八记》；作《惠安组画》。

10 月 在桂林博物馆举办“周令钊画展”，水粉画《兴坪》被桂林博物馆收藏。

曼德拉获诺贝尔和平奖

1993 **74** 岁

任湖南省常德市“中国常德诗墙”艺术总顾问。

1995 **76** 岁

与夫人陈若菊合作天津周恩来邓颖超纪念馆正厅壁毯设计《海阔天高》。去美国休斯敦、佛罗里达、纽约、华盛顿、费城、洛杉矶等地访问，参观大都会艺术博物馆、美国国家艺术馆、美国国家现代艺术馆等。

董建华被推选为香港第一任行政长官人选

1996 **77** 岁

与陈若菊合作完成石刻壁画《沅江水暖》和《澧水花繁》原大画稿的绘制工作。两幅尺寸相同，均为高 2 米、宽 30 米。
为家乡湖南省平江县一中 130 周年校庆设计纪念碑、纪念章和会徽。

腾讯公司成立

1998 **79** 岁

作《永州八记》彩墨画八条幅。

1999 **80** 岁

与夫人陈若菊合作为家乡平江县邮局作丙烯壁画《深山邮情》。设计中央财经大学标志。

4 月 参加中国印钞造币总公司在钓鱼台国宾馆举行的座谈会，获人民币第二、第三、第四套设计突出贡献荣誉证书。

21 世纪

中国移动通信集团公司成立

2000 **81** 岁

为浙江南浔老年事业千翁宾馆作彩墨长卷《南浔水乡》，以支持老年福利事业。出席浙江省湖州市委宣传部主办的“名人名家看南浔、写南浔、画南浔暨周令钊、陈若菊《南浔水乡》景观长卷研讨会”。赴威海，作水彩写生。

10 月 应邀出席上海市戏剧家协会在上海举办的“新中国剧社成立 60 周年纪念座谈会”。
侯一民、周令钊、王熙民、李化吉发起在北京举办“2000 年中国当代壁画座谈会”。

北京获得 2008 年奥运会主办权

2001 **82** 岁

与陈若菊合作北京饭店壁画《古都集翠》。
出席中国美术家协会第二届壁画艺术委员会“2001 年中国当代壁画座谈会”。

2002 **83** 岁

与陈若菊合作岳阳南湖宾馆的丙烯壁画《春风又绿盘石洲》《天下忧乐情满楼》。

2003 **84** 岁

与陈若菊共同为人民大会堂设计浮雕壁饰《松》《竹》《梅》。

2006 **87** 岁

《周令钊画集》由人民美术出版社出版。完成彩墨长卷《玉龙雪山丽江春》；彩墨长卷《汨水平江永流芳》小稿。

举办北京奥运会

2008 **89** 岁

为纪念平江起义 80 周年，画彩墨长卷《三月扑城奏响盛世中华》，捐赠给平江县“湘鄂赣革命根据地纪念馆”，汶川大地震时画招贴画《感谢抗震救灾英雄》。

2009 **90** 岁

与中央美术学院师生庆祝 90 寿辰。

上海举办世界博览会

2010 **91** 岁

4 月

与陈若菊合作完成彩墨长卷《汨水平江永流芳》；作大幅装饰画《民族乐舞》；作丙烯画《庆祝丰收喜迁新居——畲族入宅式》。

清华大学百年校庆

2011 **92** 岁

完成彩墨画《橘子洲头》《爱晚亭》。应邀为北京湖南大厦创作丙烯壁画《长沙——湘江北去，橘子洲头》，与陈若菊共同完成。

2011 台北世界设计大会

10 月

在中国美术馆举办“周令钊艺术展”，向国家捐赠作品 77 幅，由中国美术馆收藏，至此中国美术馆共收藏周令钊的画作 80 幅。

隐形战斗机歼-31 试飞成功

2012 **93** 岁

北京地铁 6 号线朝阳门站陶瓷浮雕壁画设计启动；获中国文学艺术界联合会造型表演创作研究基金理事会颁发的第十届造型表演艺术成就奖。

2013 **94** 岁

5 月

与陈若菊共同设计的《凤舞朝阳》《京东粮道》陶瓷浮雕壁画完成上墙。

11 月

11 日，66 年相濡以沫的爱人陈若菊先生（清华大学美术学院陶瓷系教授）因心梗猝然离世。

2014 **95** 岁

5 月起，为平江周令钊美术馆开馆创作水墨组画《平江八景》。

屠呦呦获诺贝尔奖

2015 **96** 岁

11 月

《平江八景》创作完成。

参加在家乡平江县的周令钊美术馆开馆仪式。

孙中山逝世 90 周年

2017 **98** 岁

设计第四轮中国生肖邮票《戊戌年》。

（整理：周容）

附 录 II

参考文献

[1] 习近平:《在庆祝中国共产党成立95周年大会上的讲话》(2016年7月1日)

[2]《关于建国以来党的若干历史问题的决议》(1981年6月27日中国共产党第十一届中央委员会第六次全体会议通过)

[3]《中华人民共和国大事记》(中共中央党史研究室与新华社合作编发)

[4] 2000年2月周令钊在湖南岳阳南湖宾馆、长沙华天酒店接受曾庆龙采访60多个小时的录音资料。

[5]《周令钊谈抗战文艺》(整理:周容)。

[6] 周令钊:《从画记》。

[7] 周令钊:《周令钊自传》。

[8]《周令钊艺术年表》(整理:周容)。

[9] 孙芙蓉:《奇思佳构　美在其中——著名油画家罗工柳谈人民币的设计》。

[10] 朱鸿召:《人民币总设计师谈人民币》,《炎黄春秋》2003年第5期。

[11] 杨丽琼:《苏联帮助新中国印制人民币》,《武汉文史资料》2017年第3期。

[12] 唐刻:《"国家名片"设计师传奇经历》,《三湘都市报》2001年9月30日。

[13] 叶倾城:《我们怎样建造了人民大会堂》,《中华遗产》2009年第9期。

[14] 央视《大家》栏目访谈人民币设计者之周令钊、陈若菊、侯一民。

[15] 张镈:《我的建筑创作道路》(增订版),天津大学出版社。

[16] 李知遥:《新中国早期全国运动会开幕式团体操表演研究》,中央美术学院硕士学位论文,2014年6月。

[17] 周容:《陈若菊·后记》。

[18]《平江大事记》。

[19]《平江风情》相关资料。

[20]《周令钊艺术展捐赠作品》,中国美术馆。

图书在版编目（CIP）数据

亲历中国100年：周令钊传 / 曾庆龙著 . -- 北京：中国青年出版社，2018. 10
ISBN 978-7-5153-5316-6

Ⅰ . ①亲… Ⅱ . ①曾… Ⅲ . ①周令钊 — 传记 Ⅳ . ① K825. 72

中国版本图书馆 CIP 数据核字（2018）第 222236 号

出品人　皮　钧
监　制　周　容
作　者　曾庆龙
责任编辑　马惠敏

版式设计　北京吴勇设计事务所 / 吴　勇
设计协力　北京吴勇设计事务所 / 杨　婧

出版发行　中国青年出版社
社　址　北京东四十二条 21 号
邮　编　100708
网　址　www.cyp.com.cn
门市部　010-57350370
编辑部　010-57350521

印　刷　北京富诚彩色印刷有限公司
经　销　新华书店
规　格　700mm × 1000mm　1/16
印　张　22.25
版　次　2019 年 1 月北京第 1 版
印　次　2019 年 1 月北京第 1 次印刷
印　数　1-8000
定　价　88.00 元

1919 100 *zhou lingzhao*